Der Autor und Herausgeber der „Schriftenreihe Globale Intelligenz" Walter Krahe, Jahrgang 1956, hat 30 Jahre lang Studenten aus zahlreichen Kulturen in „Deutsch als Fremdsprache" (DaF) unterrichtet. Davon war er 24 Jahre an der Philosophisch-Theologischen Hochschule SVD in Sankt Augustin tätig, 14 Jahre davon als Fachbereichsleiter (DaF) und als Prüfungsvorsitzender der Deutschen Sprachprüfung für den Hochschulzugang (DSH, vormals PNDS).

Seine langjährigen persönlichen Erfahrungen mit vielen verschiedenen Menschen aus allen Teilen der Welt machten ihn zum Kenner kulturell ganz unterschiedlicher, oft gänzlich widersprüchlicher Sichtweisen in Bezug auf die unterschiedlichsten Lebensbereiche: von ganz banalen Alltagsfragen bis hin zur Weltpolitik. Viele dieser kulturell bedingten Standpunkte taten sich ihm im Laufe der Zeit als komplementäre, sich ergänzende Standpunkte auf, sozusagen als „Yin und Yang" menschlicher Lebensbewältigung, entstanden durch die erfolgreiche Anpassung der Menschen an die unterschiedlichsten Lebensumstände rund um den Globus.

Die Vielfalt der Menschen mit ihren zahlreichen Antworten in Bezug auf eine erfolgreiche Lebensbewältigung entpuppt sich mehr und mehr als der Reichtum der Menschheit. Daher ist es das Gebot der Stunde, dass Menschen voneinander lernen. *„Wenn man Wissen teilt, wird es nicht weniger, sondern mehr."* Voneinander Lernen wurde für Walter Krahe zum roten Faden in den vielen Begegnungen mit Menschen dieser Welt. Unterschiede und Gemeinsamkeiten inspirierten gleichermaßen und befeuerten den freundlichen Umgang miteinander.

Das Verständnis für Globale Intelligenz entstand und wurde zunehmend vertieft. In der Schriftenreihe Globale Intelligenz finden diese Erkenntnisse ihren adäquaten Ausdruck.

Die Schriftenreihe „Globale Intelligenz"
ist als Ausdruck der Wertschätzung
jedem Einzelnen gewidmet,
der sich aufrichtig und ernsthaft darum bemüht,
möglichst nachhaltig über den Tellerrand
seiner eigenen Persönlichkeit
und seines eigenen Lebenskontextes
hinweg zu blicken und hinweg zu wirken
und im Rahmen seiner Fähigkeiten und Möglichkeiten
die Welt im Sinne von globaler Intelligenz und Universalwohl
mit zu verbessern versucht.

Walter Krahe

Terror sapiens III

Spirituelle Intelligenz

www.globale-intelligenz.science
www.gloint.de

© 2017 Walter Krahe
Grafik: Walter Krahe
Grafik-Digitalisierung und Website: Felix Reither (Hohenleimbach)
Lektorat: Xenia Sarah Fischer (Bonn)

Verlag: tredition GmbH, Hamburg

ISBN
Paperback   978-3-7439-0103-2
Hardcover   978-3-7439-0104-9
e-Book   978-3-7439-0105-6

Printed in Germany

Das Werk, einschließlich seiner Teile, ist urheberrechtlich geschützt. Jede Verwertung ist ohne Zustimmung des Verlages und des Autors unzulässig. Dies gilt insbesondere für die elektronische oder sonstige Vervielfältigung, Übersetzung, Verbreitung und öffentliche Zugänglichmachung.

Inhaltsverzeichnis

♦ Kapitel 1-4 identisch mit Terror sapiens I

Kapitel		Seite
01	Willkommen bei der Schriftenreihe „Globale Intelligenz"	9
02	Die Schriftenreihe Globale Intelligenz	10
03	Über der Band Terror sapiens	13
04	Eine sehr persönliche Sicht [**neu:** Ergänzung auf S. 26) Foto 14 / Dringender Aufruf 41	15
05	**Besonderer Hinweis zum Band „Spirituelle Intelligenz"**	42
06	**Anfänge religiöser Aktivitäten** Antworten des Menschen 43 / Die Vielfalt religiöser Kulte 46 / Religionen 48 / Die Gefährlichkeit einseitiger Denksysteme in den Religionen 49	43
07	**Das Höchste und der Mensch**	52
08	**Die Offenbarungsreligionen**	53
09	**Die Grassierende Einseitigkeit im Katholizismus** Gewalt im Christentum 57 / Der Exklusivitätsanspruch des Christentums 59 / »Das kleine Boot des Denkens – »Diktatur des Relativismus« 60 / Die beiden Konzilstheologen Ratzinger und Küng 63 / Das Wirken des Joseph Aloisius Ratzinger 64 / Papst Franziskus 68 / „Die Bekehrung der Juden" 69 / Die falsche Prämisse als Grundübel 70 / Benedikt XVI., Hans Küng und Kardinal Lehmann 71 / Der unverrückbare Betonsockel 72 / Bischof Gerhard Ludwig Müller 73 / Der Papstbruder und Kirchenmusiker Georg Ratzinger 77 / Nachtrag zu den Missbrauchsfällen 78 / Kardinal Gerhard Ludwig Müller 79 / Der richtige Papst? 82 / Regeln für einen fruchtbaren Dialog 84 / Nachtrag zu Joseph Aloisius Ratzinger 85 / Nachtrag zu Papst Franziskus 87 / Nachtrag 2 zu Papst Franziskus 89 / Verbindung hoher Würdenträger zur rechten Szene 94 / Fazit 98	55
10	**Die Versöhnung von Widersprüchen im Christentum** Komplementarität im Christentum 102 / Überwindung der Widersprüche - nach Nikolaus von Kues 107	101

11	**Die nondualistischen Religionen**	112
	Der Buddhismus 113 / Der Hinduismus 114	
12	**Vom Tao zu Yin und Yang**	116
13	**Evolution aus spiritueller Sicht**	121
14	**Gott ist Größer als alles**	123
	Erweiterte Prämisse – neue Konsequenzen 126 / Der Begriff der Allwirklichkeit 128 / „Allahu akbar" 129 / Der begrenzte Mensch 129	
15	**Spirituelle Intelligenz**	132
	Religion und Wissenschaften 134 / Der religiöse Mensch und die Natur 135 / Spiritualität und Respekt 135 / Intelligentes Miteinander 139 / Spirituelle Intelligenz für unterwegs 143 / Standpunkt von Ramakrishna Paramahamsa 150 / Standpunkt von Swami Vivekananda 151 / Standpunkt von Mahatma Gandhi 151 / Die Liebe macht`s! 152	
16	**Der eigene Weg**	156
	Allwirklichkeitserfahrungen 157 / Exkurs: Islamischer Sufismus 161 / Allwirklichkeitserfahrungen II 163 / Und jetzt? 164	
17	**Pax multivida**	167
	Der Einzelne 168 / Das Ganze 169 / "Point of no return" 173 / Exkurs: Der Kardinal und das Sandmännchen 175 / Menschgemachtes Chaos beenden 176 / Frieden realisieren 177 / Frieden ist möglich 179 / Frieden ist Frieden 180	
18	**Ausblick und Wunsch**	181
	Leben verstehen 184	

Willkommen bei der Schriftenreihe „Globale Intelligenz"!

Jeder Band dieser Reihe versucht den Leser mit ganz unterschiedlichen Beispielen mental und emotional zu erreichen, um ihn zu inspirieren, sich dem intelligenten Umgang mit der Vielfalt gegenüber zu öffnen. Zur einfacheren Nachvollziehbarkeit und zur Erhöhung des Lesevergnügens wird deshalb ganz bewusst mit völlig verschiedenen Stilrichtungen gearbeitet: So gibt es detaillierte Sachtexte, kulturübergreifende Beschreibungen, Erfahrungsberichte, Erzählungen, Geschichten und Spruchdichtungen.

Präsentierte Fakten sind so sorgfältig recherchiert, wie das bei diesem Projekt möglich war (ist). Die Quellenangaben wurden in kleiner und kursiver Schrift direkt in den Text integriert, so dass der Leser mit Zugang zum Internet Zusammenhänge relativ einfach selber überprüfen kann.

Zu jedem Thema lassen sich allerdings fast immer – auch in den Wissenschaften – ganz unterschiedliche, zum Teil gegensätzliche Zahlen, Daten und Ergebnisse finden. Bei Zahlen wird an dieser Stelle manchmal (falls hilfreich) auf seriös erscheinende Mittelwerte zurückgegriffen. Da es bei der Schriftenreihe „Globale Intelligenz" grundsätzlich sowieso um das Prinzip des Zusammenwirkens von Unterschieden und Gegensätzen bei jedweder intelligenten Lösungsfindung geht, werden unterschiedliche Standpunkte so gut wie möglich berücksichtigt. Klar ist, dass es zu jedem Thema Tausende Experten gibt, deren Wissen wesentlich genauer ist. Sie alle sind dazu eingeladen, sich an der notwendigen Erörterung mit ihrem Detailwissen zu beteiligen. Allerdings darf vor lauter Bäumen der Wald nicht mehr aus den Augen gelassen werden, geht es doch um das Prinzip, all die (einseitigen) Standpunkte zu einer Gesamtschau im Sinne globaler Intelligenz zusammenzufügen. Es geht also um einen klaren Angriff auf verbissene Einseitigkeit an sich, nicht aber um die Verneinung der jeweiligen Inhalte, sollen diese doch in ein vielfältiges Ganze integriert werden.

Die Kapitel 1-4 sind in den drei Bänden Terror sapiens I-III identisch.

Fehler in der Rechtschreibung können sich trotz kompetenter Lektorierung im Nachhinein noch eingeschlichen haben, da die Texte aus Aktualitätsgründen bis zum Schluss ergänzt und umgeschrieben wurden und eigene Fehler gern übersehen werden. Korrekturen bitte an: gloint@t-online.de. Vielen Dank für Ihr Verständnis! Viel Spaß beim Lesen!

Die Schriftenreihe „Globale Intelligenz"

Globale Intelligenz
ist die Klugheit, die in der Vielfalt wurzelt.
Durch die Orientierung an der Wirklichkeit,
durch die Berücksichtigung vieler Aspekte
jenseits geistiger Selbstbeschränkung
sprengt sie jedwede Einseitigkeit
und überwindet alle Starre
im Denken und Handeln.

Man muss kein Pessimist sein, um den heutigen Zustand der Menschheit und der Welt als sehr besorgniserregend einzuschätzen.
Man muss kein Optimist sein, um dennoch an die Möglichkeit von Veränderungen zu glauben.
Man ist allerdings ein verantwortungsloser Träumer, wenn man auf Veränderungen hofft, ohne selber etwas verändern zu wollen.
Der notwendige Wandel beginnt im Wahrnehmen, Denken und Handeln eines jedes Einzelnen.
Ein an Gott glaubender Mensch würde dies vielleicht so formulieren:
"Gott verändert die Welt, indem er bei mir beginnt."
Jetzt sind erst einmal Sie gefragt:
Was glauben Sie, werden die Menschen in 1.000 Jahren, sofern es sie dann überhaupt noch gibt, über uns heutige Menschen zu Beginn des 21. Jahrhunderts denken:
1.) Die waren unglaublich cool, sie verfügten über wunderbare Technik. Sie konnten sich zum Beispiel jedes halbe Jahr ein noch besseres Smartphone kaufen, damit ins Internet gehen, die sozialen Netzwerke bedienen, pausenlos texten, Selfies machen und vieles mehr.
2.) Das waren die schrecklichsten und dümmsten Vertreter der menschlichen Art überhaupt. Sie unternahmen nichts gegen das verheerende Leid und die vielen Katastrophen, obwohl sie über alle notwendigen Kenntnisse und Mittel verfügten.

3.) Das waren die Menschen, die es endlich schafften, über den Tellerrand ihrer eigenen Existenz hinwegzublicken, ihre eigenen Egoismen zu überwinden und das Ruder im letzten Moment herumzureißen. Das waren die ersten wirklich intelligenten Menschen. Wir verdanken ihnen unsere lebenswerte Gegenwart.

Noch ist es möglich, dieses zukünftige Bild heute in der Gegenwart mit zu bestimmen. Der Anfang ist, sich der Zusammenhänge bewusst zu werden. Indem man selber zum Teil der Veränderungen wird, die die Welt jetzt so dringend braucht, kann man sogar wohltuende Spuren hinterlassen.

> *"Der Horizont vieler Menschen*
> *ist ein Kreis mit dem Radius Null*
> *und das nennen sie ihren Standpunkt."*
> (Albert Einstein)

Genau in diesem Sinn darf es nicht mehr länger um den Krieg der verschiedenen Standpunkte, sondern muss es um die gemeinsame Bemühung gehen, den Horizont der Menschheit nachhaltig zu erweitern.

Damit aber wird das derzeit zentrale Problem der Menschheit deutlich, das für die allermeisten Probleme an jeweils entscheidender Stelle verantwortlich ist: Die Sicht- und Denkweise der Menschen ist zumeist eine sehr einseitige. Nach dem immer noch (fast) alles bestimmenden aristotelischen „Entweder-oder-Denken" werden Vielfalt und Komplexität quasi ausgeschlossen – und das gilt u. a. für alle auf den aristotelischen Grundsätzen aufbauenden Wissenschaften und für das globale Wirtschaftssystem, das weltweit Egoismus und Wettbewerbsdenken einseitig fördert. Ein intelligenter Umgang mit Unterschieden, Gegensätzen und mit individuellen Sichtweisen wird so konsequent verhindert. Die Folge ist der oben genannte, völlig destruktive Krieg einseitiger Standpunkte, der erst dann aufhört, wenn das Denken und die Logik der Menschen der Vielfalt der Wirklichkeit gerecht werden.

Der Mensch nennt sich selber „Homo sapiens", einen vernunftbegabten, weisen Menschen. Das aber ist lediglich der Ausdruck seiner unseligen und verheerenden Vermessenheit. Seine Klugheit umfasst die Entwicklung von Werkzeugen und Waffen, nicht aber die Kunst des Zusammenlebens. Man könnte ihn deshalb als „Homo sapiens machinator" bezeichnen, als „weisen Maschinenbauer" sozusagen.

Möchte der Mensch allerdings nachhaltig und mit Erfolg auf diesem Planeten weiterleben, dann sollte er den nächsten dafür notwendigen Schritt in seiner geistigen Evolution vollziehen und zum „Homo multividus" werden, zum „vielsichtigen Menschen", der sich der ganzen Wirklichkeit öffnet und möglichst viel beachtet, bedenkt und berücksichtigt. Will die Menschheit nicht an ihrem „eigenen Mist" zugrunde gehen, dann sollte dieser Schritt möglichst zeitnah erfolgen.

Wer wirklich entscheidende Veränderungen will, der muss konsequent jeden Lebensbereich zugleich kritisch und trotzdem konstruktiv, zugleich tabulos und trotzdem respektvoll hinterfragen. Dann gilt es, zugleich entschlossen und trotzdem besonnen zu handeln und dabei der Vielfalt endgültig Rechnung zu tragen.

Würden die Menschen im Sinne der goldenen Regel leben und in gleicher Weise zum Nutzen des Eigen-, Gemein- und Universalwohls miteinander kooperieren, dann könnte die Menschheit eine friedvolle Zukunft haben, in der auch mit dem einzigen Lebensraum Erde gut umgegangen würde.

Die Schriftenreihe Globale Intelligenz verdeutlicht anhand vieler ganz unterschiedlicher Beispiele das Prinzip der Vielfalt und den möglichen sinnvollen und fruchtbringenden, ganz konkreten Umgang mit dieser.

Derzeit sind die folgenden Bände vorgesehen. Aktualisierte Informationen finden sie auf der Website www.gloint.de.

Band 1

„Terror sapiens I – Von der Einfalt zur Vielfalt"

„Terror sapiens II – Terror ist logisch"

„Terror sapiens III – Spirituelle Intelligenz"

Band 2

„Der vielsichtige Mensch – v… d… Homo sapiens!"

Band 3

„Ausweg Kooperation – Kooperationsethik und Kooperationswirtschaft"

Band 4

„Reife statt Dummheit – Ein Leben mit Globaler Intelligenz"

Der Band „Terror sapiens I-III"

Das Erfolgs-Prinzip der Natur ist ihre Vielfalt.
Das Misserfolgs-Prinzip des Menschen ist seine Einfalt.

Der ursprünglich geplante Gesamtband „Terror sapiens" wurde aufgrund seines Umfangs und seiner drei verschiedenen Themenschwerpunkte in die folgenden 3 Bände unterteilt:

▪ Terror sapiens I – Von der Einfalt zur Vielfalt

In diesem Band wird das Prinzip der Vielfalt, das das Grundprinzip der Natur ist, an vielen konkreten Beispielen aufgezeigt und der Einseitigkeit des Menschen, also seiner gnadenlosen „Entweder-oder-Logik", gegenübergestellt. Themen wie u. a. die Subjektivität des Menschen, Traditionsblindheit, die Problematik des eigenen Standpunkts, die Medien und die Sicht der Weltraumfahrer runden die Thematik ab.

▪ Terror sapiens II – Terror ist logisch

In diesem Band wird nach den Themen Faktenverweigerung und Kommunikation am Beispiel geschlossener logischer Systeme das Prinzip des Terrors verdeutlicht, das Menschen in ihrem Fühlen, Denken und Handeln völlig umzudrehen vermag. Aber auch Fanatismus in anderen Lebensbereichen lässt sich damit erklären. Es werden u. a. die Beispiele Fußball, Breivik, Nationalsozialismus und islamistischer Terror behandelt.

▪ Terror sapiens III – Spirituelle Intelligenz

Es gibt kaum eine Religion, in deren Geschichte es nicht zu Fanatismus und Besessenheit, zu Ausgrenzung und Gewalt, zu Unterdrückung und Terror gekommen ist. Solange die Basis einer Religion die Einseitigkeit der Menschen und nicht die Vielfalt des Höchsten ist, solange ist man von der umfassenden Wahrheit und von gelebtem Frieden getrennt. Neben konkreten Beispielen wird der mögliche eigene spirituelle Weg angedeutet.

Foto 1: Gratulation zum 72. Geburtstag von H. Lübke am 14.10.1966; „Ein Ständchen für den Bundespräsidenten", 15.10.1966, Die Welt; Foto: © picture-alliance/dpa

Foto 2: „Kanzlerparty" am 21.10.1969 in Dienstvilla auf dem Venusberg, Willy Brandt, Walter Krahe und Thomas Kögler; Quelle Foto: © Bonner Express/Archiv; Artikel: „Stromsperre stoppte das Whiskyfest in der Villa des Kanzlers", Express, 23.10.69, S. 18

Eine sehr persönliche Sicht

„Liebe Nachwelt!
Wenn Ihr nicht gerechter, friedlicher und überhaupt vernünftiger sein werdet, als wir sind bzw. gewesen sind, so soll euch der Teufel holen."
(Albert Einstein 1879-1955, gutezitate.com)

„Nichts kommt von selbst. Und nur wenig ist von Dauer. Darum besinnt Euch auf Eure Kraft und darauf, dass jede Zeit eigene Antworten will und man auf ihrer Höhe zu sein hat, wenn Gutes bewirkt werden soll."
(Willy Brandt, willy-brandt.org, Zitate)

„Es kann nicht die Aufgabe eines Politikers sein, die öffentliche Meinung abzuklopfen und dann das Populäre zu tun. Aufgabe des Politikers ist es, das Richtige zu tun und es populär zu machen."
(Walter Scheel, nur-zitate.com)

„Ich wollte überleben. Und als ich am Ende des Krieges Berlin überlebt hatte, und auch den Einmarsch der Russen überlebt hatte, war mein Gefühl, »du wirst nach deinen Möglichkeiten und Fähigkeiten versuchen, das deine beizutragen, damit eine solche Scheiße nie wieder passiert«"
(Egon Bahr – aus: „Egon Bahr 93-jährig gestorben", Daniel Voll, 20.8.2015, Schweitzer Radio und Fernsehen, SRF.de)

Anmerkung: Egon Bahr (1922-2015) – einer der Architekten der Ostverträge, der nach eigener Aussage 1956 SPD-Mitglied wurde, damit es niemals wieder Krieg gibt – sagte laut einem Artikel der Rhein-Neckar-Zeitung Ende 2013 (weniger als zwei Jahre vor seinem Tod) in der Ebert-Gedenkstätte zu Heidelberger Schülern, dass sein Vater bereits 1933 prophezeit habe, dass Hitler Krieg bedeute. Sechs Jahre später, am 1.9.1939, habe mit dem Übergriff auf Polen dann der Zweite Weltkrieg begonnen. Der Vater von Egon Bahr hatte also recht behalten. Jetzt warnte er selber: *„Ich, ein alter Mann, sage euch, dass wir in einer Vorkriegszeit leben. ... Es kann Krieg geben."*
(„Egon Bahr schockt die Schüler: »Es kann Krieg geben«", 4.12.2013, rnz.de)

Beim Schreiben der drei Bände „Terror sapiens" ist die Überzeugung gewachsen, dass die folgende sehr persönliche Sicht am Anfang der Texte für das spätere Nachvollziehen der Inhalte sehr hilfreich sein kann, da sich durch die Kenntnis ausgewählter biografischer Zusammenhänge und Beweggründe die Bedeutung leichter und tiefer erschließen lässt. So können über die persönliche Sicht des Autors hinaus auch die grundsätzlichen Rahmenbedingungen für die damalige Nachkriegsgeneration besser nachvollzogen werden. Vor allem für die Leser der nachfolgenden Generationen könnte dies sehr hilfreich sein. Als älterer Mensch und Vater wünscht man sich ja, dass auch die jungen Menschen wichtige Zusammenhänge (über geschichtliche Zeiträume hinweg) erkennen und nachvollziehen können.

Als deutsches Kind der Nachkriegsgeneration – mit vielen, aus Scham bis heute ungestellten Fragen – hineingeboren in den wachsenden Wohlstand einer aufstrebenden kleinen Bundeshauptstadt, in das neu entstandene Beamtenviertel, in den Schoß einer katholischen Familie und später „mutig" den Kriegsdienst mit der Waffe verweigert, galt man für viele aus der Generation der Soldatenväter und Soldatengroßväter als verweichlichter Mensch, als „Weichei" sozusagen, das dem Ernst des Lebens nie wirklich ins Auge geblickt hat.

Dennoch, für jemanden,

• dessen Mutter zu seiner Geburt sogar vom seinerzeit amtierenden Bundesfamilienminister, Franz-Josef Wuermeling (1990-1986, bekannt durch die gleichlautende Bundesbahn-Fahrpreisermäßigung für kinderreiche Familien) ein sehr persönlich gehaltenes Gratulationsschreiben erhielt, da sein Vater ein höherer Beamter im Bundesfamilienministerium war,

• der die erste Zeit mit Zitronentee und Kranwasser aufwuchs, weil teure Getränkekisten erst sehr viel später den Weg in den Keller fanden,

• der sich noch gut an die Zeit erinnern kann, als die Familie um das Radio versammelt war, weil ein Fernseher erst später zur Verfügung stand, dann aber die Kinder aus der Nachbarschaft kamen, um auch einmal die Nachmittags-Kindersendung im seinerzeit einzigen deutschen Programm mit ansehen zu dürfen. Blieb man krank zuhause, durfte man vielleicht sogar dem morgendlichen Schulfernsehen zuschauen, ansonsten war Sendepause. Gegen Mitternacht verabschiedete sich das Erste Deutsche Fernsehen übrigens mit der Nationalhymne in die dann stille Nacht,

• der als Kind von den moralischen Werten des edlen Indianers Winnetou und dessen weißen, unfehlbaren Blutsbruder Old Shatterhand, gepaart mit dem damals noch existierenden Fair Play des täglichen Jungenfußballs, den Gemeinschafts-Erfahrungen in der Jugendgruppe und den unendlichen Klärungsprozessen innerhalb einer gut funktionierenden Clique, weit mehr geprägt wurde, als dies der örtliche Herr Pastor – auch in späterer Konkurrenz zum sonntäglichen Frühschoppen direkt neben seiner Kirche – jemals vermocht hätte,

• der als siebenjähriges Kind zusammen mit seiner Spielfreundin einen kurz zuvor noch lebend gesehenen Mann tot auf dem Gehweg fand, mit seinem laut winselnden kleinen Hund noch angeleint am Handgelenk. Verstorben war dieser an einem Herzinfarkt, wie ihm später die Eltern in den folgenden schlaflosen Nächten zu erklären versuchten. Und trotzdem kann solch eine Erfahrung nicht mit den Erfahrungen in einem der Kriegsgebiete dieser Welt verglichen werden. Dennoch aber stellte dies ein erstes Stück Ernst des Lebens dar.

• der sich an den zweiten Teil des kalten Krieges gut erinnern kann,

• dessen kriegserfahrene Mutter als Reaktion auf den Einmarsch der sowjetischen Truppen in die Tschechoslowakei – zusammen mit Verbänden der ostdeutschen Volksarmee, Polens, Ungarns und Bulgariens –, in der Nacht vom 20. zum 21. August 1968, aus Angst vor einem neuen Krieg („Die Russen kommen!") in den nächsten Tagen prompt einen großen Kellerschrank kaufte und diesen mit vielen Vorräten füllte,

• der als Kind im Familienurlaub bestürzt vor der gewaltigen Grenzanlage zwischen Deutschland West und der damaligen Tschechoslowakei stand,

• der die menschenverachtende, ganz einfach völlig widerliche Grenze zwischen Deutschland West und Deutschland Ost in seinem späteren Leben viele Male selber passiert hatte,

• der seine eigene persönliche Lebenserwartung als Deutscher und als Bewohner der Bundeshauptstadt in jungen Jahren selber auf höchstens 25 Jahre schätzte, denn wäre der Kalte Krieg seinerzeit eskaliert, dann hätte der Konflikt auf deutschem Boden stattgefunden und Deutschland wäre als menschenfreie Strahlenwüste zurückgeblieben, da auf beiden Seiten mehr als genug Atomwaffen stationiert waren und schlagkräftige Pläne für solch ein Szenario auf beiden Seiten bereits fertig ausgearbeitet in den Schreibtischschubladen lagen,

- der im Anschluss an seine Messdienertätigkeit als langjähriger (katholischer) Jugendgruppenleiter schon früh Verantwortung für andere Menschen übernahm und dabei den verständnisvollen pädagogischen Umgang mit diesen lernte – gelebte Nächstenliebe ignorierend, diskutierten manche Buchstaben-Katholiken unter den anderen Gruppenleitern überflüssigerweise mit ihm mehr als einmal über das „K" in seiner Jugendarbeit,

- der allerdings dennoch die mannigfaltigen Umbrüche, angestoßen durch die Studentenunruhen und die Hippie-Bewegung in den sechziger Jahren, in einigen Punkten für sich persönlich modifiziert – teilweise eins zu eins übernommen – verinnerlicht und schließlich auf seine Weise umgesetzt hat,

- der sich einigen der Verlockungen dieser neuen Zeit nicht gänzlich verschließen konnte (um es diplomatisch auszudrücken),

- der sich bereits im vierten Schuljahr als Junge für die Rechte des männlichen Geschlechts einsetzte und durchsetzte, dass alljährlich nicht immer nur zwei Mädchen mit Gedichten und Blumen dem amtierenden Bundespräsidenten Heinrich Lübke vor dessen Haus auf dem Bonner Venusberg im Namen ihrer dort musizierenden Grundschule zum Geburtstag gratulierten. Er war der erste Junge, der diese Mädchen-Tradition durchbrach.
(s. Foto 1)

Anmerkung: Der fünf Jahre jüngere Matthias Brandt (geb. am 7.10.1961) – beliebter und ausgezeichneter deutscher Schauspieler, Sohn von Willy Brandt (1913-1992), dem ersten sozialdemokratischen Bundeskanzler der Bundesrepublik Deutschland, der von 1967 (zunächst als Außenminister und später als Kanzler) bis 1974 mit seiner Familie in der Dienstvilla auf dem Bonner Venusberg (im Kiefernweg 12) in unmittelbarer Nähe des Autors lebte – veröffentlichte am 8.9.2016 seinen Erzählband „Raumpatrouille", in dem er seine Erfahrungen auf dem Bonner Venusberg rund um die heimische Kanzler-Villa schildert. Als Fünfjähriger zog er dort ein und lebte bis zum Alter von etwa zwölf Jahren in dem großen Anwesen.

Angrenzend an den Park der Brandtvilla – verbunden durch ein kleines (nicht verschlossenes) Gartentörchen, das ab und zu ausschließlich von Matthias Brandt genutzt wurde – lag das Wohnhaus von Heinrich Lübke (1894-1972), der von 1959 bis 1969 deutscher Bundespräsident war. Hin und wieder wurde Matthias von Heinrich und Wilhelmine Lübke (fein zurecht gemacht) zu einer Tasse Kakao eingeladen, während sein Hund am Gartentor auf ihn wartete. Da Matthias Brandt die gleiche Grundschule auf dem Venusberg wie der Autor besuchte, traf auch ihn das alljährliche Ritual, dem Bundespräsidenten vor dessen Haus musizierend zum Geburtstag zu gratulieren. In seinem Buch „Raumpatrouille" schreibt er über diese Begebenheit: *„Zu dessen Geburtstag traten wir mit allen Schülern unserer Grundschule dort an, um dem Greis das Lied »Viel Glück und viel Segen« zu singen. An der Seite seiner Frau kam er vor die Tür und nahm die Prozedur reglos zur Kenntnis. Am Ende des Kanons bedankte sich Frau Lübke dann bei der Schuldirektorin, und der Präsident wurde, nachdem er uns ein wenig zögerlich zugewunken hatte, schnell wieder hinein geführt. ... Ich fragte mich, warum statt einer imposanten uniformierten Blaskapelle, wie es im Fernsehen vor dem Palast der Königin von England zu deren Geburtstag zu sehen gewesen war, ausgerechnet wir dem Staatsoberhaupt musikalisch hatten huldigen müssen, zudem in dessen Garageneinfahrt. Wenn wir sangen, stellte ich mich in die hinterste Reihe, weil ich befürchtete, die Frau des Präsidenten würde mich inmitten der anderen Kinder erkennen und womöglich persönlich begrüßen und so aus der Masse hervorheben, was ich mehr scheute als irgendetwas sonst."* (*„Raumpatrouille", Matthias Brandt, Köln 2016, S. 57 f)*

Ob zu diesem späteren Zeitpunkt wieder zwei Mädchen oder weiterhin ein Mädchen und ein Junge Heinrich Lübke in vorderster Reihe gratulieren durften, ist dem Autor an dieser Stelle nicht bekannt. In Unkenntnis des für den Autor wichtigen Details erwähnt Matthias Brandt dieses natürlich nicht.

(Dennoch, für jemanden,)

▪ der also in der Nachbarschaft von Willy Brandt aufwuchs und der abends in dessen Dienstvilla mitfeierte, nachdem „Willy" am Morgen des 21.10.1969 zum Kanzler ernannt worden war (s. Foto 2). Dort fanden sich viele Gäste ein. Neben der gesamten SPD-Prominenz gab es auch zahlreiche Nachbarn und Teilnehmer des Fackelzuges zuvor. Tor und Türen waren geöffnet. Die Welt schrieb u. a. darüber: *„Dann gab`s für die Fakkelträger Freibier auf der Terrasse, während Brandt sich ins Innere des Hauses zurückzog, wo ihn viele prominente Journalisten wie Augstein, Gaus, Merseburger, Gütt und Müggenburg erwarteten. Die jüngsten Journalisten waren zweifellos zwei junge „Steppke", Walter Krahe und Thomas Kögler [Anm. Fehler „Köpler" korrigiert] vom Bonner Ernst-Moritz-Arndt-Gymnasium, vielleicht zwölf Jahre alt: »Herr Brandt ein Interview, ein Interview für unsere Schülerzeitung.« Die beiden Kleinen ließen sich nicht abdrängen, und nach einigen Minuten hatten sie es geschafft. Wie aus der Pistole geschossen kamen die Fragen: »Wo sind Sie geboren?« »In Lübeck.« »Welches waren Ihre liebsten Schulfächer? « »Deutsch und Geschichte.«"* (*„Kanzler kredenzte Kölsch vom Fass – Offene Tür und Fackelzug bei Willy Brandt", UL, 23.10.1969, Bonner Rundschau, Nr. 246*)

Anmerkung: Matthias Brandt beschreibt in seinem Buch die Sicht von der anderen Seite des eindrucksvollen, elektrisch gesteuerten Einfahrt-Rolltors mit Zacken oben drauf, das quasi am anderen Ende der Wohn-Sackgasse des Autors lag. Matthias hatte seine Mittel und Wege gefunden, ab und zu dem Wachpersonal mit seinem blauen Bonanzarad zu entwischen und dann zum Beispiel ohne Bewacher im direkt angrenzenden Wald zu verschwinden. Das riesige Waldgebiet, der insgesamt 40 km² große Kottenforst, war der paradiesische Natur-Spielpatz aller an dessen Rändern wohnenden Kinder, also auch aller Venusberger Kinder, also auch von Matthias Brandt. Der Wald bot sehr viel: unendlichen Platz zum Buden bauen – ganze Dörfer entstanden –, Kletterbäume in allen Größen, Bombentrichter, Schützengräben, Wildgehege, einen großen Ausflugslokal-Spielplatz, mehrere Weiher, zahllose, kilometerlange fast ebene Waldwege, die perfekt zum Fahrradfahren waren, und vieles mehr. Als Venusberger Kind kannte man sich dort bestens aus. Matthias wohl auch, den besonderen Umständen geschuldet zumindest ein wenig.

Die Familie Brandt hatte teilweise mehrere Hunde. Einer davon ist aber bleibend in Erinnerung geblieben: ein massiger, zotteliger weißer ungarischer Hirtenhund mit ausgeprägtem Wach- und Beschützerinstinkt. Matthias liebte seinen Hund über alles, wobei man sich als Kenner dieses gewaltigen Tieres nun gar nicht vorstellen kann, dass es sich bei diesem Hirtenhund tatsächlich um den Hund handelte, den man ihm laut seiner eigenen Erzählung (S. 32) kurz nach seinem dritten Geburtstag auf sein „Masern-Krankenbett" gelegt hatte und er *„vor Liebe augenblicklich verstummte"*. Selbst ein Welpe dieser Hundeart wäre im erwerbbaren Alter von mindestens acht Wochen dafür vermutlich schon viel zu schwer gewesen. War es in dieser Szene vielleicht ein anderer Hund?

Menschen, die sich allerdings auf der anderen Seite des Tores befanden, aber auch den Wachleuten (die zum Teil froh waren, auch für den „Hunde-Notfall" stets eine Waffe dabei zu haben) und den Besuchern jagte dieser Hund gewaltigen Schrecken ein, mehr als all die bewaffneten Uniformierten auf dem Gelände, deren Veräppelung eher der Bespaßung der Venusberger Jungen diente (als junger Trottel hatte man keine Idee davon, in welche Gefahr man sich begab, wenn man diese zum Beispiel im Dunkeln von der anderen Seite des Zaunes am Waldrand erschreckte).

Über den riesigen Hund aber wurden so manche Geschichten erzählt – auch dass er einem unmittelbaren Nachbarn die halbe Männlichkeit weggebissen haben soll. Zum Glück korrigiert Matthias Brandt dieses seinerzeit hartnäckige Gerücht, in dem er jetzt in seinem Buch ganz offen schildert, dass sein Hund beim Besuch eines Beamten, der ihm verhängnisvollerweise mit dem ihm *„so verhassten Kopftätscheln begrüßen"* wollte, diesem aus reinem Schutztrieb eine insgesamt glimpflich verlaufende „Hodenquetschung" zufügte (S. 32). Unter der Anwesenheit von Willy Brandt selber soll es ebenfalls zu einer „Hunde-Attacke" gekommen sein. Ein eifriger SPD-Referent soll den in der Eingangshalle schlafenden Hund versehentlich auf dessen Schwanz getreten haben. Dieser habe sofort in das Bein des erschrockenen Referenten gebissen. Laut Korrespondenten-Berichten habe sich Willy Brandt sofort entschuldigt aber die folgende Ermahnung hinterhergeschickt: *"Das kommt davon, wenn man schlafende Hunde weckt und ihnen obendrein noch auf den Schwanz latscht."*
(„Als Willy Brandts Hund die Besucher jagte", Sven Felix Kellerhoff, 19.06.2012, Archiv, Welt.de)

Die ganze Wirklichkeit dieses ungarischen Hirtenhundes war eine sehr vielfältige. Für Matthias Brandt war er neben seiner geliebten Mutter und vielleicht neben zwei Bediensteten im Haus der wohl wichtigste Bezugspunkt in seinem Leben, eben ein unverzichtbarer

Freund in einem sehr großen Haus mit weitläufigem Park. Die Kontakte zu seinem stets viel beschäftigten, sich zuhause dann aber zurückziehenden, eher unnahbaren Vater waren meist sporadisch und größtenteils oberflächlich. Bezeichnenderweise beginnt der Erzählband mit den sinnbildlichen Sätzen: *„Keiner da. [Absatz!] Das Haus hatte ich bereits von oben bis unten und von links nach rechts durchwandert und saß jetzt doch wieder stuhlkippend in meinem Zimmer."* (S.7)

Das Buch von Matthias Brandt beschreibt neben all den äußerst detaillierten Erinnerungen an die Gegebenheiten der damaligen Zeit vor Ort, die für jeden Orts- und Zeitkundigen elektrisierende Rückblicke bereithalten, neben all dem Interessanten und Amüsanten streckenweise auf eine sehr erschütternde Art und Weise die innere Einsamkeit, die Matthias – als aufgeweckter, ganz „normaler" Junge (Was heißt das schon?), aber als inmitten des politischen Zentrums der Republik rund um die Uhr best-bewachter Junge – erfahren hat.

Trotz gemeinsamer Berührungspunkte in der kindlichen Prägung – gleiche Grundschule, gleicher Wald, gleiche Bombentrichter, gleiche Schützengräben, gleicher Weiher, gleiches Gymnasium, gleiche Oberleitungsbuslinie 16, gleiches Schullandheim auf den Aremberg und einiges mehr – waren die Erfahrungswelten auf beiden Seiten des Stahltores völlig verschiedene. Für die Unterschiede sorgte dabei nicht nur die besondere Situation, dort als Sohn des Bundeskanzlers aufzuwachsen, sondern zumindest irgendwie auch die spezifische Situation auf dem Bonner Venusberg zu jener Zeit

Würde man es überspitzt darstellen, dann könnte man Matthias Brand – dort im aus ganz Deutschland nach Ernennung von Bonn als Bundeshauptstadt (1949) eilends zusammengewürfelten Beamtenmilieu (Bonner Dialekt sprach nur die Gemüsefrau) – einer klaren Minderheit zurechnen. Sein Vater war Sozialdemokrat und die gehörten zumindest noch am Anfang seiner Venusberger Zeit dort zu einer sehr begrenzten Spezies. Wenn bekannt wurde, dass am Ende der Straße jemand ein SPD-Parteibuch besaß, dann machte das hinter hervorgehaltener Hand die Runde, fast so, als wenn eine Frau ein uneheliches Kind zur Welt gebracht hätte. Zu seinem Status, Teil einer Minderheit zu sein, kam hinzu, dass er einer der nicht so zahlreich vertretenen Protestanten war. Heinrich Lübke und seine Ehefrau Wilhelmine sah man häufiger sonntags beim 10:00 Uhr-Hochamt in der katholischen Kirche. Die Familie Brandt aber nicht. Hinzu kam: Im katholischen Pfarrzentrum (im Volksmund genannt Jugendheim) spielte im wahrsten Sinne des Wortes die Musik: bei zahlreichen Feiern und vor allem bei den von den Jugendlichen selber organisierten allmonatlichen HOT-Keller-Feten. Hinzu kam eine gut organisierte Kinder- und Jugendarbeit. Das alles schweißte die jungen (meist katholischen) Menschen natürlich zusammen.

Ein weiteres Detail betrifft den fußballbegeisterten Matthias Brandt ganz besonders, dem bedauerlicherweise in seiner Venusberger Jugend etwas Entscheidendes entgangen ist. Er kam ganz einfach zu spät auf den Venusberg bzw. war 5 Jahre zu jung. Deshalb muss man ihn zur „Nach-Apfelallee-Generation" rechnen.

Die Apfelallee ist ein etwa 300 m langer Parkstreifen, ausgehend von der katholischen Kirche (im Kiefernweg) bis hin zur kleinen Polizeistation (in der mit kleinen Geschäften und einer Sparkasse ausgestatteten Sertürnerstraße). Inmitten der (damals) vielen, fürsorglich und vorbildlich gemähten Wiesen, von denen sich einige zum Schrecken der dortigen Anwohner sehr gut zum Fußballspielen eigneten, gab es einen kleinen Spielplatz mit den für die Jugendlichen sehr nützlichen Bänken. Die Apfelallee war ein täglicher Treffpunkt der Venusberger Jungen sofort nach den Hausaufgaben (zum Leidwesen der Eltern vielfach auch schon vorher). Allerdings war das Kicken dort ein Unterfangen, das jahrein, jahraus immer mal wieder durch die Übergriffe der „Venusberger-Dorf-Polizisten" gefährdet war. Rückblickend hätte eine professionale Personenschützer-Bewachung dem dortigen Fußballspielen vielleicht sogar sehr gut getan. Matthias und „seine Entourage" wären also höchst willkommen gewesen, was seinerzeit aber keinem bewusst war. Mit allen verfügbaren Methoden des überfallartigen Eingreifens nämlich versuchten die eigentlich bedauernswerten Polizisten – aus einem der sechs möglichen Zuwege kommend – zumindest den Spielball zu ergattern, der ihnen dann aber nicht selten durch einen besonders mutigen Kicker sogar wieder aus der Hand geschlagen wurde, während die anderen schon längst über all die angrenzenden Gartenzäune das Weite gesucht hatten. Natürlich wurden die Eltern, die im Laufe der Zeit den Polizisten alle bekannt waren, immer wieder informiert. Aber keiner von ihnen war ernsthaft dazu in der Lage, etwas Wirkungsvolles gegen die Anziehungskraft, die das ruhestörende Ballspielen auf der Apfelallee ausübte, zu unternehmen. Aus fußballerischer Sicht wurde dieser himmlische Parkstreifen aber nach und nach völlig verunstaltet: Bäume und Sträucher wurden inmitten der Wiesen gepflanzt. Heute ist das Fußballspielen dort anscheinend nicht mehr möglich. Als Matthias Brandt im richtigen Alter war, wurde auf der Apfelallee wohl nicht mehr gebolzt, zumindest nicht mehr in der Intensität wie vorher. Damit stand ihm der zentrale tägliche Treffpunkt nicht mehr zur Verfügung, was natürlich für seine Entwicklung ein herber Verlust war. Denn dort hätte er nicht nur täglich seine Fußballkünste abseits der Bühne eines Fußballvereins – als Venusberger Allee-Kicker sozusagen – verbessern können.

Darüber hinaus gab man sich dort aber auch (nicht nur im Dämmerlicht) die ersten Küsse. Nette Mädchen gab es eben auch im Dunstkreis der Apfelallee. Einige von denen, die in den heutigen Erinnerungen immer noch hinzureißen vermögen, wohnten sogar direkt an der Allee, mit Blick auf die kickenden Jungmänner – eine andere, auf einem Pfarrfest sogar öffentlich besungene, in einer der Stichstraßen. Seinerzeit war man als Deligation der pubertierenden Jungen eigens bei einem überstrengen Vater mehrerer begehrenswerter Töchter, einem Berufs-Militär, persönlich vorstellig geworden, um unter dem Schwur garantierter sexueller Enthaltsamkeit eine Erweiterung der Ausgangszeiten – vor allem seiner jüngsten Tochter – zu erwirken, was erstaunlicherweise sogar gelang. Der Schwur erfuhr dann in der späteren Praxis – im Kontext der neuen Zeit – eine sehr liberal gefasste Auslegung, allerdings nie über die de facto vereinbarte Grenze hinausschießend. Auf diese Weise blieb man (zumindest irgendwie) im Sinne des Schwurs immer noch anständig. Geblieben sind liebevolle Erinnerungen.

(Dennoch für jemanden,)

- der in den nächsten 5 Jahren inmitten des Spannungsfeldes der rotgelben Koalition lebte und denken lernte, denn der damalige Außenminister Walter Scheel und spätere Bundespräsident – lebte nur ein paar Straßen weiter in die andere Richtung. Brandt und Scheel galten offiziell als die Väter einer neuen Deutschland- und Entspannungspolitik, deren Architekt und Unterhändler Egon Bahr war. Ohne diese so genannte Ostpolitik, gegen die die Unionsvertreter lange Zeit lautstark krakeelten, ist die spätere deutsche Einheit nicht vorstellbar. Der „Oggersheimer" Kohl und der „Pecher" Genscher (Wachtberg-Pech – Luftlinie vom Venusberg in zu Fuß oder mit dem Fahrrad leicht zu bewältigenden 5,5 km durch den Wald) konnten 1989/90 mit dem Fall der Mauer und der Wiedervereinigung genau das ernten, was die „Temporär-Venusberger" Willy Brandt und Walter Scheel unter der stillen Regie von Egon Bahr 1969-1974 gesät hatten.

• der zusammen mit einigen anderen Venusberger Jungs den „Wer-kommt-in-die-Tagesschau-Wettstreit" betrieb. Standen sonntags nämlich Wahlen an, waren abends um 20:00 Uhr in den von den Eltern geschauten heiligen Hauptnachrichten des Tages garantiert die beiden Parteivorsitzenden und Spitzenkandidaten Willy Brandt und Walter Scheel bei ihrer Stimmabgabe zu sehen. Da man die Örtlichkeiten des Wahllokals – zum Beispiel die eigene Grundschule – besser kannte als die Politprominenz, wusste man sehr genau sich zu bewegen, um im entscheidenden Moment der Aufnahme auch genau neben den Politikern zu stehen. In die Zeitungen zu kommen war da natürlich bedeutend einfacher. Im Gegensatz zu Matthias Brandt, der das Rampenlicht scheute, war man als Venusberger Sprössling eher scharf darauf – auch ein wichtiger Gegensatz auf beiden Seiten des Rolltors,

• der die späteren Gäste des sozialdemokratischen Kanzlers wie z. B. den unübersehbaren und unvergesslichen Leonid Iljitsch Breschnew, den buchstäblich gewaltigen „Held der Sowjetunion", den Fels des kommunistischen Systems, am Ende seiner Straße zum Greifen nahe miterleben konnte,

• der die politische Entwicklung von Willy Brandt mitbekam, inklusive „Kniefall", entspannungsfördernder, aber innenpolitisch hart umkämpfter Ostpolitik, der beim Misstrauensvotum 1972 trotz Unterricht zusammen mit einem Klassenkamerad mit Mofas zum Deutschen Bundestag ausgebüxt war und aufgrund der enormen Bedeutung für die Zukunft der Bundesrepublik vom Klassenlehrer am nächsten Tag anstandslos entschuldigt wurde (hier wurde gleichsam der Bedeutung Willy Brands und der schülerischen Ehrlichkeit angemessen Rechnung getragen, was man in seinem Leben nie vergisst!),

• der dann später Teil war des gespenstisch wirkenden, nächtlichen Fakkelzugs von völlig niedergeschlagenen SPD- und Willy-Anhängern in der Nacht auf den 7. Mai 1974 vor Willys Haus nach dessen Rücktrittsgesuch als Bundeskanzler am selbigen Tag (irrigerweise aufgrund eines DDR-Spions in seinem direkten Umfeld),

- der im Fernsehen fast ebenso fassungslos den in der Fraktionssitzung am 7.4.1974, wohl als Reaktion auf die (scheinheilige?) Blumengabe des schillernden SPD-Fraktionsvorsitzenden Herbert Wehner, weinenden Egon Bahr sah,
- der Willy Brands weiterem Weg mitverfolgte, auch dass dieser mit seiner Familie noch bis1979 (Matthias war 18) in einem anderen Haus auf dem Bonner Venusberg, in der Straße „Am Paulshof", wohnte,
- der zunehmend unter dem strikten Entweder-oder-Denken des Kalten Krieges litt. Nach dem Motto: Entweder du bist Freund unseres freiheitlich kapitalistischen Systems oder du kannst direkt nach drüben gehen, was jemanden, der das kapitalistische System (zurecht) kritisieren wollte, automatisch zum Kommunisten abstempelte, denn strikt nach Aristoteles konnte es ja einfach keine dritte Möglichkeit geben,
- der durch das Buch „Siddhartha" von Hermann Hesse bewusstseinserweiternde und lebensverändernde Inspiration erfuhr,
- der dann als „geläuterter Spät-Jugendlicher" begann, sich für philosophische, religiöse und spirituelle Themen wie auch für Meditation zu interessieren,
- der sich intensiv mit dem Thema Tod beschäftigte und diesbezüglich ein großes Stück Versöhnung fand,
- der am 19.3.2017 um Punkt 11:00 Uhr mit Wehmut die Sprengung des Bonn-Centers im Livestream mitverfolgte, einem der Wahrzeichen des politischen Bonns, war dieses doch bei der Fertigstellung 1969 zweithöchste Gebäude der Stadt die trotzige Antwort auf das vier Jahre zuvor errichtete Europa-Center in Berlin, das übrigens als eines der Wahrzeichen Berlins immer noch steht und zwar unter Denkmalschutz und gut renoviert. Das Bonn-Center war das Symbol der sich emanzipierenden jungen, nicht mehr Provisorium sein wollenden Bundeshauptstadt am Rhein. Willy Brandt besichtigte es zusammen mit seinem Sohn Matthias kurz vor der Eröffnung. Dem Regierungsviertel, insbesondere dem später erbauten Bundeskanzleramt direkt gegenüber beherbergte es neben Ladengeschäf-

ten, Unterhaltungsangeboten (später die wundervolle Kleinstkunstbühne Pantheon), Banken etc. zeitweilig Abgeordneten-Büros, Botschaften, Fernsehstudios, internationale Nachrichtenagenturen, das von Staatsgästen aufgesuchte Steigenberger-Hotel und das bei den Mächtigen und ihren Besuchern sehr beliebte Restaurant Ambassador – fast im Himmel der Hauptstadt. Bundeskanzler und Bundespräsidenten zählten dort zu den Stammgästen. Aber auch der Abiturjahrgang des Autors kam aufgrund direkter familiärer Verbindung einer Mitschülerin zum oberen Management des Steigenberger-Hotels in den Genuss, in der für sie reservierten Kellerbar des Hotels ihren Schulerfolg feiern zu dürfen,

- der als Krankenwagenfahrer während seiner Zivildienstzeit – im Gegensatz zu seinen bei der Bundeswehr Karten spielenden Mitschülern – dann doch in einigen Situationen wieder dem Ernst des Lebens – z. B. in Form von Sterbenden – begegnete,

- der sich als behütetes deutsches Nachkriegskind als Krankenwagenfahrer zum ersten Mal in seinem Leben der Tatsache hautnah bewusst wurde, dass Krieg auf der Welt in der Tat real existiert (Weichei eben!), als er mit seiner Trage in ein Krankenhauszimmer kam und unvermittelt zwischen fünf blutjungen somalischen Soldaten stand, die tags zuvor aus dem Kriegsgebiet eingeflogen worden waren und die über deutlich erkennbare Kriegsverletzungen verfügten – vor allem auch im Gesicht – schließlich befand man sich in der „Kiefer-Klinik". Es war nicht die Schwere der Verletzungen, die schockierte, sondern ihre sichtbar menschgemachte Verursachung,

- der in seiner kurzzeitigen Tätigkeit als studentischer Aushilfs-Taxifahrer in Bonn so manchen Politiker beförderte. Beispielsweise fuhr er wenige Monate vor der Bundestagswahl 1980 Hermann Höcherl (1912-1989; CSU, u. a. Bundesinnenminister von 1961 bis 1965), den er bis kurz vor Ende der Fahrt zum Deutschen Bundestag nicht erkannte. Dieser „missbrauchte" ihn unterwegs quasi als Stimme des Volkes. Höcherl wollte u. a. wissen, welche Chancen er Franz Josef Strauß (1915-1988, langjähriger CSU-Parteivorsitzender) als Kanzlerkandidat bei der Wahl einräumte. Die Sicht des geborenen Rheinländers bezüglich des polternden CSU-Ur-Bayern in Konkurrenz zum hanseatisch bedachten, amtierenden sozialdemokratischen Bundeskanzler Helmut Schmidt war natürlich eine gnadenlose: Er gab Strauß keine Chance, was sich später in der Wahl auch bewahrheitete, was aber – am Deutschen Bundestag angekommen – mit einem belanglosen ausländischen Geldstück als Trinkgeld abgestraft wurde. Inzwischen hatte er aber verstanden, wen er da gefahren hatte. So war er in der Lage, die Trinkgeldgabe einzuordnen und im Nachhinein froh darüber zu sein, seine Überzeugung an den richtigen, im Hintergrund immer noch einflussreichen Mann hat bringen zu können. Einmal hat er an einem sehr späten Abend den in einem (anderen) defekten Taxi vor Bonns bester Schaschlikbude in Poppelsdorf gestrandeten Horst Ehmke (1927-2017, SPD-Parteivorstand, unter Willy Brandt Chef des Kanzleramts und mehrere Ministerposten, im Zusammenhang mit der Ostpolitik laut Brandt „Spezialist für alles") einige Zeit warten lassen, um sein wichtiges Nachtmahl zu Ende einzunehmen und sich dann mit einer Flasche dunkler Brause in der Hand beim Einstieg in sein Taxi, wo Horst Ehmke bereits saß, die schnippische Frage gefallen zu lassen, ob er das Getränke zum anschließenden Mischen bräuchte (natürlich nicht). Zu allem Überfluss wurde er bei der anschließenden Fahrt von schwer bewaffneten Personenschützern in einem ihm folgenden schwarzen Mercedes begleitet. Auch nach dieser Fahrt war die Trinkgeldausbeute nicht nennenswert. Aber besser so, als wenn er sein Schaschlik nicht genüsslich zu Ende gegessen hätte,

• der Anfang der achtziger Jahre in einem Gartenbungalow – keine fünf Meter vom Zaun zu früheren Dienstvilla von Willy Brandt und dem späteren Gästehaus der Bundesrepublik Deutschland entfernt – vorübergehend lebte. Von da aus hatte er unmittelbaren Blick auf das Einfahrts-Rondell und den Haupteingang zum Haus. Eines bereits fortgeschrittenen Morgens zog er die Rollläden seines Wohnzimmers hoch und erschrak, weil dort direkt auf seiner Terrasse ein Uniformierter saß. Auge in Auge mit diesem schossen ihm sofort allerlei furchtsame Gedanken durch den Kopf, aber der Polizist saß nur deshalb dort, weil gegenüber im Gästehaus der damalige US-Außenminister Alexander Haig zu Besuch war. Erst später fiel ihm ein, dass ihm in diesem hochsensiblen Wohnbereich vielleicht ein wichtiges No-Go unterlaufen war. Hatte er doch Monate zuvor zusammen mit Freunden den Militärattaché der tschechoslowakischen Botschaft, den sie als Aushilfs-Makler bei der Vermietung einer Wohnung kennengelernt hatten, zum Kaffee eingeladen. Zum Glück aber saß der Polizist auf der Terrasse routinemäßig dort,

• der wusste, dass er vom KGB überwacht wurde, als er die Ehefrau des russischen Botschafters in deutscher Sprache unterrichtete,

- der von Willy Brandts (dem zum Zeitpunkt des Mauerbaus 1961 regierendem Bürgermeister von Berlin) sehr persönlicher Reaktion auf den Mauerfall am 9.11.1989 und seiner Hörfunk-Interview-Aussage tags darauf *„Jetzt sind wir in einer Situation, in der wieder zusammenwächst, was zusammengehört"* sehr ergriffen war *(Zitate, Bundeskanzler Willy Brandt, willy-brandt.de)*,

- der 1990 „wie befreit" an erster Stelle den Wegfall der menschenverachtenden, todbringenden Grenze, das Ende des kalten Krieges und damit das endgültige Ende der nuklearen Bedrohung zusammen mit Freunden und Getränken am Brandenburger Tor persönlich feierte; die eigentliche Wiedervereinigung spielte für diese an zwei deutsche Staaten gewöhnte Nachkriegskinder nur eine untergeordnete Rolle, wohl aber die neu gewonnene Denkfreiheit nach Ende des Kalten Krieges. Ab sofort ließ sich der gnadenlose Kapitalismus frei von der Leber weg auch öffentlich kritisieren, ohne direkt mit Nachdruck über Stacheldraht und Mauer hinweg in den Schoß des „real existierenden Zwangs-Sozialismus" verwiesen zu werden (welch eine Drohung für junge, freiheitsliebende Menschen!),

- der am 3.10.1990 um 0:00 Uhr die den Beitritt der DDR zur Bundesrepublik Deutschland auf dem Bonner Marktplatz feiernden Bonner nicht wirklich hat verstehen können. Jubelten sie doch gerade auch darüber, dass ihre geliebte, freundliche und beim Aufbau der jungen Demokratie unglaublich erfolgreiche Stadt just in diesem Augenblick den Status der Bundeshauptstadt der Bundesrepublik Deutschland verloren hatte. Wie dumm konnte man als Bonner denn nur sein, in so einem Moment nicht wenigstens auch daran zu denken. Er jedenfalls war diesbezüglich sehr betrübt,

- der es (bei allem Verständnis) Willy Brandt am Ende dann doch übel nahm, dass dieser trotz seiner so wichtigen politisch-historischen Erfolge in der Bundeshauptstadt Bonn als Kanzler dann viele Jahre später namentlich als erster auf dem „Antrag zur Vollendung der Einheit Deutschlands" stand, der am 20.6.1991 im Deutschen Bundestag in Bonn verhandelt wurde und der mit 338 gegen 320 Stimmen dafür sorgte, dass Berlin nicht nur offizielle Hauptstadt des wiedervereinigten Deutschlands war, sondern künftig auch Parlaments- und Regierungssitz werden sollte. Eine der absurden Gegebenheiten dieses für einen gebürtigen Bonner sowieso völlig absurden Beschlusses war, dass der (nicht gerade preiswerte) nagelneue Plenarsaal des Deutschen Bundestages in Bonn zu diesem Zeitpunkt noch im finalen Aufbau begriffen war,

• Der grundsätzlich nichts gegen Berlin hatte, im Gegenteil, war er doch davon überzeugt, dass Berlin von ganz alleine eine sehr attraktive Stadt ist, die den Status der Bundeshauptstadt überhaupt nicht gebraucht hätte. Wäre es Berlin allein um die Repräsentation gegangen, dann hätte ein Sitz des Bundespräsidenten dort gereicht. Ob nämlich Berlin den Politikern tatsächlich so gut tut, weil es dort – im Gegensatz zum überschaubaren Bonn – ein Vielfaches an Freizeitangeboten gibt, ist nun wirklich nicht ausgemacht. Manch ein Politiker und manch eine politische Maßnahme schienen in Bonn deutlich ausgeschlafener zu sein,

• der mental und emotional den „Wind des Wandels" (den „wind of change" – so die „Hymne der Wende" von der Gruppe Scorpions) mit tiefen Atemzügen in sich aufsog und begann, zumindest für wenige Jahre an die Möglichkeit einer wirklich besseren Welt zu glauben,

• der bis heute allerdings immer noch völlig überrascht davon ist, wie unglaublich hartnäckig sich nach und nach zunehmend alle Formen von Egoismen in der Gesellschaft haben breit machen können und das vor allem auch in der Generation von „love and peace", also sozusagen auch bei den älteren Brüdern der „Weichei-Generation" (was übrigens keine real existierende Bezeichnung ist),

• der fasziniert den Schilderungen von Matthias Brandt lauschte, dass dieser im Zusammenhang mit den Dreharbeiten zum Zweiteiler „Im Schatten der Macht" am Originalschauplatz der Brandtvilla (2002) im Gebüsch versteckt Überreste seines alten Spielgeräts gefunden hatte,

• der äußerst entsetzt darüber ist, was aus der Brandtvilla nach ihrem Verkauf 2007 dann geworden ist. Die 1938 errichtete „Blömer-Villa" – die ursprünglich als Landsitz für den Bonner Kaufmann Heinz Blömer errichtet wurde, stand nach dessen Tod von 1949 bis 1999, solange Bonn Regierungssitz war, als Dienstvilla verschiedenen Spitzenpolitikern zur Verfügung: u. a. dem SPD-Vorsitzenden Kurt Schumacher (von 1949 bis 1952), Außenminister Heinrich von Brentano (von 1955 bis 1961), Außenminister Gerhard Schröder (von 1961 bis 1966), Außenminister und späteren Bundeskanzler Willy Brandt (von 1967 bis 1974) und sehr viel später Altbundeskanzler Gerhard Schröder (II., kurzzeitig 1998). Seit der Nutzung durch die Familie Brandt wurde die Villa auch Brandtvilla genannt. Danach diente sie der Bundesrepublik als Gästehaus. 2007 wurde das leerstehende Anwesen von einer Immobilienfirma erworben und in den Jahren 2011/12 im Inneren zu einer Villa mit zwei Wohneinheiten umgebaut. Auf dem Parkgelände unmittelbar daneben wurden zwei weitere Einfamilienhäuser hingesetzt. Betrachtet man ein heutiges Luftbild, dann fehlen einem als langjährigen Ortskundigen die Worte, angesichts dessen, was aus diesem historischen Ort geworden ist. Warum hatte man daraus nicht ein zeithistorisches Museum gemacht,

• der als langjähriger „Kloster-Lehrer" in der geschützten Atmosphäre eines internationalen Priesterseminars in seinem Unterricht über das potenziell Gute im Menschen zumindest immer wieder ausgedehnt hat sprechen können und so seine diesbezügliche Überzeugung bis heute nicht verloren hat,

• der im Rahmen einer Priesterweihe (2002) zusammen mit seiner koreanischen Ehefrau die Rolle der (verhinderten) Eltern eines togolesischen Weihekandidaten (geb. 1973) auf dessen Bitte hin übernahm. Als Student des internationalen Priesterseminars hatte sich der Togolese (Afrikaner) ganz bewusst die koreanische Mutter (Asiatin) und den deutschen Vater (Europäer) ausgesucht, um sich dann von einem deutschen Kardinal weihen zu lassen. Internationaler ging es kaum. U. a. geleiteten die Ehefrau und er während der etwa dreistündigen Messfeier – ähnlich wie bei einer Hochzeit – den früheren Sprachstudenten zum Altar, zum dortigen Kardinal Lehmann (geb. 1936, Vorsitzender der Deutschen Bischofskonferenz von 1987 bis 2008), der die Priesterweihe vornahm. Erstaunlicherweise hatten ihre beiden Kinder (sechs und acht Jahre alt), die in der Teilnahme an solch einer ausgedehnten Messfeiern überhaupt nicht geübt waren, in der ersten Bankreihe der vollen Kirche, direkt vis-à-vis von etwa 50 Ordens-Priestern auf dem Chorgestühl im Raum hinter dem Altar, die besonders für sie ewig lange Zeremonie mit Geduld und Anstand überlebt, ohne in irgendeiner Weise negativ aufzufallen, was in diesem Alter eine enorme Leistung darstellte,

• der Kommunikation und Wertschätzung in der Arbeit mit den jungen angehenden Priestern erfuhr, deren Überzeugungen und Zweifel er wahrnehmen durfte,

• der hinter den Theologen die Menschen erblickte und einerseits großen Respekt vor der persönlichen Hingabe und Liebe einzelner bekam,

• der andererseits aber immer weniger theologischen „Geschichten" Glauben schenken konnte,

• der sein Wissen über philosophische, religiöse und spirituelle Themen durch den intensiven persönlichen Austausch mit Priestern und angehenden Priestern aus den unterschiedlichsten Kulturen über fast ein Vierteljahrhundert vertiefen konnte, dessen Interesse mit unschätzbarer geistiger „Nahrung" gestillt und zusätzlich mit Kenntnissen über unterschiedliche Kulturen bereichert wurde,

• der zusammen mit seinen Studenten – zu deren Kennenlernen der Bonner Republik – die Vorzüge der Bundeshauptstadt sinnvoll zu nutzen verstand und alljährlich eine Plenarsitzung des Deutschen Bundestages, die Bundespressekonferenz, das Haus der Geschichte der Bundesrepublik Deutschland und die Bundeszentrale für politische Bildung wie auch den nahegelegenen WDR in Köln (zu einer Führung) besuchte,

• der irgendwann später die völlig absurde Grenze zwischen Süd- und Nord-Korea zusammen mit seinen Kindern (die eigene Ehefrau hätte lange vorher eine Sondergenehmigung beantragen müssen) besuchen konnte, just zu dem Zeitpunkt der sich jährlich wiederholenden massiven Kriegsandrohungen durch den Norden, der natürlich an erster Stelle von der schwachsinnigen Grenze, aber sonderbarerweise auch von dem absurden Verhalten der dort anzutreffenden US-Soldaten, welches zu einer martialischen Hollywoodshow mutiert war, gänzlich irritiert und abgestoßen war,

• der sich aufgrund seiner wachsenden persönlichen Sorge vor einem möglichen Kriegsbeginn genau während seines Familienaufenthaltes in Südkorea der diesbezüglichen Belustigung durch daran schon lange gewöhnte und diesbezüglich völlig abgestumpfte Südkoreaner ausgesetzt wiederfand, was für ihn selber nun doch nicht ganz so lustig war,

> Anmerkung: diese Zeilen wurden übrigens gerade dann niedergeschrieben, als Nordkorea mal wieder drohte – dieses Mal mit einem atomaren Erstschlag – während die Ehefrau in Südkorea weilte. Man sollte zur Kenntnis nehmen, dass in Seoul und Umgebung mit ca. 25 Millionen Menschen ungefähr die Hälfte aller Südkoreaner lebt, dass Seoul von der nordkoreanischen Grenze relativ leicht erreichbar ist, da es nur etwa 55 km entfernt liegt, dass also Seoul und die bevölkerungsreiche Umgebung bei einem Erstschlag absolut ohne jede Chan-

ce wäre.

(Dennoch für jemanden,)
- der durch seine Besuche in Südkorea zwar dazugelernt hat, aber trotzdem nicht abgestumpft ist, da er dem wohl durch Computer-Spiele sozialisierten und geprägten nordkoreanischen Jungdiktator in keiner Weise traut, weil dieser ganz offensichtlich nur über verkümmerte Unterscheidungsfähigkeiten bezüglich digitaler Illusion und alltäglicher Wirklichkeit verfügt und ebenso offensichtlich vom Ernst des Lebens nur wenig verstanden hat, sonst würde er nicht mit Atombombern und Mittelstreckenraketen spielen, so dass sich sogar die letzten Verbündeten von ihm abwenden, sonst würde er nicht reihenweise Familienmitglieder und Freunde hinrichten lassen,
- der, seitdem Donald Trump der 45. Präsident der USA ist, befürchtet, dass dieser eines Tages sein exorbitantes und damit zwangsläufig stets unterbefriedigtes Geltungsbedürfnis möglicherweise in einem Stellvertreterkrieg gegen Nordkorea austoben wird, um auch jedem auf der Welt zu zeigen, wie stark er als Atom-Präsident ist,
- der zur Kenntnis genommen hat, dass Trumps Chefberater, Stephen Bannon, schon länger über einen Krieg der USA gegen China innerhalb der nächsten 5 Jahre spricht,
- der hofft, mit 60 Jahren aus den zahllosen großen und kleinen Fehlern in seinem Leben endlich halbwegs angemessen gelernt zu haben, um in der kommenden Lebensphase nicht mehr ganz so viele Fehler machen zu müssen,
- der Matthias Brandt wünscht, dass dieser neben seinem nachvollziehbaren, inzwischen sehr erfolgreichen Unterfangen, sich von seinem berühmten Vater, von seinem berühmten Namen und von den für ihn alles andere als einfachen Kinder- und Jugendjahren zu emanzipieren – wofür seine eindrucksvolle Karriere als Schauspieler, die einzig auf seinen ausgezeichneten Fähigkeiten aufbaut, die schauspielerisch aktive Auseinandersetzung mit dem Spion Günter Guillaume im Film „Im Schatten der Macht" und dem Dokumentarfilm „Schattenväter", aber auch das Buch Raumpatrouille eindrucksvolle Zeichen sind –, dass dieser inzwischen „befreite" Matthias Brandt sich in seiner zweiten Lebenshälfte über mög-

liche Trübungen hinweg dem außerordentlichen Erbe seines politisch außerordentlichen Politiker-Vaters dann doch mehr zuzuwenden vermag, um mit all seinen Fähigkeiten und all seinen Erinnerungen besonders glaubhaft dabei mithelfen zu können, das außerordentliche Vermächtnis einer politisch weltbewegenden versöhnlichen Gesinnung wachzurufen bzw. wachzuhalten, da diese heute mehr als je zuvor dringend benötigt wird. Vielleicht vermag ja genau das die persönliche Versöhnung mit dieser Lebensphase, die trotz alledem eben auch diese historisch einzigartige Komponente umfasst, endgültig abzurunden,

• der grundsätzlich mit Matthias Brandt darin übereinstimmt, dass das Misslingen und das Scheitern wesentliche Elemente der menschlichen Existenz sind. Denn daraus lässt sich am meisten lernen: *„Dass man so wird, wie man wird, hat viel mit Scheitern zu tun, auch mit Kränkungen und den Strategien, die man dagegen entwickelt."* *(Matthias Brandt, aus: „Du kannst Dich auch selber einwechseln", Sandra Kegel, 10.9.2016, faz.net)*

• der also inmitten der Bonner Republik mit hautnahem Kontakt zu Politik und Politikern aufwuchs, der in seinem Denken durch die Grundsätze der Demokratie und der Bemühung um diese entscheidend geprägt wurde und der in seinem Herzen ein überzeugter Demokrat ist, auch wenn die heutige Demokratie aus seiner Sicht dringend in wesentlichen Punkten intelligenter gestaltet werden muss,

=> für so jemanden hat spätestens jetzt der Ernst des Lebens begonnen, selbst wenn seine Erfahrungen auf der Sonnenseite des Lebens niemals mit dem Leid seiner Vorfahren und dem Leid der zahlreichen Flüchtlinge aus den Kriegs- und Krisengebieten verglichen werden können. Aber all die genannten Erfahrungen führen die derzeitig höchst gefährlichen Entwicklungstendenzen ungeschminkt vor Augen. So kommen die Alarmglocken nicht mehr zur Ruhe, denn Gefahr ist in Verzug.

Ein neuer kalter Krieg steht im Türrahmen und die meisten der Politiker wissen nicht, wie sie darauf angemessen reagieren sollen. Es sind Unbesonnenheit und Egomanie, Unwissenheit und geistige Trägheit, die an diesen Punkt geführt haben und möglicherweise nicht mehr den Ausweg finden lassen.

Wo ist er geblieben „der Wandel durch Annäherung", den der äußerst intelligente und weise Freund und Wegbegleiter Willy Brandts, Egon Bahr, bereits 1963 in seiner „Tutzinger Rede" postulierte, damals Pressesprecher des Westberliner Bürgermeisters Willy Brandt.

Beiden seinerzeit in Berlin verantwortlichen Politikern steckten der Schrecken und die Schmach des Baus der Berliner Mauer nur zwei Jahre zuvor (1961) noch abgrundtief in den Knochen. Dennoch waren es genau diese beiden Männer, die die bis dahin „auf Konfrontation gebügelte" Außenpolitik Westdeutschlands und des Westens gegen den massiven Widerstand „der Wahlurnen-Christen" ins Gegenteil verkehrten und eine friedliebende Strategie vertrauensbildender Maßnahmen und aktiver Verständigung mit der Sowjetunion, der DDR, Polen und den übrigen Ostblockstaaten auf den Weg brachten. Damit begann eine Zeit, in der auch überzeugte Christen Sozialdemokraten werden konnten, da sie das Momentum der Brüderlichkeit in dieser intelligenten Politik entdeckten.

Für diese richtungsweisende Entspannungspolitik, ohne die es wohlmöglich noch heute den menschenverachtenden „eisernen Vorhang" gäbe, bekam Willy Brandt 1971 den Friedensnobelpreis. Es ist ein Fehler, dass er diesen nicht zusammen mit Walter Scheel und Egon Bahr bekommen hat.

Genau heute muss unmissverständlich zu einer ehrlichen und authentischen Politik „des Wandels durch Annäherung" zurückgekehrt werden, auch wenn einem die zunehmend perfide anarchische Geheimdiensttaktik des Gegenübers absolut missfällt. Dies aber ist eine kranke Reaktion auf eine ebenso kranke Unbesonnenheit (und damit die Ursache) der vermeintlichen Sieger des Kalten Krieges.

Da sich die Staaten des Westens stets für „die Guten" halten, bekommen sie schlicht und einfach überhaupt nicht mit, dass sie mit ihren dreisten Nato-Erweiterungsfantasien anderen ganz einfach Angst bereiten. Der frühere – in Deutschland inzwischen hoch geachtete und in seiner Heimat vielfach verschmähte – sowjetische Staatspräsident Michael Gorbatschow, der die Vereinigung der beiden deutschen Staaten quasi als verantwortlicher „Hauptakteur" zuließ und dann am Ende verantwortlich für die Auflösung der Sowjetunion gemacht wurde, gab Anfang 2016 – von der uneinsichtigen Politik des Westens tief enttäuscht – den USA die Hauptschuld für die verschlechterten Beziehungen zu Russland. Er betonte, dass das Vertrauen verloren gegangen sei und rief den Westen und Russland mit Nachdruck dazu auf, die politische Krise zu überwinden. Die Welt sei ohne Zusammenarbeit nicht vor einer Katastrophe zu bewahren. Spätesten das sollte aufhorchen lassen!

Bereits 1999 warnte Egon Bahr in einem Gespräch mit dem Schweizer Radio eindringlich: *„Es gibt keine Stabilität in Europa ohne die Beteiligung und Einbindung Russlands. Und ich weiß genau, dass Russland nicht so schwach bleiben wird, wie es im Augenblick ist. Wir können im Prinzip jetzt alles tun, was wir wollen, Russland kann es nicht hindern, es ist zu schwach. Aber ich warne davor, ein großes stolzes Volk zu demütigen."* *(„Egon Bahr 93-jährig gestorben", Daniel Voll, 20.8.2015, Schweitzer Radio und Fernsehen, SRF.de)*

Aus deutscher und aus westlicher Sicht gibt es nur eine, für ihren Erfolg bekannte Lösung: „Wandel durch Annäherung", auch wenn diese Vorgehensweise derzeit extreme Bauchschmerzen zu bereiten vermag. Es gibt keine Alternative! Manchmal ist ein wenig Demut und eben nicht das letzte Wort gefragt.

Hinzu kommt verhängnisvollerweise, dass die noch 2012 mit dem Friedensnobelpreis ausgezeichnete EU sich derzeit in einem desaströsen Schleudergang einzelstaatlicher Egoismen befindet, weit entfernt davon, besonnene politische Führung an den Tag zu legen. Das muss sich auf der Stelle ändern! Für Nabelschau ist keine Zeit mehr. Ansonsten sollte man den Laden sofort schließen, also den „Eurexit" verkünden, um im gleichen Atemzug eine neue überstaatliche Institution auszurufen, bei der nur noch dafür auch wirklich „reife Staaten" mitmachen – und nicht mehr all die egoistischen und zunehmend undemokratisch agierenden Länder. Jeder, der dann mitmacht, muss sich unumkehrbar völlig klaren demokratischen Prinzipien und Regeln verpflichten. Diese dann „intelligentere EU" muss darüber hinaus ohne die Verpflichtung zur Einstimmigkeit in den alltäglichen Fragen wirtschaftlich und politisch, nach Innen und nach Außen, handlungsfähig sein. Die Vision eines geeinten und vielfältigen Europas ist viel zu wertvoll und viel zu wichtig – für die Zukunft seiner Bürger, aber auch für das harmonische Miteinander der gesamten Weltgemeinschaft – als dass man diese Vision durch irgendwelche uneinsichtigen Einseitigkeits- und Egoismus-Fanatiker noch länger durch den Schmutz ziehen lässt. Sollte die Drohung nicht ausreichen, durch solch einen Schritt all die egoistischen Trittbrettfahrer rauszuwerfen, dann muss man diesen umgehend machen.

Walter Scheel – Außenminister, nach dem Rücktritt Willy Brandts kurzzeitiger kommissarischer Bundeskanzler und späterer Bundespräsident –

hatte ein auch diesbezüglich zutreffendes, persönliches Motto: *„Nichts geschieht ohne Risiko, aber ohne Risiko geschieht auch nichts."* *(„Walter Scheel – Der unterschätzte Staatsmann", Peter Pragal, 24.8.2016, berliner-zeitung.de)*

Dann gibt es eine weitere sehr wichtige Frage: Ist mit dem Brandherd Syrien möglicherweise schon jetzt der Grundstein für einen weiteren Weltkrieg gesetzt oder kann die Intelligenz doch noch obsiegen? Bisher jedenfalls sieht es nicht so aus.

In diesem Zusammenhang wird überdeutlich, dass die Strukturen der einerseits unverzichtbaren Vereinten Nationen, der aber andererseits durch antiquierte und heute völlig kontraproduktive Bestimmungen – gepaart mit den geradezu unerträglichen Egoismen der „Entscheider-Staaten" im verantwortlichen Sicherheitsrat – geradezu lächerlich unfähig gewordenen globalen Institution tabulos auf dem Prüfstand gestellt werden müssen. Möglicherweise wäre es für ein auch zukünftig unbelästigtes Arbeiten sogar ratsam, den Hauptsitz der Vereinten Nationen schnellstmöglich aus dem New York des Trump-Amerikas abzuziehen. Warum nicht vom East River an den Rhein? Das wäre ein deutliches Zeichen dafür, dass man dem Aggressor von einst die nachhaltige Wandlung zur „Vollblut-Demokratie" abnimmt und bescheinigt. Da lacht das Bonner Herz!

Der entscheidende Punkt aber ist der: Hat die Menschheit oder hat sie nicht aus den Katastrophen des schrecklichsten aller Jahrhunderte – dem zwanzigsten Jahrhundert – nachhaltig gelernt?

Laut Papst Franziskus befindet sich die Welt bereits *„in einem Krieg auf Raten. ... Wenn ich von Krieg spreche, spreche ich ernsthaft von Krieg. Nicht von Religionskrieg, nein. Es gibt einen Krieg der Interessen, es gibt Krieg um Geld, es gibt Krieg um natürliche Ressourcen, es gibt Krieg um die Herrschaft der Völker: Das ist der Krieg. ..."* *(„Der Jugendkaplan Papst", Johannes Röser, 7.8.2016, christ-in-der-gegenwart.de)*

Besonders die „Generation Weichei" sollte jetzt ihre Komfortzone verlassen und erneut aufstehen (*„Bevor sie beginnt sich wund zu liegen und gewendet werden muss"* – frei nach Mehmet Scholl), um schnellstmöglich alles zu reaktivieren, was sie jemals darüber gelernt hat: Dass so etwas wie der zweite Weltkrieg niemals mehr passieren darf. Dann lässt es sich auch gemeinsam mit vereinter Kraft gegen die grassierende Dummheit und den geschwürartigen Egoismus nachhaltig vorgehen.

Es ist genau jetzt an der Zeit, dass diese Generation ihren eigenen unsäglichen Ausflug in all die Schattierungen des Egoismus beendet, um ihre früheren Bestrebungen – dieses Mal allerdings wesentlich intelligenter – wieder aufzunehmen und zu Ende zu bringen, indem sie all ihre Fähigkeiten reaktiviert: vor allem vorausschauende und wegweisende Ideen zu verfolgen, ohne die Angst zu haben, von irgendjemanden dabei ausgelacht bzw. angefeindet zu werden. Das zumindest hat schon einmal sehr gut funktioniert! Vieles wurde seinerzeit nachhaltig angestoßen und inzwischen umgesetzt. Aber der Gedanke einer friedlichen Gesellschaft wurde aufgrund der zunehmenden Egoismen sang- und klanglos fallen gelassen und nicht zu Ende geführt.

Der ungeheuren Dimensionen der Umweltzerstörung war man sich damals noch nicht wirklich bewusst. Im seinerzeit umstrittenen Bericht „Grenzen des Wachstums" (1972) des „Club of Rome" wurden diesbezüglich allerdings erstmals globale Zusammenhänge aufgezeigt. Das war zwar für einige wenige ein Weckruf, der aber lange brauchte, um in größeren Teilen der Gesellschaft anzukommen. Um so wichtiger ist es heute, dass notwendige Veränderungen zum Schutz der Umwelt möglichst tabulos und vor allem zeitnah angegangen werden. Das sollte inzwischen keine Frage mehr sein – auch nicht mehr für US-amerikanische Präsidenten. Diese Thematik muss im Zentrum persönlicher und gesellschaftlicher Aktivitäten stehen, wenn man Entscheidendes erreichen möchte. Weltweit kann das aber nur auf der Basis funktionierender Kooperation möglichst vieler, nicht allein egoistisch handelnder Länder realisiert werden.

Am Ende der aktiven Bemühungen der so genannten „Generation Weichei" (vor längerer Zeit) nahmen diejenigen Vertreter dieser Generation den Mund am vollsten, die in den Zeiten der Veränderungen lieber dem Lehrer die Tasche trugen und kleinlaut die Tafel putzten, als auch nur irgendetwas beizutragen, um selber auf keinen Fall negativ aufzufallen. Diese Duckmäuser sind die eigentlichen „Weicheier" dieser Generation, sozusagen die 150-Prozentigen. Genau aber diese Spezies zog im Nachhinein breitmäulig und gnadenlos über die Fehler der damaligen Zeit her. Sicherlich hatte es viele Fehler gegeben, war das „Pendel" doch unklugerweise oft in die andere Richtung ausgeschlagen, sozusagen von einem gesellschaftlichen Extrem zum anderen: von durchdeklinierter Unfreiheit zu verantwortungsloser Freiheit, von Zucht, Ordnung und Disziplin zu Maßlosigkeit in allen Lebensbereichen, von der Unterdrückung der Sexualität hin zu sexuellen Exzessen, von autoritärer Erziehung zu antiautoritärer

Erziehung und vielem mehr. Für einige begann tatsächlich die laute, aber nicht selten hirnlose Phase von *„Sex and Drugs and Rock and Roll"*. Bei der explosionsartigen Befreiung aus all den verstaubten Fesseln wurde (zumindest in der ersten Zeit) von vielen die Angemessenheit weitgehend verfehlt. Aber aus Fehlern lässt sich lernen und wurde auch gelernt. Sogar „chronisches Duckmäusertum" ist mit gutem Willen überwindbar.

Die „Veränderer" waren vielleicht aus der Sicht der Kriegsgeneration „Weicheier" und aus der Sicht der Duckmäuser übergeschnappte, verantwortungslose Idioten, aber aus der heutigen Sicht waren es junge Menschen mit einer berechtigten Vision und einer gesellschaftlich ganz enormen Zivilcourage – trotz all ihrer Fehler. Rückblickend haben sie überhaupt nicht wenig erreicht, wovon heute sehr viele quasi wie selbstverständlich profitieren. Genau diese Zivilcourage ist jetzt wieder gefragt: *„Let's work together, now, now people"* heißt es in einem Stück von Canned Heat (USA 1970) aus der damaligen Zeit, aktuell wie nie zuvor! Allerdings sollten sich jetzt auch die Streber von damals mit daran beteiligen. Schließlich haben gerade sie noch etwas gutzumachen.

Natürlich geht all das auch die nachfolgenden Generationen etwas an und natürlich auch die älteren. Es ist ein Herzenswunsch, dass generationsübergreifend eine fruchtbare Kommunikation, ein sich gegenseitig inspirierendes Bewusstsein und ein wirksames gemeinsames Handeln entstehen. Das Ziel sollte eine aktualisierte, gut funktionierende Demokratie sein, mit einer intelligenten Gesellschaft als Basis, die möglichst klug möglichst viel zu berücksichtigen versteht: vielfältig und vereint, individuell und gemeinschaftlich, freiheitlich und verantwortungsvoll, Sinnvolles erhaltend und erschaffend.

Ende Februar 2017 gab es in der Zeit unter dem Titel *„Jugendprotest – Jetzt ist es an uns"* mit dem Untertitel *„Wenn wir Jungen weiterhin in einem freien, einigen Europa leben wollen, müssen wir uns dafür engagieren. Ein Aufruf."* einen diesbezüglich eindrucksvoll klaren Text, verfasst von einem zwölf-köpfigen internationalem, wohl recht jungem Autorenteam, von Teilnehmern eines Schreibwochenendes in Berlin. Die Intention dieses Aufrufs bündelt sich in den folgenden Sätzen: *„Stellt euch vor, ihr wacht eines Morgens auf und die Welt ist eine andere. Rechte, Freiheiten und Sicherheiten, die selbstverständlich erschienen, gibt es nicht mehr. Und das Schlimmste daran ist, ihr hättet nie gedacht, dass es einmal so weit kommen könnte."* Und an anderer Stelle: *„Die Lebenswirklichkeit* *der 20- bis 30-Jährigen steht auf dem Spiel. Das europäische Haus ist einsturzgefährdet. Wir, die Bewohner dieses Hauses, sind unmittelbar betroffen."* („Jugendprotest – Jetzt ist es an uns", Vincent-Immanuel Herr, Kevin Müller, Annika Päutz und Martin Speer [Deutschland], Antje Scharenberg [England/Deutschland], Amy Baldauf [Finnland/Vereinigte Staaten], Thomas Goujat-Gouttequillet [Frankreich], Nini Tsiklauri [Georgien/Deutschland], Stylia Kampani [Griechenland], Giulia Zeni [Italien] Katarina Milacic [Montenegro], Aileen McKay [Schottland], Dániel Draskóczy [Ungarn], 9.2.2017, Die Zeit 7/2017, 23.2.2017, zeit.de)

Gemeint ist damit, dass die gewohnten, in Wirklichkeit aber nur scheinbaren Selbstverständlichkeiten wie Demokratie, Vielfalt und persönliche Freiheit in Gefahr sind. Veränderungen seien möglich, wenn sich die Jungen zusammenschlössen und die Zukunft zurückeroberten. Die Zukunft sei offen. Es liege an den jungen Menschen, diese zu gestalten, das Europa zu schaffen, in dem sie wirklich gern aufwüchsen. Dafür solle sich die Jugend Europas vereinigen.

Die folgenden konkreten Schritte werden von dem Autorenteam (u. a.) vorgeschlagen:

1) Zu den Wahlen gehen.

2) In seinem Lebensumfeld gegen Verunglimpfungen jedweder Art ganz konkret Stellung beziehen.

3) Selber Organisationen wie Parteien, NGOs, Gewerkschaften etc. beitreten.

4) Eigene Aktionen starten bzw. laufende unterstützen.

5) Sich im Sinne der Vielfalt Debatten mit Andersdenkenden stellen.

6) Sich im eigenen Umfeld selber um Unterstützungs-Bedürftige ehrenamtlich kümmern.

7) Grenzübergreifend tatkräftig Interesse und Solidarität leben.

Man hätte es wohl kaum deutlicher formulieren können, dass ein sich der Gefahren bewusstes Handeln der jungen Menschen unverzichtbar ist, wenn sie die demokratischen und europäischen Errungenschaften bewahren und weiterentwickeln und ihren absolut notwendigen Einsatz nicht in einer Welt egoistischer Selbstbeschäftigung verschlafen wollen.

Genau genommen gilt das für die Bürger aller Altersstufen innerhalb einer Demokratie, die den mündigen Einsatz eines jeden Erwachsenen unbedingt braucht, so wie der Mensch die Luft zum Atmen. Eine Gesellschaft vermag sich nur dann intelligent zu erhalten und weiterzuentwickeln, wenn sich ihre Mitglieder fortwährend auch um ihre eigene Intelligenz bemühen. Die „Volksherrschaft" (= Demokratie) gelingt nur dann, wenn das Volk zu herrschen bereit und auch dazu in der Lage ist, ansonsten übernehmen die selbstverliebten, eigennützigen und stets raffgierigen Volksverführer mit völlig hohlen Versprechungen den Laden, was derzeit in zahlreichen Staaten dieser Welt zu beobachten ist. Das Ausruhen auf der vermeintlichen Intelligenz anderer hatte in der Geschichte der Menschheit fast immer verheerende Folgen. Die Demokratie ist eine Veranstaltung intelligenter Menschen, sonst existiert sie nicht.

Die Schriftenreihe „Globale Intelligenz" versucht ihren Beitrag zu leisten, eine konstruktive Haltung mit anzuschieben und eine intelligente Erörterung der „brennenden Themen" mit auf den Weg zu bringen. Genau in diesem Sinne auch das Folgende:

Dringender Aufruf:

Freunde
der ganzen Wirklichkeit
es ist genau jetzt an der Zeit,
persönlich die Stimme zu erheben
gegen Einseitigkeit und Verlogenheit,
gegen Egoismus und Ungerechtigkeit,
gegen überholte Tabus und Traditionen,
gegen alles – was dem Frieden zuwiderläuft,
und Vielsichtigkeit und Kooperation zu fördern,
damit am Ende jeder auf der Welt zufrieden sein kann.

Besonderer Hinweis zum Band „Spirituelle Intelligenz"

Teil drei der Trilogie „Terror sapiens" spielt im Rahmen der Schriftenreihe „Globale Intelligenz" eine zentrale Rolle. Das grundlegende Verständnis für das Prinzip der Vielfalt, für das fruchtbringende, dynamisch harmonische Miteinander von Unterschieden und Gegensätzen wurzelt vor allem auch in den Kenntnissen spiritueller Zusammenhänge. Das allumfassende „Tao" und seine Elemente „Yin und Yang" verdeutlichen dieses Prinzip wohl am klarsten. Aber in allen bekannten Religionen kann die absolute Wahrheit – die höchste Wirklichkeit, der Urgrund, das ewige Weltgesetz, das Nirvana, die belebte Leere, Brahman, Allah, Java, Gott usw. – als nicht beschränkt, als allumfassend und somit als Inbegriff der allgegenwärtigen Vielfalt, der „Allwirklichkeit", verstanden werden.

In diesem Einzelband geht es neben spiritueller Inspiration:

- um die Warnung vor den verheerenden Folgen einseitiger Weltsichten im religiösen Kontext,

- um die Tatsache, dass im Zentrum jeder Religion letztendlich die Annäherung an die „Allwirklichkeit" steht,

- um die Konzentration auf das Höchste, auf das alle Religionen Verbindende und nicht um die Konzentration auf das Trennende, auf all die unterschiedlichen Inhalte und Elemente der Religionen. Religionen sollten niemals mehr der Grund für Ausgrenzung und Gewalt sein können,

- und am Ende um das Aufzeigen verschiedener Grundprinzipien für einen möglichen eigenen Weg zur höchsten Wahrheit.

Ein differenzierter Blick auf die einzelnen Religionen im Sine eines genauen Ein- und Überblicks soll jeweils erfahrenen Kennern vorbehalten bleiben. Allerdings werden am Beispiel des vertrauten Christentums stellvertretend für die anderen die Folgen religiöser Einseitigkeit aufgezeigt.

Spirituelle Intelligenz beginnt damit, dass man sich – möglichst unabhängig von all den bisherigen religiösen Prägungen – in Ruhe einmal klar macht, was man in der Tiefe seines Herzens wirklich sucht: Ist es Einheit, ist es Gott, ist es Schutz, ist es Gemeinschaft, ist es Liebe, ist es Glück, ist es Sinn, ist es Wahrheit, ist es Wissen oder ist es alles das zusammen?

Dieser Band vermag vielleicht ein wenig zur Orientierung beizutragen.

Die Anfänge religiöser Aktivitäten

Stellen Sie sich einmal vor, dass die Polizei auf dem Frankfurter Flughafen einen Mann findet, der nicht weiß, wer er ist, woher er kommt und wohin er geht. Auch wenn dieser Mann ganz freundlich wäre und nichts Verbotenes täte, nähme ihn die Polizei aufgrund seiner Orientierungslosigkeit mit und brächte ihn wohl in eine Psychiatrie. Dort würde man diesen Mann dann wegen seiner schweren Identitätsprobleme so lange behandeln, bis er endlich eine Idee davon hätte, wer er ist, woher er kommt und wohin er geht. Erst dann gälte er als gesund.

Wie aber ist das mit dem sogenannten Homo sapiens?

Weiß er, wer er ist, woher er kommt und wohin er geht?

Ist er gesund oder braucht auch er eine Therapie?

Wo waren wir Menschen vor unserer Geburt?

Wer sind wir wirklich?

Warum und mit welchem Ziel leben wir?

Was passiert, wenn wir sterben?

Gibt es eine Existenz nach dem Tod?

Was ist die Erde, was ist das Universum und was ist dahinter?

Gibt es eine höhere Macht?

Gibt es Gott oder Götter, Geister oder Dämonen?

Gibt eine höchste Wirklichkeit?

Existiert eine absolute Wahrheit?

Gibt es so etwas wie die „Allwirklichkeit", die als Einheit alles umfasst, die gleichermaßen Quelle und Ziel ist?

Wenn ja, kann man als Mensch diese bereits zu Lebzeiten finden und vor allem wie?

Antworten des Menschen

Der sich im Laufe der Evolution aus seinem geistigen Korsett befreiende Mensch kam zunehmend in die Lage, über Zusammenhänge auch losgelöst von konkreten Situationen nachzudenken. Erstmals konnte er nach Ursachen und Wirkungen, nach Zusammenhängen und Sinn fragen. Da der werdende Mensch die vielfältige Lebenswirklichkeit nicht verstehen konnte, suchte er nach Antworten auf seine Fragen. Das war der Beginn seiner spirituell-religiösen Aktivitäten – sehr lange vor dem Entstehen der so genannten Weltreligionen. Diese verbreiteten sich erst sehr viel später, nicht selten mit Druck, Zwang und Gewalt, nicht selten durch die Verdrängung lokaler religiöser Überzeugungen. Die großen Religionen übernahmen dann im großen Stil die Deutungshoheit über all die wichtigen Fragen des Lebens und erlaubten oft nur wenig oder nichts neben ihnen. Vielleicht wurde die Philosophie als Antwortgeber akzeptiert, zumindest solange, solange sie die vorherrschende Religion nicht infrage stellte. So wurde im christlichen Abendland die Philosophie auch als „Magd der Theologie" bezeichnet.

Die tiefe Sehnsucht nach der ganzen Wirklichkeit und Wahrheit, nach der Erfahrung des „Höchsten" und „Heiligen" gehört schon sehr lange zu den Grundbedürfnissen der erwachenden Menschen. Wissenschaftler zählen deshalb Spiritualität und Religiosität auch zu den charakteristischen Wesensmerkmalen des Menschen. Bis heute jedenfalls hat man auf der Welt keine Völker oder Kulturen gefunden, die nicht in irgendeiner Form über religiöse Zeugnisse verfügen. Beschreibungen und Erklärungen der Welt aus religiöser Sicht gibt es wohl mindestens seit 40.000 Jahren, Beschreibungen und Erklärungen aus philosophisch-wissenschaftlicher Sicht ungefähr seit 4.000 Jahren. Die neueren Wissenschaften sind keine 350 Jahre alt. Man sollte sich also davor hüten, den jahrtausendalten religiös-spirituellen Erfahrungsschatz vorschnell, unkritisch und völlig undifferenziert – quasi automatisch – einem neumodischen Denk-System zu opfern, das völlig einseitig per se jedwede spirituelle Wirklichkeit leugnet. Der Mensch darf nicht in das andere Extrem einseitiger Welterklärung verfallen. Die Wissenschaften in allen Ehren, aber auch sie sind ein Kind des „Homo einseitig". Von Transzendenz und Spiritualität, von Fragen nach dem Sinn des Lebens und den seelisch-geistigen Prozessen im Zusammenhang mit dem Tod haben die klassischen Schul-Wissenschaften auch aufgrund ihrer selbst begrenzten Sicht keine Ahnung. Dagegen gibt es zum Beispiel buddhistische Mönche, die geradezu Spezialisten im Zusammenhängen mit den Vorgängen rund um den Sterbeprozess sind.

In Bezug auf den Beginn religiöser Aktivitäten des Menschen lässt sich darüber nur spekulieren, ob am Anfang lediglich die Vorstellungen von etwas Höherem oder aber die konkreten Erfahrungen davon standen oder aber ob sich beides gegenseitig bedingte. Einige der Religionen gehen auf sogenannte „Offenbarungs-Erlebnisse" oder auf sogenannte Religionsstifter zurück.

Was gerne verschwiegen wird, ist, dass die Geschichte des Menschen nicht nur eine Religionsgeschichte, sondern viel mehr auch eine Drogengeschichte ist. Überall auf der Welt gab und gibt es kulturspezifische Drogen, mit denen man früher allerdings wesentlich besser umzugehen wusste als heute. Drogenerfahrungen waren von der spirituell-religiösen Entwicklung des Menschen – zumindest für lange Zeit – kaum zu trennen.

Im Schamanismus, der zu den ältesten Wurzeln der Religiosität und der Heilmittelkunst zählt, sind die Schamanen zugleich Medizinmann, Priester, Heiler und Vermittler zwischen Diesseits und Jenseits. Ihre hervorragenden Pflanzenkenntnisse – die Pharmaindustrie schickt heute ihre Forscher zu den Schamanen, um von ihnen zu lernen – nutzten die Schamanen auch für den kontrollierten Einsatz aller möglichen Naturdrogen. Spirituelle Erkenntnisse wurden so oft auch unter der kenntnisreichen und wohldosierten Zuhilfenahme von Drogen gemacht, was mit dem heutigen „Drogen-Falsch-Gebrauch", der vor allem aufgrund von Unwissenheit eher kontraproduktiv und gefährlich ist, nur wenig zu tun hat.

Interessant ist, dass auch viele Tiere den Umgang mit berauschenden Drogen pflegen: sibirische Bären sollen angeblich Fliegenpilze zu sich nehmen, manche Vogelart vergorene Früchte, Paviane wilden Tabak und Ziegen Kaffee und die Khat-Pflanze. Delfine berauschen sich am Gift der Kugelfische, Rentiere an Drogen-Pilzen, Kängurus am Schlafmohn, Nattern an Giftmolchen, Lamas an Koka-Blättern und südafrikanische Elefanten an giftigen Käferpuppen. Ob sich andere Tierarten auch am Gift von Skorpionen berauschen, wie das wohl zunehmend Menschen machen, ist an dieser Stelle nicht bekannt. Von frei lebenden indischen Elefanten wurde wiederholt berichtet, dass sie in den Dörfern Schnapsbrennereien überfallen und sich im wahrsten Sinne des Wortes besaufen. Mehr als hundert Menschen sollen jedes Jahr durch „durchgedrehte Dickhäuter" zu Tode getrampelt werden. Im Südosten von Guinea berauschen sich wilde Schimpansen regelmäßig mit dort von den Einwohnern hergestellten vergorenen Palmsaft, der bis zu 6,9 Prozent Alkohol enthalten kann. Durchschnittlich trinkt ein Affe dann einen Liter „Palmwein". Manche von ihnen wirken danach angetrunken, einige gehen sofort schlafen. Dass Affen in Gefangenschaft gerne Alkohol zu sich nehmen – wenn sie diesen denn bekommen – ist bekannt. Westliche Grünmeerkatzen sind auf der Karibikinsel St. Kitts dafür bekannt, dass sie die Cocktails der Touristen klauen.

Wissenschaftler vermuten inzwischen, dass der Mensch in seiner Entwicklung seine Drogenkenntnisse durch das Vorbild der Tiere erwarb. Muss man vielleicht sogar die Aussage, dass die spirituelle Sehnsucht ein typisches Wesensmerkmal des Menschen ist, neu überdenken?

In der geistigen Entwicklung des Menschen haben Drogen also eine wichtige Rolle gespielt. Vermutlich sind sie vom Aufkommen spiritueller Erfahrungen kaum zu trennen. Inzwischen aber gibt es eine deutliche Trennung zwischen nachhaltiger tiefer selbst erfahrener Spiritualität und zeitlich begrenzter spiritueller Erfahrungen mithilfe von Drogen. Kein ernstzunehmender spiritueller Lehrer würde jemals seinen Schülern zur Einnahme von Drogen raten. Im Kapitel „Spirituelle Intelligenz" mehr dazu.

Die Vielfalt religiöser Kulte

Es ist eine Tatsache in der Menschheitsentwicklung, dass im Laufe der Zeit überall auf der Welt eine Vielzahl religiöser Kulte entstanden ist. Dabei gibt es zwischen den unzähligen Glaubensinhalten und Kulthandlungen viele Gemeinsamkeiten, aber auch sehr viele Unterschiede und vermeintliche Widersprüche. Religiöse Systeme gelten als Wege zum Heil, als Wege zum „Ganzen". Der Begriff „Heil" bedeutet nämlich „unversehrt", „ganz" und „gesund" (in Bezug auf den körperlichen und seelischen Zustand). Der „Heilsweg" ist also der Weg zum Ganzen, zur Einheit und Vollkommenheit. Das Wort „heilig" ist mit dem Wort „heil" verwandt. Es bedeutet ursprünglich so viel wie „Heil habend" bzw. „Heil bringend". Das Gesunde, das Ganze, das Vollkommene und das, was einen dorthin führt, sind somit heilig. Dabei beinhaltet das Heilige stets die Harmonie aller Kontraste und Widersprüche.

Was aber ist wirklich heilig?

In nahezu jeder Region und Religion dieser Welt gibt es heilige Berge, heilige Wüsten, heilige Flüsse, heilige Orte, heilige Tempel, heilige Ge-

genstände, heilige Schriften, heilige Handlungen, heilige Menschen und das Heilige selber.

Wer aber bestimmt eigentlich, was heilig ist?

Betrachtet man in den verschiedenen Religionen weltweit die zahlreichen „Welt-Universum-Entstehungs-Berichte" (z. B. die Schöpfungsberichte) und die jeweiligen Religions-Entstehungs-Berichte (z. B. die Offenbarungsberichte), so wird sehr schnell sehr deutlich, dass in vielen Fällen das Universum und die Welt ganz in der Nähe der betreffenden Menschen entstanden sind. Die Religion offenbarte sich den Menschen dann quasi vor der eigenen Haustür, zumindest aber direkt um die Ecke, also in unmittelbarer Wohnortnähe. Deshalb gibt es auf der Welt auch derart viele heilige Orte. Der starke regionale bzw. kulturelle Einfluss auf diese Entstehungsgeschichten, die meist sehr wichtige Pfeiler einer Religion sind, ließe sich nur mit massivem blinden Glauben" leugnen!

Man muss jetzt nicht zwangsläufig das Kind mit Bade ausschütten. Man sollte aber das durch all die menschlichen Absonderungen sehr trüb gewordene Wasser durch frisches ersetzen. Als Mensch kann man sich durchaus darum bemühen, mit Respekt und kritischer Offenheit den tieferen spirituellen Sinn seiner Religion zu ergründen und sich von diesem inspirieren zu lassen. Allerdings sollte man sich unbedingt davor hüten, Wort für Wort alles für bare Münze zu nehmen! Das „Badewasser" ist sonst sehr schnell wieder sehr trüb!

Es sind eben genau nicht die Fundamentalisten, die zum wahren Kern (Fundament) der höchsten Wahrheit vorstoßen und sich dann daran orientieren. Es sind diejenigen Menschen, die hinter all dem Menschgemachten versuchen, tatsächlich das Göttliche zu entdecken. Fundamentalisten aller Couleur suhlen sich in Wirklichkeit lediglich im Mist menschgemachter Einseitigkeit und rutschen derart beschmutzt stets am „Wannen- bzw. Tellerrand" ab, bevor sie auch nur den Hauch eines Blickes darüber hinaus tätigen könnten. Das Göttliche lässt sich nicht auf einfache Aussagen reduzieren. Gott ist der Gott der Vielfalt, und kein Produkt menschgemachter Einseitigkeit!

Die von den unterschiedlichen Menschengruppen gegebenen religiösen Antworten sind sehr zahlreich und vielfältig. Zum Teil ähnlen sie sich, zum Teil widersprechen sie sich sichtlich: Neben den vielen Göttern, Geistern und Dämonen, deren Erzählungen und Namen überall anders sind, wird das Allerhöchste mal als (einziger) persönlicher Gott, mal als unpersönliches Weltgesetz, mal als Weltgeist, mal als Leere beschrieben. Genauso unterschiedlich sind auch die damit verbundenen Lehrsysteme mit all ihren Konsequenzen für den einzelnen Menschen in Bezug auf seine Lebensführung. Es gibt eine unüberschaubare Vielzahl an Verehrungs- und Opferriten, an Gebets- und Versenkungsmöglichkeiten, an religiösen Aktivitäten überhaupt.

Es gibt wohl kaum etwas an religiösen Vorstellungen, was es nicht gibt! Umso schwerer fällt es dem Homo sapiens, sich auf das Wesentliche zu konzentrieren.

Stand am Anfang die tiefe Sehnsucht nach Sinn und nach Geborgenheit (nach Einheit), so hat der Mensch mit all seinen weltweiten religiösen Aktivitäten die Verwirrung meist noch vorangetrieben und sein geistiges Dilemma weiter verschlimmert. Das alles ist allerdings mensch- und nicht gottgemacht! Es lässt sich also ändern.

Religionen

Wie bereits erwähnt gehen einige Wissenschaftler davon aus, dass die Menschen mindestens schon vor 40.000 Jahren magische, spirituelle bzw. religiöse Kulthandlungen begingen. Die derzeit älteste bekannte Tempelanlage der Welt wurde vor ungefähr 11.500 Jahren im südöstlichsten Teil der heutigen Türkei erbaut. Die Forscher vermuten, dass der Bau dieser sehr großen religiösen Kultstätte gleichzeitig auch der Übergang von der altsteinzeitlichen Jäger- und Sammlergesellschaft zur Sesshaftigkeit war. Die Menschen in der damaligen Zeit zogen noch von einem Ort zum anderen und lebten in Höhlen und einfachen Zelten. Um aber über viele Jahre hinweg so eine große Tempelanlage bauen zu können, mussten sie an dem gleichen Ort bleiben und sesshaft werden. So begannen sie vermutlich, sich als Bauern von Viehzucht und Landwirtschaft zu ernähren.

Waren also die religiösen Aktivitäten der Steinzeit-Menschen sogar der Anlass zur Sesshaftigkeit?

Die heutzutage auf der Welt am weitesten verbreiteten Religionen haben ihre ältesten Ursprünge vor maximal 5.000 Jahren, also wesentlich später. Es sind der Hinduismus (entstanden ca. 3.000 v. Chr. mit derzeit ca. 825 Mio. Anhänger), das Judentum (ca. 1.500 v. Chr. mit derzeit ca. 15 Mio.), der Buddhismus (ca. 500 v. Chr. mit derzeit ca. 375 Mio.), das Christentum (Christi Geburt ist ca. 7-4 Jahre vor Chr. mit derzeit ca. 2,1 Mrd.) und der Islam (ca. 570 n. Chr. mit derzeit ca. 1,25 Mrd.). Die Liste weiterer Religionen und Sekten ist sehr lang. Es gibt wohl viele tausend. Da die Abgrenzungen zwischen den einzelnen religiösen Ausprägungen nicht klar sind, gibt es auch keinen klaren Zahlen. Als nicht religiös gelten 1,35 Mrd. Menschen, wobei sich diese Zahl ebenfalls nur sehr schwer schätzen lässt.

Die Gefährlichkeit einseitiger Denksysteme in den Religionen

Trotz (oder wegen?) der sehr großen Zahl religiös orientierter Menschen, gibt es auf der Welt auch heute noch eine große Zahl an Konflikten, bei denen Gewalt und kriegerische Aktivitäten vorkommen. Nicht selten spielen dabei auch unterschiedliche religiöse Vorstellungen eine wichtige Rolle. Immer wieder gibt es Kämpfe zwischen den Anhängern von unterschiedlichen Religion, aber auch zwischen den verschiedenen Richtungen innerhalb der gleichen Religion (z. B. zwischen Katholiken und Protestanten, zwischen Sunniten und Schiiten etc.). Im Umfeld jeder Religion gibt es unzählige Gruppierungen und Sekten mit unterschiedlichen Überzeugungen, die sich sehr oft sehr feindselig gegenüberstehen.

Was läuft da falsch beim sogenannten Homo sapiens, wenn er glaubt, sich sogar im Namen des gleichen Gottes bzw. im Namen der gleichen Religion bekämpfen zu müssen?

Im Einzelband „Terror sapiens II – Terror ist logisch" wurden in den Kapiteln „Die Gefährlichkeit geschlossener logischer Systeme" und „Geschlossene logische Systeme in der Wirklichkeit" bereits die verheerenden Folgen religiöser Denksysteme aufgezeigt, die auf einseitigen Prämissen aufbauen. In Bezug auf die Erklärung dieses Prinzips ist an dieser Stelle nichts mehr hinzuzufügen. Wohl aber soll noch einmal unterstrichen werden, dass jedwede einseitige Weltsicht absolut nicht im Einklang mit mit dem Glauben an die allumfassende höchste Wahrheit stehen kann – im Gegenteil: Sie stutzt diese auf das Hosentaschenformat von religiös Besessenen zurecht. Das Verhängnisvolle aber ist, dass solch einseitige religiöse Denksysteme – so jedenfalls wird es verkündet – direkt im Höchsten wurzeln sollen. Wer dann das darauf aufbauende Denken infrage stellt, stellt demnach das Höchste selber infrage, was ein gläubiger Mensch natürlich niemals machen möchte. Es gibt kein gewaltigeres „Vorhängeschloss" für ein geschlossenes logisches System als die höchste Macht, also Gott, weshalb auch nur die wenigsten die Größe besitzen, religiös motivierte Denksysteme zu verlassen, auch wenn diese noch so grausam sind.

„Gotteskrieger" gibt es nicht! Es gibt nur fehlgeleitete und von Einseitigkeitsfantasien besessene Mörder! Wenn Gott tatsächlich über alles erhaben ist – und deshalb glaubt man doch an ihn – dann braucht dieser nun wirklich keinen Krieg und vor allem keine besessenen Krieger, um auf sich und seinen Weg aufmerksam zu machen oder diesen gar beschützen zu lassen. Das alles sind menschgemachte Fantastereien. In keiner Religion dieser Welt gibt es einen Gott, der hilfsbedürftig ist, auch nicht im Islam: „Allahu akbar": „ALLAH ist größer, weil ER in jeder Hinsicht größer ist als alles, was den Menschen je in den Sinn kommen könnte." (nach: Islam-Pedia.de, 24.11.2015)

So die sehr weise Bedeutung des muslimischen Bekenntnisses, das bedauerlicherweise von vielen gar nicht richtig verstanden und von einigen sogar als Schlachtruf pervertiert und missbraucht wird. Gläubige sollten sich davor hüten, durch ihr Denken und Tun Gott zu vergewaltigen zu versuchen.

Denn welcher Gott sollte ernsthaft selbsternannte Gotteskrieger gutheißen und solche „Homemade-Märtyrer" sogar noch mit einem Platz im Paradies belohnen?

Innerhalb des geschlossenen Denksystems erscheint das alles logisch. Von außen betrachtet aber ergeben sich folgende Fragen: Wie können sich Menschen nur selber für derart wichtig erachten und davon überzeugt sein, dass ihr Tun sogar höchster Gottesdienst ist?

Wie ist solch eine religiöse Verirrung nur möglich?

Was kann man dagegen tun?

Welche Zuwendung hätten diese verirrten Seelen vorher in ihrer Entwicklung dringend gebraucht?

Fehlt ihnen möglicherweise die Erfahrung von Wertschätzung und Liebe?

An erster Stelle müssen die Religionen selber alles dafür tun, jedwede einseitigen Weltsichten zu verlassen. Dann sollten Außenstehende mit Klarheit und mit Besonnenheit alles dafür tun, dass die betroffenen Menschen – ohne das diese ihre Würde dabei verlieren – die geschlossenen religiösen Systeme verlassen und sich spiritueller Vielfalt und Einheit zuwenden können. Dabei kann tief erfahrene Liebe die Brücke über alle Einseitigkeiten hinweg sein – zugleich Weg und Ziel.

Das Höchste und der Mensch

Die Menschen haben in ihrer Entwicklung
tausende Wege gefunden,
sich dem „Höchsten" zu nähern.
Wenn überhaupt,
hängt es vom Höchsten ab,
ob eine wahrhafte Bemühung
seine Bestimmung erreicht.
Niemals vermag ein Mensch
darüber zu entscheiden,
welcher Weg für einen anderen richtig ist.
Bei der Suche nach dem eigenen Weg
kann sich jeder nur leiten lassen
von seinem Herzen und von seinem Verstand,
von seiner Liebe und von seiner kritischen Offenheit.
Am Ende zählen vor allem
die eigene Sehnsucht und die eigene Demut,
die eigene Ernsthaftigkeit und die eigene Bemühung,
die eigene Aufrichtigkeit und die eigene Wahrhaftigkeit.
Was die Menschen verbinden sollte,
sind Inspiration und Liebe
und niemals Gleichheitsfantasien!

Die Offenbarungsreligionen

Juden, Christen und Muslime glauben im Grunde an ein und denselben persönlichen Gott. Die Beschreibungen und die verschiedenen Formen der Religiosität unterscheiden sich allerdings.

Der allumfassende Gott steht einem begrenzten Menschen gegenüber. Gott und Mensch bleiben auf ewig voneinander getrennt. Eine mögliche Einheit zwischen beiden wird strikt abgelehnt.

Der Gläubige soll den in den Schriften verkündeten Willen Gottes so gut wie möglich befolgen. Genau (nur) darin besteht sein möglicher Weg zum Heil, das dann im Himmel auf ihn wartet.

Das Alte Testament gilt gleichermaßen für Juden, Christen und Moslems als Heilige Schrift. Man nennt diese Religionen deshalb auch die drei „Buchreligionen". Das Neue Testament ist für die Christen die modernere Heilige Schrift und für die später hinzugekommenen Moslems ist der Koran die aktuelle Heilige Schrift. Interessanterweise verehren Moslems Jesus als (älteren) Propheten, nicht aber als Gottes Sohn, was wiederum im Zentrum christlichen Glaubens steht. Der Koran als zeitlich jüngste der Schriften gilt für die Moslems als der Gipfelpunkt aller göttlichen Schriften, als die vollendete Schrift, die im Gegensatz zu den anderen als rein und unverfälscht gilt.

Sogenannte Fundamentalisten, die es in jeder dieser Religionen gibt (und nicht nur dort), sind fest davon überzeugt, dass jeweils (nur) ihre eigene Heilige Schrift Wort für Wort Gottes Wort ist und deshalb zu 100 Prozent zutrifft und befolgt werden muss. Dabei interessiert es sie überhaupt nicht, dass es Menschen waren, die diese Texte bzw. Textsammlungen teilweise sogar (erst viele) Jahre später gesammelt und niedergeschrieben haben.

Gemäßigtere Gläubige versuchen den in diesen Schriften enthaltenen göttlichen Geist und Sinn, also die Inspiration dieser Texte zu erfassen und (im besten Fall) mit Demut und Liebe Gott zu dienen. Solche Menschen sind im Gegensatz zu jedem Fundamentalisten tatsächlich eine Bereicherung für jeden anderen Menschen.

Obwohl das Judentum, das Christentum und der Islam über deutliche gemeinsame Wurzeln verfügen, trennt sie ihr jeweiliger Absolutheitsanspruch ganz gewaltig – und das im wahrsten Sinne des Wortes. Im Vergleich zu den anderen großen Religionen gelten sie als intoleranter und gewalttätiger, vor allem auch untereinander. Glaubenskriege, Kreuzzüge, heilige Kriege, Verfolgungen Andersgläubiger, Inquisitionsprozesse, Märtyrertum, Selbstmordattentate und dergleichen mehr hinterließen und hinterlassen eine äußerst blutige Spur in der Geschichte ihres Bestehens, vor allem beim Christentum und beim Islam, wobei der Islam von Religionswissenschaftlern in der historischen Praxis betrachtet noch als die duldsamere der beiden Religionen angesehen wird.

Angetrieben von dem tiefen Glauben, dass der Mensch in seinem einzigen irdischen Leben genau nur den einen – nämlich ihren – Weg zur Wahrheit finden muss, um zum Heil gelangen zu können, lag den meisten Anhängern der Offenbarungsreligionen zunehmend die Tolerierung anderer Heilswege völlig fern. Die Religionen waren weit davon entfernt, diesbezügliche Gegensätze als sich ergänzend zu verstehen. Das ist bis heute nicht überwunden.

Ein differenzierter Blick auf das Judentum und auf den Islam wird an dieser Stelle verzichtet. Das soll erfahrenen Kennern der jeweiligen Religion vorbehalten bleiben. Stellvertretend wird in den nächsten beiden Kapiteln das Christentum behandelt.

Die grassierende Einseitigkeit im Katholizismus

Das folgende Kapitel zeigt am Beispiel des Christentums, vor allem am Beispiel der katholischen Kirche der letzten 55 Jahre (ab dem Zweiten Vatikanischen Konzil von 1962 bis 1965) was einseitige Denkweisen der höchsten Repräsentanten für kolossale Auswirkungen auf die Religion und jeden einzelnen Gläubigen haben können. Im Zentrum der zum Teil sehr detaillierten Betrachtungen steht Joseph Aloisius Ratzinger – Priester, Professor, Konzilstheologe, Bischof, Kardinal, Präfekt der Kongregation für die Glaubenslehre, Papst Benedikt XVI., emeritierter Papst –, der für viele als „Intellektuellen-Papst" gilt und wohl nicht mehr weit davon entfernt ist, als großer Denker und gewichtiger Theologe in die Kirchengeschichte einzugehen. Dabei wird sein im theologischen Zentrum stehender unermüdlicher Kampf gegen die „Diktatur des Relativismus" thematisiert. Auf Mitstreiter (u. a. auf Kardinal Müller, Kardinal Meisner und Kardinal Leo Burke) und auf kritische Zeitgenossen (u. a. auf Hans Küng, Kardinal Kasper, Kardinal Lehmann) wird angemessen eingegangen.

Bei alledem geht es überhaupt nicht um die Diffamierung des Christentums und der zum Teil sehr kritisch betrachteten Personen, auch wenn dies oberflächlich betrachtet so erscheinen mag. Im Gegenteil, die tabulose Sicht soll dabei helfen, die zweitausend Jahre alte „geistige Vermüllung" des Christentums durch theologisch völlig einseitige Auslegungen von Gott und der Welt zu beseitigen, damit der Blick endlich frei werden kann auf den eigentlich entscheidenden Kern des Christentums, der essenziellen Jesu Botschaft: die gelebte und tief empfundene Liebe zu Gott, dem Nächsten und zu sich selbst. Dies wird im nachfolgenden Kapitel „Die Versöhnung von Widersprüchen im Christentum" dann entsprechend gewürdigt. Das Christentum kann erst dann die für die Gegenwart so dringend benötigte relevante Strahlkraft erlangen, wenn es nachhaltig die verschrobenen Weltsichten der toten oder alten oder besessenen Männer zu überwinden versteht. Papst Franziskus ist ein erster Hoffnungsschimmer. Allerdings wird er zunehmend von den sich aufbäumenden Fundamentalisten aus allen Ecken und mit allen Mitteln beschossen. Dieser Papst braucht dringend jetzt die Hilfe all der aufgewachten Christen, wenn die Kirche nicht zu einer erzkonservativen fundamentalistischen Sekte verkümmern soll.

Insofern sind dieses und das nächste Kapitel vor allem in Ihrer Ausführlichkeit für am Christentum interessierte Leser bestimmt. Für alle anderen Leser können sie allerdings ein konkretes Beispiel dafür sein, was Einseitigkeit bei Religionen anrichten kann.

Heutzutage wird das Christentum als aufgeklärte Religion mit friedlichen Absichten hingestellt und häufig auch so wahrgenommen, nämlich als moderne Religion aus deren tiefen Schatz sich Werte für eine globale Ethik ableiten ließen. Die Wirklichkeit aber ist eine andere: Noch in der Gegenwart und vor allem aber auch in der zum Teil sehr grausamen Vergangenheit sind bzw. waren die christlichen Kirchen alles andere als vorbildlich.

Die Menschenrechte zum Beispiel, die von allen Staaten, die der UN angehören, anerkannt und in der jeweils eigenen Rechtsprechung umgesetzt werden müssen, sind vom Vatikanstaat, der nur ständiger Beobachter bei den Vereinten Nationen ist, bis 2017 nicht anerkannt worden. Ebenso wurde bisher die Europäische Menschenrechtskonvention vom sogenannten „Heiligen Stuhl" nicht unterzeichnet. Das hat Tradition. Über 150 Jahre wurden die Menschenrechte aggressiv abgelehnt, da die Kirche diese als Angriff auf sich selbst und ihre Sicht der Werte gedeutet hat. Im Katholizismus wird das „Recht Gottes", das theologisch begründete sogenannte „Naturrecht", als höher eingestuft als jegliches durch den Menschen geschaffene Recht. Demnach habe sich der Mensch Gott unterzuordnen und eine Gesellschaft nach dessen Prinzipien zu gestalten, etwas, was man auch von einigen anderen Religionen kennt. Die Päpste Johannes Paul II. und Benedikt XVI. waren übereifrige Verfechter dieser Sicht. Bei seiner Rede 2011 im Deutschen Bundestag hat Benedikt auch viele Abgeordnete irritiert, als er das „Naturrecht" als Wertefundament einer modernen Gesellschaft präsentierte. Inzwischen hat sich die Haltung und Strategie der katholischen Kirche in vielen (nicht allen!) Punkten der Menschenrechtsdebatte – zumindest in der öffentlichen Darstellung – diametral geändert: Jetzt werden einzelne Punkte der Menschenrechte nicht mehr als (nur) vom Menschen selber gegebene Rechte abgelehnt, sondern als dem Menschen von Gott gegebene Wesenszüge erklärt und akzeptiert – z. B. die Würde des Menschen. So werden jetzt also einige Punkte der Menschenrechte vom Ursprung her mit Gott und dem sogenannten Naturrecht begründet und nicht mit der menschlichen Lernfähigkeit. *(s. „Peter Voß fragt Kardinal Marx", 3Sat.de, 23. 3.2015)*

Nicht Gottes Wege sind diesbezüglich unergründlich, sondern wohl eher das Taktieren der „Menschen-Theologen".

Fakt ist: Auch der Vatikan sollte so schnell wie möglich und so klar wie möglich die Menschenrechte anerkennen. Wie sonst sollte die kath. Kirche jemals mit gutem Beispiel vorangehen können?

In der Antike gab es viele Götter. Dieser Pluralismus trug zur Toleranz gegenüber Andersgläubigen bei. Durch den aufkommenden strengen „Ein-Gott-Glauben", den Monotheismus im Judentum, im Christentum und im Islam und das für alle ähnliche (erste) Gebot kam es mehr und mehr zur Intoleranz gegenüber Andersgläubigen – verhängnisvollerweise sogar auch zwischen Juden, Christen und Muslimen selber, obwohl diese im Grunde genommen das gleiche Fundament haben, den gleichen Gott anbeten, aber andere „Traditionen" pflegen:

- Judentum (seit ca. 3.000 v. Chr.): *„Ich bin Jahwe, dein Gott ...Du sollst keine anderen Götter haben neben mir."* (Ex, 202-3)
- Christentum (seit ca. 26 n. Chr.): *„Ich bin der Herr, dein Gott. Du sollst nicht andere Götter haben neben mir."* (nach M. Luther)
- Islam (seit ca. 609 n. Chr.): *„Wisse nun, dass kein Gott außer Allah ist ..."* (Sure 47/19)

Gewalt im Christentum

Es gibt kaum ein Verbrechen, kaum eine Form von Gewaltanwendung, die im Laufe der Zeit nicht im Namen des Christentums begangen wurden. Für nicht wenige gilt das Christentum bis heute als die gewalttätigste aller Religionen überhaupt.

Es gibt keinen Kulturraum, der mehr Krieg und Zerstörung in die Welt gebracht hat als der europäische. Bei allen territorialen und materiellen Interessen im Rahmen der Kolonialisierung gab es meist eine enge Verquickung mit dem Christentum, das seinen Glauben zum Teil durch das Schwert in der Welt verbreitete. Es gab Päpste, die Christen zum „Heiligen Krieg" aufriefen und den Kriegern einen Platz im Himmel versprachen. Nicht wenige Gewalttaten wurden von Christen tatsächlich im konkreten Auftrag der Kirche, unzählige andere allerdings nicht im direkten Auftrag, sondern im gefühlten Namen ihrer Religion begangen.

Grundsätzlich hatten die im Namen des Christentums ausgeübten Gewalttaten an erster Stelle mit dem Kampf gegen Andersgläubige bzw. gegen Ungläubige zu tun. Ein weiterer Grund war der Machterhalt: Der Machterhalt der Kirche selber oder der Machterhalt des Systems, mit dem diese gerade kooperierte.

Neben der „Mission mit dem Schwert", mit der zum Teil systematischen Ausrottung vermeintlich heidnischer Völker und Kulturen (in Amerika, Asien, Afrika oder Australien), stößt man auf sogenannte Kreuzzüge, die den Juden, Muslimen und anderen Ungläubigen sehr viel Leid brachten. Sie dienten z. B. der Rückeroberung heiliger Stätten und der Ausbreitung und Wiederherstellung des katholischen Glaubens. Über lange Zeit wurden Abweichler vom Glauben (Abtrünnige, Sektierer, Ketzer, Häretiker) mit grausamen Untersuchungsmethoden verhört, gefoltert und am Ende oft bestialisch getötet. Vom 12. bis zum 18. Jahrhundert war hierfür die Inquisition zuständig. Vermeintliche Hexen wurden auf unvorstellbare Weisen verfolgt, gefoltert und getötet. Es gibt in Deutschland Museen, in denen die verabscheuungswürdigen Folterwerkzeuge noch heute zu besichtigen sind.

In der Geschichte des Christentums finden sich häufig die Nähe kirchlicher Institutionen zu zweifelhaften Machthabern und die zumindest indirekte Unterstützung ihrer Gewaltsysteme.

Immer wieder wurde die Nähe zum Reichtum gesucht – meist unter völliger Missachtung der Bedürftigen. Deren Befreiungsversuche wurden bisweilen sogar innerkirchlich bekämpft und beteiligte Priester und Bischöfe sanktioniert (s. Befreiungstheologie).

Was im Zusammenhang mit der Ausübung von Gewalt ebenfalls unbedingt Beachtung finden sollte, weil sehr viele junge Menschen darunter extrem leiden mussten, waren die über Jahrhunderte hinweg in der Regel völlig autoritären Erziehungsmethoden der unzähligen kirchennahen Erziehungseinrichtungen. Körperliche Züchtigung – im Namen der Nächstenliebe – waren dort an der Tagesordnung.

In diesem Kontext passt es fast in dieses eigentlich perverse Bild und erstaunt dann nicht wirklich mehr übermäßig – ganz unabhängig davon, wie abstoßend und kriminell es war –, dass so manch ein Gottesmann durch das „Schwingen seines Knüppels" auch unter der Kutte verbotene, perverse Freuden erfuhr und diesen auch gezielt nachging. Kam das wirklich einmal ans Tageslicht, dann wurde diesen Männern innerkirchlich allzu schnell vergeben. Die, die sonst versuchten, die „Allmacht" Gottes auf Erden zu repräsentieren, waren plötzlich ja auch nur sündige Menschen, denen aus der Sicht der Kirchenoberen am besten unter dem Deckmantel des Schweigens vergeben werden musste. Immer wieder erfährt man, dass sich eine derartige Sicht in einigen Kreisen noch bis heute gehalten hat.

Der Stoff über die Gewalt im Christentum ist immerhin genug für 5.000 Seiten in zehn Bänden, dem Gesamtwerk „Kriminalge-schichte des Christentums", von Karlheinz Deschner, dem selber stark kritisierten, allerdings äußerst kenntnisreichen und „bissigen" Kritiker der Kirch(en). *(Quelle u. a.: „Das Christentum, eine Religion der Gewalt?", Gerhard Vinnai, www.vinnai.de/christengewalt.pdf)*

Der Exklusivitätsanspruch des Christentums

In der katholischen Kirche haben sich durch das sogenannte Zweite Vatikanische Konzil (1962-1965) einige sehr wichtige Sichtweisen geändert. Im Vergleich zu früher sind die Veränderungen – z. B. in Bezug auf den Umgang mit Menschen anderen Glaubens und die Akzeptanz anderer Religionen – ein absoluter Segen. Hinsichtlich eines zukünftig wirklich fruchtbaren Umgangs miteinander, greifen sie aber immer noch zu kurz. Viele wichtige Punkte bedürfen auch heute noch unbedingt der Weiterentwicklung. Hinzu kommt, dass sich in den inzwischen 50 Jahren nach dem Konzil einiges sogar zurückentwickelt hat.

Ein wichtiges Lehrwerk der katholischen Kirche ist der vom Vatikan 1993 herausgegebene „KATECHISMUS DER KATHOLISCHEN KIRCHE". Dieser entstand in einer sechsjährigen weit gespannten Zusammenarbeit (1986-1992) unter dem Vorsitz von Kardinal Joseph Ratzinger. Laut Papst Johannes Paul II. (Amtszeit: 1978-2005) ist der Katechismus eine Darlegung des Glaubens der Kirche und der katholischen Lehre, wie sie von der heiligen Schrift, der apostolischen Überlieferung und von dem Lehramt der Kirche bezeugt oder erleuchtet werde. Dort finden sich folgende Textstellen:

- *„Die Kirche anerkennt bei den anderen Religionen, dass sie, wenn auch erst in »Schatten und Bildern«, nach Gott suchen. Er ist ihnen noch unbekannt, aber doch nahe, da er allen Leben, Atem und alles gibt und da er will, dass alle Menschen gerettet werden. Somit betrachtet die Kirche* *alles, was sich in den Religionen an Wahrem und Guten findet, als Vorbereitung für die Frohbotschaft und als von dem gegebenen ..., der jeden Menschen erleuchtet, damit er schließlich das Leben habe." (843).*

- *„Wer nämlich das Evangelium Christi und seine Kirche ohne Schuld nicht kennt, Gott jedoch aufrichtigen Herzens sucht und seinen durch den Anruf des Gewissens erkannten Willen unter dem Einfluss der Gnade in den Taten zu erfüllen versucht, kann das ewige Heil erlangen"* (847 – Katechismus der Katholischen Kirche, München 1993)

Der Ausgangspunkt von allem, also die eigentlich wahre Religion, ist demnach auch heute noch der christliche Glaube („Die Frohbotschaft"). Alle anderslautenden Behauptungen sind Augenwischerei. Von einem wirklich gleichwertigen Miteinander der verschiedenen Religionen kann also immer noch keine Rede sein.

»Das kleine Boot des Denkens – »Diktatur des Relativismus«

Kardinal Joseph Ratzinger, der spätere Papst Benedikt XVI., hat am 18.4.2005 zum Beginn des Konklaves – der Kardinals-Versammlung zur Wahl des Papstes, bei der er dann selber zum neuen Papst gewählt wurde – in seiner Funktion als Dekan eine viel beachtete Predigt im Petersdom gehalten. Im Folgenden ein Auszug aus dem Redetext, dessen Inhalt – vor allem in seiner Authentizität – sehr wichtig und geradezu von historischem Wert für das Verständnis seiner Theologie ist und deshalb auch in dieser Länge im Original gebracht wird: *„Wie viele widerstreitende Meinungen haben wir in den letzten Jahrzehnten kennen gelernt, wie viele ideologische Strömungen, wie viele Denkweisen... Das kleine Boot des Denkens vieler Christen wurde nicht selten von solchen Wellen hin und her geworfen, von einem Extrem zum anderen: vom Marxismus zum Liberalismus und dann bis zum ungezügelten Freiheitsdrang; vom Kollektivismus zum radikalen Individualismus; vom Atheismus zu einem vagen religiösen Mystizismus; vom Agnostizismus zum Synkretismus und so fort... Jeden Tag entstehen neue Sekten, und es geschieht genau das, was der heilige Paulus über »den Betrug der Menschen« sagt, über »die Verschlagenheit, die in die Irre führt« (vgl. Eph 4,14). Einen eindeutigen Glauben zu besitzen, wie es dem Glaubensbekenntnis der Kirche entspricht, wird oft als Fundamentalismus bezeichnet, während der Relativismus, also dieses Hin-und-her-Getrieben-Sein vom Widerstreit der Mei-*

nungen, als einzige Einstellung erscheint, die auf der Höhe der heutigen Zeit ist. Es begründet sich eine Diktatur des Relativismus, die nichts als endgültig anerkennt und die als letztes Maß nur das eigene Ich und seinen Willen gelten lässt. Wir aber haben einen anderen Maßstab: den Sohn Gottes, den wahren Menschen. Er ist der Maßstab für den wahren Humanismus. ... Und es ist dieser Glaube – nur der Glaube –, der Einheit stiftet und sich in der Liebe verwirklicht." (Auszug aus der Predigt von Joseph Kardinal Ratzinger in der Messe „Zur Wahl des Papstes", Zenit.org.de, 18.4.2015)

In seiner Amtszeit als Papst spielte der von ihm geprägte Begriff „Diktatur des Relativismus" eine zentrale inhaltliche Rolle, insofern, als dass Benedikt XVI. sehr viel unternahm, dem ein völlig unmissverständliches Glaubensbekenntnis des römischen Katholizismus entgegenzusetzen: *„Diese Freundschaft* [mit Christus] *ist es, die uns allem öffnet, was gut ist, und die uns den Anhaltspunkt liefert, um zwischen wahr und falsch, zwischen Betrug und Wahrheit, unterscheiden zu können."*, so ebenfalls in der oben erwähnten Predigt.

Es geht an dieser Stelle mit keiner Silbe darum, „Gott" in irgendeiner Weise beschneiden zu wollen. Es geht aber sehr wohl darum, die begrenzte Sichtweise von Menschen – auch von „Menschen-Theologen" – so gut wie möglich zu minimieren bzw. sogar auszuschließen.

Die Vielfalt von Gottes Schöpfung, also die Vielfalt der Wirklichkeit, gehört wohl zu den wenigen offensichtlich unumstößlichen Wahrheiten. Nur der, der die Vielfalt anerkennt, vermag Gottes Schöpfung tatsächlich gerecht zu werden und einen intelligenten Umgang mit der ganzen Wirklichkeit herauszufinden.

Dagegen aber in Unwissenheit und Angst vor der Vielfalt die Diktatur des Relativismus und damit die völlige Beliebigkeit zu befürchten, ist eine direkte Folge davon, dass Menschen sich selber zum Sklaven einer messerscharfen Entweder-oder-Logik machen. Nach dem Motto – entweder das ist richtig oder das ist falsch, eine andere Möglichkeit gibt es nicht – wird versucht, das scheinbare Chaos um einen herum in kleine, verdauliche Stücke zu portionieren.

Ausgestattet aber mit einem gesunden Urvertrauen und dem Wissen um die Bereicherung durch die Vielfalt lässt sich als Mensch allerdings Schritt für Schritt das Zusammenwirken der einzelnen Elemente im Orchester des Ganzen erkunden. Die Vielfalt der Schöpfung und ihre innewohnende Harmonie warten darauf, von vielsichtigen, intelligenten Menschen gesehen, verstanden und berücksichtigt zu werden. Das funktioniert!

Zum Beispiel sind der von Joseph Ratzinger erwähnte Individualismus, nach dem an oberster Stelle das Bedürfnis des Einzelnen steht, und der Kollektivismus, nach dem an oberster Stelle das Bedürfnis der Gruppe (des Kollektivs) steht, im Grunde genommen nur zwei sich scheinbar gegenseitig ausschließende extreme Gegensätze, wie das die herkömmliche Logik eigentlich postuliert. Im alltäglichen Leben aber wirken nämlich beide Aspekte menschlicher Existenz in einer Art dynamischer Harmonie zusammen (ähnlich wie zum Beispiel Tag und Nacht) und erzeugen eine Vielzahl an ganz unterschiedlichen Konstellationen. Die jeweils zutreffende Konstellation („mehr Individuum" oder „mehr Gruppe"?) hängt von den konkreten Beteiligten, der ganz konkreten Situation und den konkreten Begleitumständen ab. Etwas, was der „gesunde Menschenverstand" schon lange weiß. Auf diese Weise ist das Ergebnis einer solch komplexen Betrachtung wesentlich genauer, also eigentlich wesentlich weniger relativ, als fixierte man entweder nur das Einzel-Interesse oder nur das Gruppen-Interesse und sähe keinerlei andere Möglichkeit. Nur so ist man kein Opfer des Relativismus mehr, dessen Sklave natürlich kein denkender Mensch je sein möchte – wie wahr Kardinal Ratzinger! Allerdings bedarf es dann der richtigen Sicht und Methode. Das Verabsolutieren einseitiger Standpunkte ist dabei völlig falsch und kontraproduktiv, vor allem für eine Religion, deren Auftrag doch ist, den Weg zum Absoluten zu weisen und zu ebnen.

Ein Ausnahme-Fußballer wie „Lionel Messi", der im Januar 2016 zum fünften Mal zum Weltfußballer des Jahres gewählt wurde, spielt auch deshalb so exzellent, weil er ein sehr gutes Gespür dafür hat, wie lange er selber mit dem Ball laufen kann und muss, wann es besser ist abzugeben, wann ein Doppelpass anliegt und wann es vielleicht am besten ist, selber auf's Tor zu schießen. Sein Interesse, selber gut zu spielen, muss mit dem Interesse der Mannschaft – zusammen das Spiel zu gewinnen – harmonieren. Sehr oft tut es das auch. Dabei enthält jede von Messis Aktionen jeweils unterschiedliche Anteile an Eigen- und Mannschaftsinteresse. Zum Glück! So bereitet es Freude, dem außergewöhnlich begabten Spieler im Einklang mit seinem Team zu erleben. Die Times schrieb nach dem fünften Erfolg: *„Er ist erfolgreich und selbstlos, der ultimative Teamplayer.*

(...) Und was die Statistiken nie zeigen, ist, dass Messi regelmäßig Spiele mit einem Lächeln im Gesicht entscheidet. Und deshalb ist er der würdigste Ballon-d'Or-Gewinner." (aus „Pressestimmen zur Messi-Wahl", Spiegel.de, 12.1.2016)

Die beiden Konzilstheologen Ratzinger und Küng

Für Joseph Ratzinger bzw. Benedikt XVI. ist aber das Festhalten an traditionsbeladenen, meist einseitigen Standpunkten des Katholizismus, sein gewählter Anker, um im Sturm der Vielfalt nicht unterzugehen – ganz im Gegensatz zu seinem langjährigen Kollegen Hans Küng.

Beide nahmen als Konzilstheologen am Zweiten Vatikanischen Konzil teil. Dort bezeichnete man diese sehr reformfreudigen und fortschrittlichen Priester als „Teenager-Theologen". Als Professor für Dogmatik und Ökumenische Theologie bewirkte Hans Küng, dass Joseph Ratzinger ebenfalls an die Universität nach Tübingen kam und den Lehrstuhl für Katholische Dogmatik einnahm.

In der Begegnung mit den zum Teil sehr massiven Forderungen der Studenten der damaligen 68er-Studentenbewegung kam es dann aber zum Bruch beider Kirchen-Männer. Küng stellte sich den Herausforderungen und Diskussionen der damaligen Zeit und war bereit, die aus seiner Sicht nicht mehr zeitgemäßen Sichtweisen der katholischen Kirche, z. B. das Papsttum und die Unfehlbarkeit, zu revidieren. Wer Hans Küng u. a. durch seine vielen Schriften kennt, weiß, dass er auf der einen Seite ein sehr überzeugter Christ und Priester, auf der anderen Seite aber ein ebenso fundierter Kritiker der Institution Kirche ist. 1979 wurde ihm deshalb die kirchliche Lehrerlaubnis entzogen.

Der ehemals auch sehr fortschrittliche Joseph Ratzinger hingegen reagierte quasi verschreckt auf die Ereignisse im Zusammenhang mit den damaligen Studentenunruhen. Er schottete sich vor der wachsenden Vielfalt und dem aufkommenden Infrage-Stellen althergebrachter Standpunkte der katholischen Kirche ab, indem er zunehmend entschiedener konservative Standpunkte vertrat und seinen scharfen Intellekt für die Abwehr von allem vermeintlich Relativen quasi perfektionierte. Folglich war er aus der Sicht der Kirche geradezu prädestiniert für das Amt des Präfekten der Kongregation für die Glaubenslehre (1981-2005), die auf die frühere „Römische Inquisition" zurückgeführt werden kann. Diese sogenannte

Glaubenskongregation hat die Aufgabe, die Kirche vor abweichenden Lehren zu bewahren.

Das Wirken des Joseph Aloisius Ratzinger

- In Namen dieser Kongregation und dem Mitunterzeichner Joseph Ratzinger wurde z. B. im Jahr 2000 die Erklärung „DOMINUS IESUS – ÜBER DIE EINZIGKEIT UND DIE HEILSUNIVERSALITÄT JESU CHRISTI UND DER KIRCHE" veröffentlicht. Laut dieser Erklärung wurde die protestantische Kirche, die das als klare Herabsetzung erfuhr und deren Hoffnung auf weiteres Zusammenwachsen (Ökumene) dadurch einen deutlichen Dämpfer erhielt, lediglich als „kirchliche Gemeinschaft" bezeichnet, die die ursprüngliche und vollständige Wirklichkeit des eucharistischen Mysteriums (des Geheimnisses der Bereitung, Wandlung und Austeilung der Mess-Opfergaben) nicht bewahrt habe und somit keine Kirche sei. „Starker Tobak" gegenüber Christen-Brüdern. Wie unselig stand es dann erst in Bezug auf das Verhältnis zu den anderen Religionen?

- Als Papst bewirkte Benedikt XVI. mit seiner „Ravensburger-Vorlesung" (am 12.9.2006) und dem dort für einen Papst äußerst unsensiblen Gebrauch einer islamkritischen Textstelle, dass sich viele Muslime in ihren Gefühlen verletzt fühlten. Er zitierte den byzantinischen Kaiser Manuel II., der einen gebildeten Perser aufforderte: *„Zeig mir doch, was Mohammed Neues gebracht hat, und da wirst du nur Schlechtes und Inhumanes finden wie dies, dass er vorgeschrieben hat, den Glauben, den er predigte, durch das Schwert zu verbreiten."* (*„Treffen mit den Vertretern aus dem Bereich der Wissenschaften", http://w2.vatican.va, Suchbegriff: Benedikt Vorlesung in Regensburg*)

Vertreter jeder Religion wären zurecht äußerst empört, wenn das Oberhaupt einer anderen Religion ein derartiges Zitat in Bezug auf die eigene Religion angeführt hätte! Eine derartige Textstelle mit solch einem Inhalt lässt jedwede Form von Höflichkeit und Respekt vermissen, von Wertschätzung ganz zu schweigen – an erster Stelle natürlich bei demjenigen der zitiert wird, aber natürlich auch bei demjenigen, der das Zitat im unpassenden Rahmen benutzt. Eine Reihe von Islam-Vertretern kritisierte diese Rede als Hasspredigt. Weltweit gab es unter den Muslimen sehr heftige, zum Teil nachvollziehbare, zum Teil aber auch völlig überzogene und damit ungerechtfertigte Reaktionen. Das Verbrennen von Papstbildnissen (zum Beispiel) ist kein Ausdruck von Frieden und damit eher kontraproduktiv. In der Folge gab es mehrfache Erklärungen seitens des Vatikans und mehrere Begegnungen mit Muslimen, um die Situation zu entschärfen.

- Am 13.5.2007 sprach Benedikt XVI. im Rahmen der lateinamerikanischen Bischofskonferenz im brasilianischen Aparecida u. a. über die Christianisierung Lateinamerikas, die er als „Erlösung" für die dortigen Völker hinstellte. Seiner Überzeugung nach habe es sich hierbei nämlich nicht um das Aufzwingen einer fremden Religion und Kultur gehandelt, sondern in Wirklichkeit hätten die Ureinwohner Lateinamerikas unbewusst die Ankunft der Priester (im Zuge der spanischen Kolonialisierung) herbeigesehnt.

Sein Vorgänger, Papst Johannes Paul II. hatte 1992 bei seiner Rede zumindest Fehler bei der Evangelisierung (bei der Bekehrung) der einheimischen Völker im Zusammenhang mit der von der katholischen Kirche unterstützten Kolonialisierung Lateinamerikas eingeräumt. Bekanntlich starben in Folge „der Eroberung" der sogenannten „neuen Welt" Millionen von Ureinwohnern durch Massaker, Krankheiten und die Folgen von Versklavung.

Die Repräsentanten der Indios bezeichneten die Aussagen des Papstes als respektlos und arrogant. Einer von ihnen, Sandro Tuxa, bemerkte dazu: *„Zu sagen, dass die kulturelle Dezimierung unseres Volkes eine Reinigung darstellt, ist beleidigend und – offen gesagt – beängstigend."*
(„Papst-Rede beleidigend und beängstigend", 15.5.2007 DiePresse.com)

Venezuelas Präsident Hugo Chávez, von 1999 bis zu seinem Tod 2013 Staatspräsident von Venezuela, verlangte für diese „Geschichtsfälschung" eine Entschuldigung des Papstes: *„Mit allem gebührenden Respekt, Sie sollten sich entschuldigen, denn es gab hier wirklich einen Völkermord und wenn wir das leugnen würden, würden wir unser tiefstes Selbst verleugnen."* *(„Chavez fordert Entschuldigung vom Papst", derstandart.at, 4.6.2007)*

Dass solch ein schönfärberischer, in Wirklichkeit unfassbar menschenverachtender Standpunkt bezüglich des Völkermords an den Ureinwohnern Lateinamerikas von dem sogenannten „Intellektuellen-Papst" in voller Kenntnis der Begleitumstände geäußert wird, scheint einen Platz in der

Biografie des Joseph Ratzinger zu haben. Das zeigt auch das folgende Beispiel:

Brasilianische Bischhöfe hatten bereits 1992 für die vierte Generalversammlung der lateinamerikanischen Bischöfe in Santo Domingo, in der Dominikanische Republik, eine schriftliche Vorlage für eine Vergebungsbitte an die ursprüngliche einheimische Bevölkerung und die Schwarzen in Lateinamerika und in der Karibik vorbereitet. Im Folgenden ein längerer Textauszug aus einem historisch wichtigen Tex, da dieser hautnah eine authentische Sicht von den Erkenntnissen der brasilianischen Bischöfe (1992) vermittelt: *„Als Kirche bekennen wir, bei der ersten Evangelisierung Lateinamerikas Fehler begangen zu haben. Viele dieser vergangenen Fehler sind die Folge, dass ein kultureller Pluralismus weder erkannt noch anerkannt wurde. Als Hirten wollen wir um Verzeihung bitten!*

Wir bitten die indigenen Völker [Anm.: die ursprünglichen Einheimischen] und die Afroamerikaner [Anm.: die als Sklaven nach Amerika verschleppten Schwarz-Afrikaner] um Vergebung, weil wir Gottes Gegenwart in ihren Kulturen nicht erkannt haben.

Wir bitten um Vergebung, weil wir Evangelisierung mit der Aufnötigung der abendländischen Kultur verwechselt haben.

Wir bitten die Afroamerikaner um Vergebung, weil wir ihre Versklavung sogar mit dem Evangelium gerechtfertigt haben.

Wir bitten um Vergebung, weil wir in Ordenshäusern und Pfarreien aus dieser Sklaverei Nutzen zogen.

Wenn wir nun die indigenen Völker und die Afroamerikaner für Unterlassungssünden und offene oder insgeheime Mittäterschaft mit den Conquistadores und Unterdrückern um Verzeihung bitten, gestehen wir gleichzeitig ein, dass Fehler der Vergangenheit in vielen Bereichen bis in unsere Tage fortdauern. Die indigenen Völker und die Afroamerikaner in Lateinamerika sind auch gegenwärtig durch ein rassendiskriminierendes System bedroht und werden noch immer von der Amtskirche und der Gesellschaft an den Rand gedrückt. Gleichzeitig wissen wir, dass Verzeihung und Versöhnung ein langer Prozess ist. Wir bieten aber den indigenen und afroamerikanischen Völkern unsere uneingeschränkte Solidarität an und verstehen diese Solidarität als Verpflichtung und wesentlichen Teil einer neuen Evangelisierung." (aus: Erwin Kräutler, 500 Jahre Leidensgeschichte in

Lateinamerika; in Thomas Schreijäck (Hg.): Die indianischen Gesichter Gottes, Frankfurt 1992)

Bedauerlicherweise durfte diese umfangreiche Vergebungsbitte nicht mit in das offizielle Schlussdokument der Generalversammlung der lateinamerikanischen Bischöfe aufgenommen werden. Stattdessen fand sich dort nur die Andeutung „eines Eingeständnisses" in Form von Papstzitaten. Der „römische" Einfluss – seinerzeit Papst Johannes Paul II. und als Chef der für solche Angelegenheiten zuständigen Glaubenskongregation Kardinal Joseph Ratzinger – war zu stark, als dass eine andere als die vatikanisch-europäische Sicht eine tatsächliche Chance hätte haben können.

Das war und ist bis heute ein Skandal – völlig unglaublich!

Wie steht es mit Einsicht und Reue für all das Unheil, das erzeugt wurde? Vielleicht können hier die Aussagen des sehr differenzierten Lehrbuchs für Theologiestudenten „Allgemeine Moraltheologie" von Helmut Weber weiterhelfen. Dort findet sich zum Thema Reue folgendes: *„Die eigentliche Reue ist erst da gegeben, wo die Person selber, d. h. in aktiver Weise zum Geschehen Stellung nimmt. Man wendet sich bewusst gegen das Böse, das man in sich selber wahrgenommen hat. ... Man sagt nicht mehr nur: Es war falsch, was ich getan habe; jetzt ist man überzeugt: Es hätte nie sein dürfen, was gäbe ich darum, wenn es nie gewesen wäre. Man hebt bewusst die Identifikation mit dem Bösen auf, man klagt sich an und gesteht sich ein, dass man hätte anders handeln müssen. ... Was bin ich doch für ein Mensch, dass ich so etwas tun konnte!"* (aus: Allgemeine Moraltheologie, Helmut Weber, Köln 1991, S. 308ff)

Ist bis heute die gesamte Schuld eingesehen und bereut worden, wurde sich dafür wirklich angemessen entschuldigt, so dass jeder einzelne Christ die Chance erhielte, aus den Fehlern der Vergangenheit – der maßlosen blutrünstigen Überheblichkeit angeblich im Namen Gottes – Lehren zu ziehen? Innerhalb der Amtszeit von Benedikt offensichtlich nicht! Das ist und bleibt ein Skandal, der durch jedwedes halbherzige Taktieren nur noch unerträglicher geworden ist!

Vermutlich werden übereifrige Theologen jetzt entgegnen, dass man die persönliche Reue nicht auf die Reue der Institution Kirche übertragen dürfe. Vielleicht nicht eins zu eins, aber zumindest erhält man so eine Idee, wie ein bereuendes Verhalten im Sinne der katholischen Kirche aussehen sollte. Was für angehende Theologen gilt, sollte auch für deren Chefs bzw. deren Zuchtmeister gelten.

Papst Franziskus

Im völligen Kontrast zu seinem Vorgänger Benedikt XVI., der 2007 die Christianisierung der indigenen Völker also quasi verteidigt hatte, stand die folgende Entschuldigung des argentinischen Papst Franziskus am 10.7.2015 in Santa Cruz de la Sierra (Bolivien) bei einem Treffen mit Vertretern von Volksbewegungen aus der ganzen Welt: *„Ich bitte demütig um Vergebung, nicht nur für die Vergehen der Kirche an sich, sondern auch für Straftaten, die gegen die einheimischen Völker während der sogenannten Eroberung von Amerika verübt wurden".* An anderer Stelle heißt es: *„Ich sage Ihnen mit Bedauern: Im Namen Gottes sind viele und schwere Sünden gegen die Ureinwohner Amerikas begangen worden. Wie Johannes Paul II. bitte ich, dass die Kirche vor Gott niederkniet und von ihm Vergebung für die Sünden ihrer Kinder aus Vergangenheit und Gegenwart erfleht."* (*„Papst bittet um Vergebung",* Oliver Neuroth, tagesschau.de, 10.7.2015; *„Papst Franziskus entschuldigt sich bei Ureinwohnern",* welt.de, 10.7.2015)

Die anwesenden Menschen nahmen diese schon lange überfälligen Erklärungen mit Erleichterung auf.

Auch bei seinem Besuch in Mexiko Mitte Februar 2016 ging Papst Franziskus mit deutlichen Schritten auf die indigene Bevölkerung zu. Erstmals galten Sprachen der Mayas offiziell auch als Gottesdienstsprache. Bei der Messe in San Cristobal de las Casas wurden Lesungen und Gebete in verschiedenen Maya-Sprachen vorgetragen. Darüber hinaus waren traditionelle Tänze und Gesänge Teil des Gottesdienstes. Im Zusammenhang mit den Herausforderungen durch die aktuelle Umweltsituation auf der Erde sprach er die vielen tausend indigenen Mexikaner direkt an: *„In diesem Punkt habt ihr uns viel zu lehren. Eure Völker verstehen, in einer harmonischen Beziehung zur Natur zu leben; sie respektieren sie als »Nahrungsquelle, gemeinsames Haus und Altar, auf dem die Menschen miteinander teilen« (Aparecida 472)."* Und weiter: *„Allerdings sind eure Völker oftmals systematisch und strukturell verkannt und aus der Gesellschaft ausgeschlossen worden. Einige haben eure Werte, eure Kultur und eure Traditionen für minderwertig gehalten. Andere haben – gleichsam trunken von Macht, Geld und den Gesetzen des Marktes – euch eures Bodens* *beraubt oder ihn durch ihr Handeln verseucht. Wie traurig! Wie gut täte es uns allen, Gewissenserforschung zu halten und zu lernen, um Verzeihung zu bitten! Die durch die Wegwerfkultur entblößte Welt von heute braucht euch! Die jungen Menschen von heute, die einer Kultur ausgesetzt sind, die all die kulturellen Reichtümer und Merkmale zu unterdrücken sucht zugunsten einer homogenen Welt, haben es nötig, dass die Weisheit eurer alten Menschen nicht verloren geht!"* („*Verzeiht uns, Brüder!"*, Tagesschau.de, 15.02.2016; *„Predigt von Papst Franziskus vor indigenen Gemeinden von Chiapas – im Wortlaut"*, domradio.de, 15.2.2016)

Im Dezember 2015 erreichte Papst Franziskus die dringende Bitte des kanadischen Premierministers Justin Trudeau nach einer ebenfalls (persönlichen) Entschuldigung für *„eine der dunkelsten Kapitel der kanadischen Geschichte"*. Aufgrund des zweifelsfreien Abschlussberichtes der kanadischen Wahrheits- und Versöhnungskommission (am 15.12.2015) hatte er als Premierminister (aus der Perspektive der Opfer "endlich") für sein Land Kanada die Ureinwohner um Vergebung gebeten. Ab 1874 waren ungefähr 150.000 Kinder der dortigen indigenen (ursprünglichen) Bevölkerung wie auch gemischte Nachkommen zur erziehungsmäßigen Anpassung an die weiße Gesellschaft unter Zwang von ihren Familien getrennt und in kirchliche Heime gesteckt worden. Neben der oberflächlichen Frömmelei waren dort allerdings körperliche Misshandlung und sexueller Missbrauch keine Seltenheit. Mehrere tausend Kinder starben an Krankheiten, die durch bessere hygienische Zustände und bessere Ernährung hätten verhindert werden können. Laut der Vertreter dieser Völker hätten diese Heime ganze Generationen geprägt und seien für spätere soziale Probleme wie Alkoholismus, häusliche Gewalt und erhöhte Selbstmordraten mitverantwortlich.

„Die Bekehrung der Juden"

Beim Katholikentag 2010 in München sagten jüdische Gesprächsteilnehmer ihre Teilnahme ab, weil in der völlig antiquierten – von Papst Benedikt XVI. aber wieder zugelassenen – sogenannten tridentinischen Messe – u. a. auch wieder für die Bekehrung der Juden gebetet wurde. Bereits 1996 hatte sich Joseph Ratzinger, seinerzeit noch Kardinal, in Bezug auf solch eine alte Form der Messfeier gegenüber dem Journalisten Peter Seewald folgendermaßen geäußert: *„Wer sich heute für den Fortbestand der alten Liturgie einsetzt oder an ihr teilnimmt, wird wie ein Aus-*

sätziger behandelt: hier endet jede Toleranz. Derlei hat es in der ganzen Geschichte nicht gegeben, man ächtet damit die ganze Vergangenheit der Kirche." *("Tridentinische Messe", Wikipedia, angegebene Quelle: "Der gewachsene Ritus verweist auf den göttlichen Stifter", Die Tagespost, 12. Februar 2003)*

Eine derartige Rückwärtsgewandtheit verdient ebenfalls keinerlei Toleranz, ächtet sie doch die Gegenwart der Kirche und verbaut ihr jedwede liebevolle Zukunft.

Die falsche Prämisse als Grundübel

Das zugrunde liegende Problem ist bei alledem – neben den persönlich bedingten Faktoren – auch hier eine völlig einseitige, falsche Prämisse, die selbst kluge Menschen bis hin in die Besessenheit treiben kann. Wie soll man denn überhaupt Reue für etwas empfinden können, wenn man selber felsenfest davon überzeugt ist, dass das eigene Tun – und wenn es noch so blutrünstig ist – im Namen der höchsten Wahrheit, also im Auftrag Gottes geschieht und demnach uneingeschränkt richtig ist? Hier trifft die Wortbedeutung „Wahn-Sinn" wirklich zu!

Die Kirche wird den katastrophalen gewalttätigen Teil ihrer Geschichte nur dann gänzlich einsehen, bereuen und nachhaltig überwinden können, wenn sie prinzipiell die verheerenden Folgen einseitigen Denkens in Verbindung mit oft festgemeißelten falschen Prämissen anerkennt, daraus lernt, diese Vorgehensweise endgültig abschafft und ein für alle Mal die Vielfalt der Schöpfung bzw. die Vielfalt der Wirklichkeit und den angemessenen Umgang mit dieser zur Grundlage all ihren Denkens und Handelns macht. Das ist die einzig denkbare achtenswerte Zukunft einer bisher immer wieder sich versündigenden Kirche. Das wäre das inspirierende Beispiel, das zumindest jeder Gläubige dringend braucht. Das verschämte Wegschauen, Verdrängen und Schönreden im Zusammenhang mit der eigenen Religion könnten dann ihr Ende erfahren – das katastrophale Vorbild einer derart verlogenen Weltanschauung ebenso.

Das gilt übrigens nicht nur für das Christentum, sondern für viele anderer Religionen auch, ebenso für viele Ideologien, Philosophien, Lehr-Systeme, Wissenschaften usw.

Es ist schon lange an der Zeit diesem „Wahn-Sinn" – ganz unabhängig davon, in welchem Namen er wieder einmal vollzogen wird – völlig unmissverständlich und möglichst geschlossen die Stirn zu bieten und nachhaltig zu unterbinden!

Eigentlich müssten gerade religiöse „Führer" und Politiker diesbezüglich tabulos an erster Stelle stehen. Solange diese aber weiter in ihrer eigennützigen Sicht gefangen bleiben, sollte ihnen zumindest der gesunde Menschenverstand „um die Ohren pfeifen"!

Benedikt XVI., Hans Küng und Kardinal Lehmann

Nur etwa fünf Monate nach der Wahl Joseph Ratzingers zum Papst empfing Benedikt XVI. am 24.9.2005 seinen früheren Kollegen Hans Küng zu einer vierstündigen Privataudienz in Castel Gandolfo, der päpstlichen Sommerresidenz. Auf strittige Lehrfragen sei dabei angeblich verzichtet worden. Was dort wirklich an Essenziellem besprochen wurde, werden beide wohl ins Grab mitnehmen. In einem Spiegel-Interview im Dezember 2013 wurde Hans Küng in Bezug auf das Vorgehen des Nachfolgers von Benedikt XVI. Papst Franziskus gefragt, ob es nicht eine Ironie der Geschichte sei, dass im Vatikan derzeit genau das stattfinde, wofür er sein Leben lang gekämpft habe, eine Öffnung und Reform der Kirche, ausgerechnet zu dem Zeitpunkt an dem er [selber] alt und kraftlos werde. Küng antwortete hierauf: *„Die Ironie betrifft mehr meinen früheren Kollegen Ratzinger als mich. Ich habe nicht mehr damit gerechnet, eine Wende in der katholischen Kirche zu erleben. Ich bin immer davon ausgegangen und habe mich auch damit abgefunden: Küng geht und Ratzinger bleibt. Deshalb war ich völlig überrascht, dass Benedikt geht und ausgerechnet an meinem Geburtstag und Ratzingers Namenstag, dem 19. März 2013, Papst Franziskus sein Amt antritt."* („Ich hänge nicht an diesem Leben", Markus Grill, spiegel.de, 9.12.2013)

Kardinal Karl Lehmann (geb. 16.5.1936) war von 1983 bis 2016 Bischof von Mainz und am Ende mit Abstand der dienstälteste katholische Bischof der Bundesrepublik. Von 1987 bis 2008 bekleidete er das Amt des Vorsitzenden der Deutschen Bischofskonferenz. Vermutlich wurde er aufgrund seiner Weltoffenheit erst 2001 – ungewöhnlich spät – von Papst Johannes Paul II. zum Kardinal ernannt. Im Hintergrund war bereits ab 1981 Kardinal Ratzinger Chef der Glaubenskongregation und einflussreicher Ratgeber von Papst Johannes Paul II. Er war sozusagen theologischer Aufpasser, auch von Kardinal Lehmann, der als kluger, sehr besonnener und zuweilen auch liberaler Leiter der deutschen Bischöfe galt. Auch bei der Bevölkerung war er aufgrund seiner Ausgewogenheit sehr beliebt und wurde von fast allen Seiten sehr respektiert. Zu seinen Kritikern zählten vor allem erzkonservative Kirchenmänner. Karl Lehmann äußerte sich diesbezüglich wenige Tage vor seinem achtzigsten Geburtstag: *„Ich glaube, man wollte mich theologisch von Rechtsaußen treffen als Repräsentanten einer weltoffenen Kirche im Geist des Zweiten Vatikanischen Konzils. Man hat es mir zum Beispiel auch übel genommen, dass ich bei aller Kritik stets die Lebensleistung von Hans Küng als Theologe und Lehrer des Glaubens geschätzt und gewürdigt habe. Ich habe ihm z.B. bei Jubiläen gratuliert. Ich habe von so vielen Katholiken gehört, wie viel ihnen etwa Küngs Buch »Christ sein« bedeutet. Das hat mich immer beeindruckt. Schwarz-Weiß-Denken dagegen ist mir zuwider.* („Kardinal Karl Lehmann, Schwarz-Weiß-Denken ist mir zuwider", Joachim Frank, fr-online.de, 8.5.2016)

Wie wohltuend, wenn man in der Kirche auch in einer hohen Position einmal auf einen Amtsträger trifft, der nicht einseitig unterwegs ist und der mit einem viel beachteten Vatikan-Kritiker angemessen – d. h. würdevoll und intelligent – umgeht.

Der unverrückbare Betonsockel

Vermutlich wäre die katholische Kirche heute schon sehr viel weiter und sehr viel klüger, wenn sich seinerzeit Joseph Ratzinger gegenüber der Lebensvielfalt nicht verängstigt zubetoniert, sondern wenn er damals gelernt hätte, seine immense Geisteskraft für den fruchtbaren Umgang mit Unterschieden und scheinbaren Widersprüchen zu nutzen, andere Perspektiven zu berücksichtigen und notfalls auch aus ihnen zu lernen, wie dies z. B. Hans Küng und in Ansätzen auch Karl Lehmann getan hat. Welch verpasste Gelegenheit!

Denn nicht der Relativismus hätte dann obsiegt, wie es trotz Ratzingers Befürchtungen und seiner Abwehrmaßnahmen – oder vielleicht auch gerade sogar deswegen – dann doch geschehen ist. Sein verhängnisvolles Festhalten an der vor allem im religiösen Kontext völlig unzureichenden Entweder-oder-Logik (in den zentralen Glaubensfragen macht dies sogar der Katholizismus nicht – siehe das nächste Kapitel „Die Versöhnung von Widersprüchen im Christentum") und seine daraus resultierende falsche Vorgehensweise haben massiv mit dazu beigetragen, dass die offizielle

Haltung der Kirche fast genauso einseitig und damit fast genauso ungenau ist, wie unzählige andere Sichtweisen auf dieser Welt auch. Da nutzt auch alles Verabsolutieren einseitiger Standpunkte im Namen des angeblich Höchsten nichts. Es schadet der Kirche und ihrem Anliegen nur, dass die Verankerung dieser Weltsicht inzwischen in einem tiefen intellektuellen Betonsockel äußerst stabil zu sein scheint. Denn der befindet sich unseligerweise nur auf einer Seite – nämlich u. a. auf der (z. B.) autoritär fixierten, männlich basierten, frauen- und sexfeindlichen und dem Machterhalt dienenden Seite – einer wesentlich umfassenderen göttlichen Schöpfung und Wirklichkeit, die in ihrer unglaublichen Vielfalt schlicht und einfach auf diese Weise beschnitten und verleugnet wird. Joseph Ratzinger hat sich als Kind seiner Vorfahren offensichtlich aus Verlustangst und aus ehrlichen Abwehrbemühungen an die strenge Entweder-oder-Logik der Altvordern gehalten und die Zeichen der Zeit zur möglichen Erweiterung des christlich-menschlichen Horizonts schlicht und einfach nicht erkannt.

Sieger einer viel umfassenderen, einer sowohl intellektuell als auch spirituell basierten Einsicht, hätte eine realitätsnahe, wirklich intelligente, lebensnahe Kirche sein können, weit weg von jedwedem wirklichkeitsfremden Traditionsmuff mit einem gehörigen Zugewinn an Weisheit. Dabei wäre das Ziel der Kirche – *„Die Gemeinschaft der Menschen mit Gott durch die Liebe, die niemals aufhört"* – beileibe nicht infrage gestellt, sondern sogar wesentlich gefördert worden. *(Zitat s. Katechismus der katholischen Kirche, 773)*

So aber leiden noch heute viele der (gut-)gläubigen Katholiken unter der völligen Realitätsferne der Mehrheit der Kirchenoberen mit all den verhängnisvollen Konsequenzen. Deutlich wird dies auch daran, mit welcher Freude und Dankbarkeit viele Christen den einerseits bescheidenen und liebevollen, andererseits aber klaren und energischen Papst Franziskus annehmen, auch wenn dieser vermutlich nicht die Zeit, die Macht und auch nicht die Kapazität haben wird, die Anker-Ketten zu kappen, das Ruder rumzureißen und das Schiff von seinem Betonsockel zu befreien.

Bischof Gerhard Ludwig Müller

Benedikt XVI. hatte noch acht Monate vor seinem Rücktritt als Papst im Februar 2013 seinen „Bruder im Geiste", was u. a. die klare Stellung gegen den Relativismus anbetrifft, zum neuen Präfekten (hier: Leiter) der mächtigen Glaubenskongregation ernannt. Später wurde dieser dann (erstaunlicherweise) von Papst Franziskus übernommen. Es handelt sich hierbei um den früheren Regensburger Bischof Gerhard Ludwig Müller (geb. 1947). In Deutschland wird er von Kritikern als konservativer, uneinsichtiger Hardliner angesehen. Weltweit gilt Kardinal Müller als renommierter Theologe mit einem sehr fundierten Detail-Wissen, ähnlich wie sein früherer Chef Benedikt XVI. Solange dieser noch lebt, dürfte Müller kaum aus seinem Amt als Präfekt der Glaubenskongregation abzulösen sein, stellt er doch inzwischen eine Art theologische Stütze für Papst Franziskus dar, der theologisch gesehen auch einmal fünfe gerade sein lässt und bedeutende Fragen bisweilen aus dem Bauch heraus angeht, wofür ihn viele Menschen lieben, was aber den gewieften Theologen Ratzinger und Müller wahrscheinlich regelrecht zuwider sein dürfte. Innerhalb des Vatikans gilt Kardinal Müller als führender Kopf des konservativen Flügels, der allzu weitgehende Reformen zu verhindern versucht. Er ist ein klarer Vertreter der uneingeschränkten Autorität des Lehramts der katholischen Kirche. Laut Duden bedeutet „Lehramt": *„fast ausschließlich vom Bischofskollegium in Übereinstimmung mit dem Papst ausgeübtes Amt ..., das den Inhalt der christlichen Offenbarung und alles, was zu ihrer Verkündigung, Reinhaltung und Verteidigung gehört, zum Gegenstand hat."* (Das große Wörterbuch der deutschen Sprache, Duden, 4. Aufl. Mannheim 2012, CD-ROM)

Kardinal Müller antwortete 2015 auf die Interviewfrage, was den Kirchen [Anmerkung: der katholischen und der protestantischen] gemeinsam sei: *„Wir wollen gemeinsam in einer säkularen und pluralistischen Gesellschaft Zeugnis ablegen, dass Jesus Christus der einzige Retter der Welt ist."* An anderer Stelle: *„Für uns Katholiken und auch für die evangelischen Christen ist das Wort Gottes die Wahrheit. Und in Wahrheitsfragen gibt es keinen Kompromiss. Denn wir sind nicht die Verhandlungspartner Gottes, sondern Hörer seines Wortes."* Ebenso: *„Die Glaubenslehre ist keine von Menschen konstruierte Theorie."* In Bezug auf die Kirche betonte er: *„Die Kirche ist kein Philosophenclub, der sich der Wahrheit annähert, sondern die Offenbarung ist uns gegeben,* um sie zu bewahren und treu auszulegen." („Die Kirche ist kein *Philosophenclub",* Evelyn Finger, zeit.de, 30. Dezember 2015)

Kardinal Müller scheint nichts unversucht zu lassen, nach außen hin den machtvollen Eindruck zu vermitteln, als sei Gottes Wahrheit im Katholizismus völlig offensichtlich. Dabei muss auch er auf die entsprechende Frage – „Woher wissen Sie was Wahrheit ist?" – einräumen, dass dafür eine Textauslegung der sogenannten Heiligen Schrift nach historisch-theologischer Methode, also auch hier eine schrittweise Annäherung an die Wahrheit notwendig ist. Kardinal Müllers einseitige Überbetonung des vermeintlichen „Habens" einhundertprozentiger Wahrheit, verdrängt allerdings die Notwendigkeit der Bemühung des Menschen, auch der eines Kurienkardinals (eines Kardinals, der der Gesamtheit der päpstlichen Behörden angehört), sich der Wahrheit immer wieder neu anzunähern, wie auch die Unverzichtbarkeit des persönlichen „Seins" in der Wahrheit, im besten Sinne der Tradition christlicher Mystik. Die Aspekte „Haben oder Sein" sollten besonders im Kontext höchster Wahrheit niemals unangemessen bzw. unausgewogen bedacht werden.

Als 2010 die ersten Missbrauchsfälle im Zusammenhang mit den sogenannten Regensburger Domspatzen, dem bekannten Knaben- und Jung-Männer-Chor des Regensburger Domes, bekannt wurden, war Gerhard Ludwig Müller Bischof in Regensburg. In Bezug auf die Opfer sprach er von Einzelfällen und stellte die Kirche als Opfer einer Medienkampagne hin, die die Kirche in Misskredit bringen solle, und warf Journalisten, die auch von sexuellen Übergriffen berichteten, „kriminelle Energie" vor. Kardinal Walter Kasper, seinerzeit bereits Mitglied der päpstlichen Kurie, distanzierte sich von Müllers Aussagen. Die katholische Kirche solle ihr eigenes Haus in Ordnung bringen und nicht mit dem Finger auf andere zeigen. Der Deutsche Journalistenverband warf Bischof Müller skandalöse Polemik gegen die Überbringer der schlechten Nachrichten vor, womit Müller offensichtlich versuche, von den Fakten abzulenken. *(s. Bischof Müllers Medienschelte löst Empörung aus", Spiegel Online, 22.3.2010)*

Bereits durch einen früheren Wiederholungsfall sexuellen Missbrauchs in seiner Diözese kennt man eine diesbezügliche Vorgehensweise von Gerhard Ludwig Müller. In einem Gerichtsstreit – bis hin zur höchsten Instanz – mit der Tageszeitung „Die Welt" um die Benutzung des Begriffs der Vertuschung stellte der Bundesgerichtshof fest, dass man Müller zuschreiben könne, *„dass mit dem Vorwurf der Vertuschung die erneute Verwendung des Priesters im Gemeindedienst gemeint ist, die erfolgte, ohne dass im neuen Umfeld des Kaplans bekannt gegeben worden wäre, dass er sich wegen Missbrauchs strafbar gemacht hatte und von ihm mög-*

licherweise eine Gefahr ausgehen könnte." (*„Papst Franziskus macht den Bock zum Gärtner", welt.de, 15.6.2015*)

So also geht jemand, der von sich (zumindest heute) behauptet, die göttliche Wahrheit zu kennen und zu vertreten, selber mit der Wahrheit in Bezug auf die menschliche Wirklichkeit um.

Seit 2015 ist unter dem Dach der Glaubenskongregation – mit ihrem Chef Kardinal Müller – ein durch Papst Franziskus eingerichteter Gerichtshof angesiedelt, der sich speziell mit Bischöfen beschäftigen soll, die sexuelle Übergriffe verschweigen. Die Welt titelte daraufhin: *„Papst Franziskus macht den Bock zum Gärtner". (s. o.)*

Am 8. Januar 2016 teilte der seit April 2015 mit der Klärung der Vorfälle rund um die Regensburger Domspatzen und den angeschlossenen Schulen beauftragte Rechtsanwalt Ulrich Weber in seinem Zwischenbericht auf einer Pressekonferenz mit, dass zwischen 1953 und 1992 mindestens 231 Kinder von Priestern und Lehrern körperlich gezüchtigt und etwa 50 weitere auch sexuell missbraucht worden seien. Die sexuellen Übergriffe reichten dabei von Streicheln bis hin zu Vergewaltigungen. Nicht selten seien beide Formen des Missbrauchs wohl auch einhergegangen. Aufgrund seiner Opfergespräche hielt Rechtsanwalt Weber sogar eine Gesamt-Opferzahl körperlich gezüchtigter Kinder von bis zu 700 für möglich. Das entspräche jedem dritten Kind. Die angewendete Gewalt hätte in ihrer Intensität die seinerzeit gesellschaftlich akzeptierte und erlaubte Erziehungsmethode der Körperstrafe allerdings oft bei weitem überschritten. Sonderermittler Weber deckte in zehn Monaten fast viermal so viele Fälle auf, wie das Bistum selber zuvor in ca. fünf Jahren Ermittlungsarbeit (bis Juli 2012 unter dem Bischof Gerhard Ludwig Müller). Insgesamt benennt Weber die Zahl der Täter mit 42 Priestern und Lehrern und spricht von einem regelrechten „System der Angst", in dem sich die Täter unter anderem auch durch entsprechenden Druck auf die Chorknaben selber geschützt hätten. Das Bistum hatte seinerseits bis dato nur von zwei Tätern gesprochen, was dessen Erklärungsnot weiter verstärkte.

Ebenfalls im Januar 2016 äußerte sich der langjährige Diözesanrat im Bistum Regensburg, Fritz Wallner, in einem Interview zur Situation: *„ ... in Regensburg verhinderte ein System aus klerikaler Selbstherrlichkeit und mangelndem Respekt, dass die Taten schnell ans Licht kamen. Das lag meiner Meinung nach vor allem an Bischof Müller, dem heutigen Kardinal und Chef der Glaubenskongregation."* Dieser habe bereits im

Jahr 2005 den seit 1968 existierenden Diözesanrat, dem Fritz Wallner 22 Jahre angehörte, aufgelöst, augenscheinlich weil dem Bischof die Kritik von Laien suspekt gewesen sei. Auch habe Wallner angeblich die Meinungsfreiheit überstrapaziert. (*„Das System Regensburg"*, *Evelyn Finger, DIE ZEIT Nr. 3/2016, 28. Januar 2016*)

Der Papstbruder und Kirchenmusiker Georg Ratzinger

Wallner geht ähnlich wie Sonderermittler Weber davon aus, dass der Bruder von Benedikt XVI., Georg Ratzinger, der 30 Jahre lang (von 1964 bis 1992) der Domkapellmeister und Leiter des weltberühmten Chors war, von den Misshandlungen gewusst hat. Laut Weber wusste er spätestens davon, als 1987 Misshandlungen in der Schulausbildung der Chormitglieder bekannt geworden waren. Georg Ratzinger wiederum, der in den Tagen der Vorstellung des Zwischenberichts (Anfang Januar 2016) in Rom bei seinem Bruder weilte, ließ als Antwort über die „Passauer Neue Presse" verlauten (inhaltlich wie auch bereits 2010), dass ihm nur gesellschaftlich allseits praktizierte Körperstrafen bekannt waren, nicht aber übermäßige Gewalt und vor allem kein sexueller Missbrauch. Zuhause zurück teilte er spontan einer Reporterin des Bayerischen Rundfunks auf deren unerwartete telefonische Nachfrage mit, dass für ihn das Thema abgeschlossen sei. Und weiter: *„Diese Kampagne ist für mich ein Irrsinn. Es ist einfach Irrsinn, wie man über 40 Jahre hinweg überprüfen will, wie viele Ohrfeigen bei uns verteilt worden sind, so wie in anderen Einrichtungen auch."*

„Irrsinn" und „Kampagne" sind also die Schlüsselbegriffe seiner ungefilterten Aussage. Für die Opfer, deren Lebensgefühl durch ihre persönlichen Erfahrungen im Umfeld des Chors mehr oder weniger stark geprägt ist, dürfte solch eine Reaktion unerträglich sein. Wie kam Georg Ratzinger bloß dazu, etwas Derartiges einem Fernsehsender zu sagen? War diese Aussage nur ungeschminkter Ausdruck seines tiefsitzenden eigenen Gefühls oder spiegelte sie womöglich sogar Inhalte von Gesprächen wider, wie sie vielleicht in den Tagen zuvor in Rom am Kaffeetisch des emeritierten Papst Benedikt XVI. – möglicherweise sogar im Beisein von Kurienkardinal Gerhard Ludwig Müller – über das für diese Herren so leidige Thema geführt wurden? Haben unter Umständen derartige Zusammenhänge Georg Ratzinger dazu ermuntert, solch eine Ansicht auszuposaunen, schließlich war er ja gerade vom früheren Papst zurück? Wer weiß das schon? „Stoßrichtung" und Begrifflichkeit jedenfalls sind altbekannt und nichts Neues.

Die Süddeutsche Zeitung schrieb in ihrem Artikel vom 14. Januar 2016 zu diesem Thema: *„Es spricht viel dafür, dass Georg Ratzinger um die Vorgänge in der Vorschule mehr wusste als er heute angibt. Viele seiner früheren Sänger sagen, sie hätten es ihm erzählt, Jahrgang für Jahrgang, immer wieder. Und auch die Geschichten über sexuelle Übergriffe könnten ihm nicht entgangen sein. Wollte Ratzinger nichts davon wissen?"*

Das Bistum ruderte nur wenige Stunden nach Georg Ratzingers Aussagen gegenüber dem Bayerischen Rundfunk in einer Stellungnahme völlig zurück. Prälat Georg Ratzinger habe auf Nachfrage erklärt, dass es richtig sei, alle Beschuldigungen rückhaltlos aufzuklären. Er begrüße die Aufarbeitungsarbeit des Bistums Regensburg bei den Domspatzen. Mit dem Vorgehen der Diözese sei Georg Ratzinger uneingeschränkt einverstanden. Dabei wurde mit Nachdruck darauf verwiesen, dass er gesundheitlich angeschlagen sei. So schnell also lässt sich im Kirchenkontext eine Aussage ins völlige Gegenteil verkehren. „Wer`s glaubt wird selig!" heißt eine Redewendung, die ihren Ursprung im Markusevangelium hat.

Die Süddeutsche Zeitung beendete den oben genannten Artikel mit der Feststellung: *„Am Freitag [Anm. am 15.1.2016] wird Georg Ratzinger 92 Jahre alt. Er ist fast blind, braucht eine Gehhilfe. Angeblich will er jetzt wirklich keine Interviews mehr geben. Den Opfern muss vermutlich seine Erklärung von 2010 reichen."* (siehe u. a.: *„Mehr Missbrauchsfälle bei den Domspatzen als bisher bekannt", Andreas Glas, Süddeutsche.de, 7.1.2016; „Bis zu 700 Missbrauchsopfer bei Regensburger Domspatzen", Andreas Glas, Süddeutsche.de, 8.1.2016; „Misshandlungen bei den Domspatzen – Georg Ratzinger soll davon gewusst haben", Bayerischer Rundfunk, 8.1.2016; „Ratzinger nennt Aufarbeitung des Missbrauchsskandal 'Irrsinn', Süddeutsche.de, 12.6.2016; „Bistum relativiert Ratzinger-Aussagen", Bayerischer Rundfunk, 12.1.2016; „Wie das Bistum Regensburg mit Georg Ratzinger umgeht", Rudolf Neumaier, Süddeutsche.de, 14.1.2016)*

Nachtrag zu den Missbrauchsfällen

Hans Küng ging bereits im März 2010 in einem Artikel für die Süddeutsche Zeitung noch sehr viel weiter: *„Müsste nicht vor allem Papst Benedikt XVI. selbst sich seiner Verantwortung stellen, statt sich über eine Kampagne gegen seine Person zu beklagen? ... Acht Jahre Theologieprofessor in Regensburg: Aufgrund seiner engen Verbindung mit dem Dom-*

kapellmeister, seinem Bruder Georg, war er über die Verhältnisse bei den Regensburger Domspatzen bestens orientiert. Nicht um die damals leider üblichen Ohrfeigen geht es hier, sondern möglicherweise um Sexualdelikte." Und an anderer Stelle zum sexuellen Missbrauch in der katholischen Kirche weltweit: *„Bei keinem Menschen in der Kirche gingen so viele Missbrauchsfälle über den Schreibtisch wie gerade bei ihm. ... 24 Jahre Präfekt der Glaubenskongregation: Hier wurden und werden sämtliche schweren Sexualdelikte von Klerikern aus der ganzen Welt unter strengster Geheimhaltung (Secretum pontificium) gesammelt und behandelt. Ratzinger hatte noch am 18.Mai 2001 in seinem Schreiben an alle Bischöfe über die „schweren Vergehen", die Missbrauchsfälle erneut unter „päpstliche Geheimhaltung" gestellt, deren Verletzung unter Kirchenstrafe steht.* („Ratzingers Verantwortung", Hans Küng, Süddeutsche.de, 17. März 2010)

Das bedeutete also, dass zum Beispiel das Wissen um sexuellen Missbrauch lange Zeit innerhalb der „Kirchenmauern" zu bleiben hatte und vonseiten der Kirchenmitarbeiter nicht bei einer Strafverfolgungsbehörde angezeigt werden durfte.

Zu den zahlreichen Dramen von Missbrauch im Rahmen kirchlichen Dienstes kamen bzw. kommen verhängnisvollerweise nicht selten auch noch zahlreiche Formen des Wegschauens, des „Verschleppens" und des Vertuschens hinzu. Dieser unerträgliche Umgang der Kirche mit den kriminellen Vergehen – ganz offensichtlich aus Gründen des Selbstschutzes – bereitet allen Betroffenen weiteres tiefes Leid. Wie nimmt man als „geschundener Mensch" dann die angeblich barmherzige Kirche wahr? Das ist ein Skandal im Skandal, der ebenfalls noch lange nicht ausreichend aufgearbeitet wurde!

Ein Nebeneffekt von alledem allerdings ist, dass die Selbstherrlichkeit und auch die Autorität der Kirche und der involvierten Oberen durch jeden neuen Fall Stück für Stück irreparabel beschädigt wird.

Kardinal Gerhard Ludwig Müller

Zurück zum heutigen Präfekten der Glaubenskongregation („kraft Benedikts Gnaden"), dem früheren Regensburger Bischof Gerhard Ludwig Müller. Im Zusammenhang mit dem von Kardinal Ratzinger scharf kritisierten Relativismus vertritt Kardinal Müller die Auffassung, dass die vermeintliche Toleranz von „Religions- und Kirchenpluralisten" in Wahrheit Intoleranz gegenüber Gott sei, eine Anmaßung des Menschen sozusagen. Es bleibt nur zu hoffen übrig, dass dieses nicht die Worte eines zukünftig weiteren deutschen Papstes sind. Wer so etwas äußert, lässt jedwedes Verständnis für die Vielfalt der Schöpfung und deren komplementär-harmonisches Zusammenwirken vermissen. Die alles umfassende göttliche Wirklichkeit in das einseitige Korsett menschgemachter Theologie zwängen zu wollen, ist die eigentliche Anmaßung, sozusagen die Vergewaltigung göttlicher Wirklichkeit. Uneinsichtigkeit und verhängnisvollen Klüngel hat die Kirche in ihrer Geschichte schon viel zu viel und vor allem viel zu lange ertragen müssen.

Die Kirche sollte jetzt nachhaltig an ihrer Einsichtsfähigkeit arbeiten, um endlich auf der Höhe der Zeit zu sein und erst so mit der geistigen Entwicklung des Menschen mithalten zu können. Dabei geht es überhaupt nicht darum, „die Lehre des Höchsten" dem Zeitgeist zu opfern, sondern darum, den Weg zu diesem von dem erdrückenden Ballast traditionsgeschwängerter Einseitigkeit nachhaltig zu befreien.

Theoretisch sollte ein zwanzig Jahre jüngerer Kardinal als Benedikt, wie es Gerhard Ludwig Müller ist (Jahrgang 1947), in überschaubareren Zeitfenstern hinzulernen können. Warum eigentlich sollte das nicht möglich sein? Was wohl allerdings dagegen spricht, ist sein aus seiner Tätigkeit in Deutschland bekanntes Amtsverständnis. Demnach ist Gerhard Ludwig Müller angeblich nicht in der Lage, angemessen mit Kritik an seinen Standpunkten und an seiner Person umzugehen. Er verhält sich also alles andere als lernfähig und kooperativ.

Kardinal Lehmann wurde im Gespräch mit der Frankfurter Rundschau auf die heutige Sturheit von Kardinal Müller angesprochen. Er antwortete darauf: *„Mit dem Unterschied, dass er früher nicht so war. Ich habe in meinen Akten nachgesehen: Ich habe Gerhard Müller insgesamt 13 Jahre betreut, vom theologischen Diplom bis zur Habilitation. Da war er sehr gelehrig und konnte gut mit Kritik umgehen. Aber als jungen Professor in München haben ihn Kardinal Wetter in München und Kardinal Meisner in Köln derart übertrieben hochgejubelt, dass ihm das zu Kopf gestiegen ist und er sich sehr stark verändert hat."* Ob Kardinal Lehmann mit einer weiteren Feststellung (der Frankfurter Allgemeinen Zeitung gegenüber in Bezug auf das mögliche Reformtempo im Vatikan unter Papst Franziskus) *„Starrköpfe sitzen an verschiedenen Stellen"* auch oder an erster Stelle Kardinal Gerhard Ludwig Müller meinte, ist an dieser Stelle nicht bekannt. (*„Kardinal Karl Lehmann, Schwarz-Weiß-Denken ist mir zuwider", Joachim Frank, fr-online.de, 8.5.2016; „Kardinal Lehmann – Mainzer Bischof: Starrköpfe an verschiedenen Stellen", FAZ.net, 4.5.2016*)

Was für Joseph Aloisius Ratzinger offensichtlich die Angst vor Veränderungen und Vielfalt war, war wohl für Gerhard Müller der Geschmack von höchster Anerkennung und Macht. Beide Menschen wurden auf diese Weise zu uneinsichtigen und vor allem zu einseitigen Hardlinern. An dieser Stelle drängt sich unweigerlich die Frage auf, ob das so der Inbegriff und Ausdruck göttlicher Weite und Inspiration ist oder ob es sich hier nicht eher um die Diktatur des Relativismus in eigener Person handelt. Also Heiliger Geist oder die Geister, die man selber rief?

In einer weiteren Funktion im Rahmen des „Institutes Papst Benedikt XVI." agiert Kardinal Müller als Herausgeber des Gesamtwerks von Benedikt XVI. in 16 Bänden. Es bleibt nur zu hoffen, dass kein weiterer Beton für Hunderte von Jahren angerührt wird. Die Zukunft der römisch-katholischen Kirche – ob wirklichkeitsferne strenggläubige Sekte oder wirklichkeitsoffene spirituelle Kirche – wird sich wohl daran ablesen lassen, ob Benedikt XVI. künftig als bedeutender Kirchenlehrer angesehen wird oder als letzter Vertreter seiner Art, der durch seinen selbstbestimmten Rücktritt die historische Wende im Selbstbewusstsein gläubiger Christen ermöglichte. Kardinal Gerhard Ludwig Müller wird wohl eher – so oder so – eine Fußnote bleiben. Sonst müsste es schon ganz schlimm kommen.

Die möglichen Zusammenhänge der Ereignisse in Regensburg und Rom verstärken den Eindruck, dass es in den langen Zeiten des „Systems Ratzinger" mitten im Zentrum der katholischen Kirche wohl „menschelte", weit entfernt von jedweder höchsten Wahrheit. Was ist vom „System Müller" dann noch alles zu erwarten?

Dass unter anderem auch in Deutschland Massen aus der Kirche austreten, hat dort nicht einfach nur damit zu tun, dass diese Menschen oberflächlich gesehen die Kirchensteuer sparen wollen, wie oft behauptet wird, sondern vor allem damit, dass sie keinerlei Interesse mehr daran haben, ihr schwer verdientes Geld einer Institution in den Rachen zu werfen, so lange diese längst nicht mehr versteht, worum es wirklich geht.

Der richtige Papst?

So hat ein Herr Küng verhängnisvollerweise seine Lehrerlaubnis verloren, während der Kollege Ratzinger Papst geworden ist. Wäre es umgekehrt nicht viel sinnvoller gewesen?

Auch der Kurien-Kardinal Walter Kasper, der damalige Zimmernachbar von Kardinal Ratzinger, wäre wohl eine wesentlich sinnvollere Wahl gewesen. Unter Papst Franziskus führt er als enger Papstberater innerhalb des Vatikans Reformbewegungen an. Aus Bischofskreisen soll man ihm sogar schon „Häresie" vorgeworfen haben, also (laut Duden) eine von der offiziellen Lehre der Kirche abweichende Haltung, auch Ketzerei bzw. verdammenswerte Meinung genannt.

Zumindest aber hätte man bereits damals anstatt des Joseph Ratzinger den Argentinier Jorge Mario Bergoglio wählen sollen, den heutigen Papst Franziskus, der seinerzeit schon ein möglicher Kandidat war, dann aber wohl zugunsten einer einheitlichen Wahl sich nicht mehr zur Verfügung stellte. Wäre er damals schon Papst geworden, hätte Franziskus für seine mutigen Veränderungen mehr Zeit und mehr Kraft gehabt. Schade!

Bereits 1990 artikulierte der seinerzeit bekannte katholische Moraltheologe Bernhard Häring (1912-1998) in Bezug auf unterschiedliche Religionen und Kulturen innerhalb einer multikulturellen Gesellschaft: *„Wer kein überzeugtes Ja zur multikulturellen Gesellschaft sagt und nicht im Dialog mit anderen Kulturen sich selbst von eindimensionalem Denken befreit hat, versteht nichts von der wahren Katholizität (der alle Kulturen und Welt umgreifenden Weite) christlichen Glaubens."* *(Wörterbuch, Ethik der Weltreligionen, Gütersloh 1995, S. 73)*

Für Christen ist das eine ungemein wichtige und bereichernde Erkenntnis. Aber ebenso wichtig und gänzlich unverzichtbar ist, dass auch der römische Katholizismus bzw. dass auch das Christentum insgesamt seinen offenen und versteckten Exklusivitätsanspruch explizit in voller Gänze ablegt und zwar so schnell und so klar wie möglich. Es gibt nämlich auch andere Religionen mit nicht nur einer globalen, sondern sogar einer universellen Weite.

Keine Religion darf noch länger darauf bestehen, der einzige Weg zu sein, wenn man Streit und Krieg auf der Welt ernsthaft verringern will. Jede Religion kann ihren Weg anbieten. Jede Religion kann versuchen, die Menschen im Sinne „ihres Gottes" zu inspirieren. Aber für welchen Weg sich diese letztendlich entscheiden, liegt einzig in deren ureigenen Entscheidung. Die Zeit der Einteilung der Menschen in Gläubige und Ungläubige muss im Interesse der gesamten Menschheit ein für alle Mal vorbei sein.

In seiner „Regensburger Vorlesung" (s. o.) ging es Benedikt XVI. wohl in erster Linie um die Betonung des „vernunftgemäßen Handelns" im Zusammenhang mit allen Religionen und deren Verhältnis zur Gewalt. Diesbezüglich war seine zentrale Äußerung: *„Gott hat keinen Gefallen am Blut und nicht vernunftgemäß zu handeln, ist dem Wesen Gottes zuwider."* Den zweiten Teil (*„nicht vernunftgemäß zu handeln, ist dem Wesen Gottes zuwider"*) wiederholte er am Ende seiner Vorlesung. Dies ist ein ungemein starker Ausdruck zugunsten der Vernunft, musste man bisher doch die folgende Stelle bemühen, um im Kontext des christlichen Glaubens überhaupt ein Argument für die Bedeutung der Vernunft im Zusammenhang mit Gott zu finden: *„Du sollst den Herrn deinen Gott lieben mit deinem ganzen Herzen und deiner ganzen Seele und mit deiner ganzen Vernunft."* (MT 22,36f)

Benedikt hat in Bezug auf die Vernunft eine für sein Denken typische Zuordnung getroffen, die Erzbischof Georg Gänswein, der Präfekt des Päpstlichen Hauses und der Privatsekretär des emeritierten Papstes – bekannt aus unzähligen Fernsehbildern als der ältere „Messdiener" in der Nähe auch des heutigen Papstes – folgendermaßen auf den Punkt brachte: Nach Benedikt bewahre *„die kirchliche Lehre ... die Vernunft vor Verengung und Ideologie. Andererseits bewahre die kritische Vernunft den Glauben vor Fundamentalismus."* (*„Erzbischof Gänswein zu den politischen Ansprachen von Papst Benedikt XVI.", domradio.de, 26.11.2015*)

An dieser Stelle wird das Manko des Denkers Joseph Ratzinger besonders deutlich vor Augen geführt. Auf den Weg in „höchste Gefilde" sind es immer wieder seine eigenen spitzfindigen Fußfesseln zum Zweck der „theologisch-intellektuellen Vollkontrolle", die umfassende Erkenntnisse verhindern.

Selbstverständlich könnte „ein Hauch des Höchsten" die Vernunft vor Verengung und Ideologie bewahren. Eine derart befreite und inspirierte (weise) Vernunft könnte ihrerseits natürlich den Glauben kritisch davor bewahren, in fundamentalistische Verengung zu verfallen. Die unverzichtbare Voraussetzung dafür allerdings ist, dass weder Lehre noch Vernunft künstlich begrenzt sind. Nur so kann es ein fruchtbares komplementäres Miteinander von Glauben und Vernunft geben. Das wäre eine ungeheuere Inspiration für alle Menschen!

Eine – wie auch immer – begrenzte Lehre dagegen kann die Vernunft nicht vor Verengung und Ideologie bewahren. Eine begrenzte Lehre vermag die Vernunft nur an die Kette zu legen. Und eine solche „Ketten-Vernunft" ist nicht mehr in der Lage, vor irgendetwas zu bewahren. So kann der Glaube zu Fundamentalismus gefrieren, ohne dass man sich dessen überhaupt nur bewusst wird. Einseitigkeit und Begrenzung sind die Quelle für Verengung. Sie sind der Gegenspieler einer befreiten (weisen) Vernunft und damit der Partner von Ideologie und Fundamentalismus. Da nützt es überhaupt nichts, wenn man dennoch mit all seinen rhetorischen Mitteln die Lehre immer weiter als die höchste Wahrheit hinstellt. Der Hauch des Höchsten wird durch den Sturm des Begrenzten ganz einfach in den Wind geschlagen.

Am Ende seiner Regensburger Vorlesung ließ Benedikt XVI. im Zusammenhang mit der Vernunft den Satz folgen: *„… in diese Weite der Vernunft laden wir beim Dialog der Kulturen unsere Gesprächspartner ein."* Welchen Dialog aber meinte der Papst: Das salbungsvolle „Schönwetter-Gerede" von Kirchenvertretern, den Dialog zwischen den Kulturen oder aber tatsächlich den Dialog zwischen den Religionen?

Regeln für einen fruchtbaren Dialog

Wer ernsthaft den fruchtbaren Dialog sucht, der weit mehr als nur das informative Wechselgespräch zwischen verschiedenen Interessengruppen ist, sondern der die Basis für einen verständnisvollen, friedvollen und im Sinne der Religionen sogar liebevollen Umgang zwischen Menschen sein kann, der sollte glaubwürdig in Wort und Tat folgende Kriterien beachten – und zwar an erster Stelle die religiösen und politischen Führer – bis hin zu jedem einzelnen Menschen:

1. Niemand darf die Menschen in „Gut" und „Schlecht" einteilen.

2. Niemand ist alleiniger Besitzer des Zugangs zur höchsten Wahrheit.

3. Niemand darf andere zur Gewalt gegen andere verleiten.

4. Niemand darf Mitmenschlichkeit auf die eigene Gruppe begrenzen.

5. Jeder sollte anderen auf gleichem Niveau respektvoll und – falls möglich – sogar liebevoll begegnen.

6. Jeder sollte sich um Kritikfähigkeit und um fruchtbare Kooperation bemühen.

7. Jeder sollte in den Begegnungen offen und lernbereit sein.

8. Jeder sollte stets von Neuem versuchen, den Dialog in diesem Sinne zu fördern.

Diese Kriterien sollten ausnahmslos für jeden Menschen das Maß für einen fruchtbaren Dialog sein, auch für Großmächte und für Kulturen, für politische und für religiöse Führer, damit endlich Geschwätz von ernsthaftem Dialog unterschieden werden kann.

Die Menschheit lechzt nach Dialog.

Nachtrag zu Joseph Aloisius Ratzinger

Am Morgen, nachdem Benedikt zum Papst gewählt worden war, was dieser scheinbar gar nicht wirklich beabsichtigt hatte, ließ sich ein älterer Theologie-Professor beim Ordensfrühstück zu folgender Bemerkung hinreißen: *„Welch eine Katastrophe!"* (*mündliche Überlieferung durch mehrere Augenzeugen*).

Wusste dieser gebildete Ordenspriester noch mehr?

Die jungen ausländischen Mitbrüder verstanden in dieser Situation die Welt bzw. die Deutschen überhaupt nicht mehr. Sie waren sichtlich enttäuscht, dass diese nach dem „Habemus papam Germanicum" (*„Wir haben einen deutschen Papst"*) nicht freudig mit Fotos und Fähnchen in der Hand die Nacht auf der Straße getanzt und gefeiert haben, so wie das in ihren Heimatländern wohl geschehen wäre.

„Das Sommermärchen" kam für viele Deutsche erst ein Jahr später: bei der Fußballweltmeisterschaft 2006 im eigenen Land – diese war zumindest bestellt und wohl auch schon bezahlt.

In der eigenen Heimat erhielt Papst Benedikt XVI. wohl den größten „theologischen Respekt" – von fast allen Seiten – als er am 28.2.2013 aus Altersgründen auf das Amt des Bischofs von Rom, des Nachfolgers Petri aus eigenen Stücken verzichtete. Zu seiner Amtseinführung hatte Benedikt von einem „unerhörten Auftrag" gesprochen, der doch alles menschliche Vermögen überschreite. Seinen Verzicht erklärte er damit, dass er zur Gewissheit gelangt sei, dass seine Kräfte infolge des vorgerückten Alters nicht mehr geeignet seien, um in angemessener Weise den Petrusdienst auszuüben. Respekt!

Seit 1414 war er der erste Papst, der nicht erst durch den Tod ausschied. Möglicherweise hat er mit diesem selbstbewussten Schritt seiner Kirche als Papst und Vorbild den größten Dienst seiner Amtszeit erwiesen. War dies doch ein vor allem auch für die Zukunft der katholischen Kirche unübersehbar wichtiges zeitgemäßes Zeichen für die „Menschlichkeit" eines Papstes.

Sein Kleinwagen fahrender, rote Papstschuhe verschmähender, alte Hotelrechnungen selbst bezahlender und im vatikanischen Gästehaus lebender Nachfolger Papst Franziskus (guter Schwimmer, Tangotänzer und Koch) erbringt in diesem Sinne ebenfalls seinen ganz eigenen Beitrag zur neuen Sichtweise.

Die vorangegangenen Zeilen sollen den Menschen Joseph Ratzinger im Grunde genommen nicht persönlich verletzen. Zumindest wurden sie nicht mit diesem Ziel geschrieben. Es soll auch nicht in Frage gestellt werden, dass er in seinem Leben sehr viel dafür getan hat, „seinem Herrn" mit all seiner Kraft und all seinem Potenzial aus seiner Sicht ernsthaft und aufrichtig, vor allem aber authentisch zu dienen. Das kann überhaupt nicht in Abrede gestellt werden!

Allerdings bedürfen die konkreten Inhalte seines Schaffens einer klaren, tabulosen Überprüfung, auch wenn dies für den Menschen Joseph Ratzinger am Ende seines Lebens eine bittere Erkenntnis bereit hält: Trotz aller guten Absichten und sorgfältigen Bemühungen hat er in wesentlichen Punkten häufig daneben gelegen.

Das Ziel dieser Zeilen ist es, am Beispiel Ratzingers den unglaublich starken und verhängnisvollen Einfluss unzureichender und deshalb falscher Prämissen zu verdeutlichen. Sein gnadenloses Festhalten an der Entweder-oder-Logik aus Angst vor der Diktatur des Relativismus vermochte sogar so einen exzellent ausgebildeten Denker und Intellektuellen, Professor und Autor zahlreicher theologischer Schriften auf Abwege zu bringen, ohne dass er sich dessen vermutlich überhaupt je bewusst war. Fühlt er sich doch gerade aufgrund seiner Sorgfalt im Denken und seiner messerscharfen Logik zu 100 % im Recht. Das zentrale Problem dabei aber ist, wenn die Vernunft als mögliches Korrektiv des Glaubens (s. o.) nicht wirklich frei agieren kann, sondern festsitzt an der Kette von etwas Begrenztem, gefangen in einem geschlossenen System, das auf falschen Voraussetzungen basiert, dann kann sie den Glauben nicht vor dem Fundamentalismus bewahren, auch wenn sie noch so auf Hochtouren läuft. Niemand ist davor gefeit, sich selber zum Opfer eines geschlossenen logischen Systems zu machen. Bereits wenn man die grundsätzlichen Prämissen akzeptiert und dann in das System hineingerät, kann es um einen geschehen sein. Alles, was ab da gedacht und gemacht wird, bewegt sich immer im Rahmen eines falschen Systems.

Niemand allerdings muss das tun. Jeder kann – am besten mit Hilfe von außerhalb – ein derartiges geschlossenes logisches System auf der Stelle verlassen. Dafür muss man allerdings bereit sein, die einseitigen Prämissen in Frage zu stellen, von ihnen abzulassen und durch umfassendere zu ersetzen. Das ist eigentlich sehr viel leichter, als dies vorher erscheint.

Es ist wirklich an der Zeit, dass der eingebildete weise und meist völlig überhebliche „Homo sapiens" endlich zum „Homo multividus" wird, zum vielsichtigen Menschen, zum Kenner der Vielfalt, der möglichst viel beachtet, bedenkt und beherzigt.

Ausgewogenheit und Besonnenheit – inspiriert durch den „Hauch der Allwirklichkeit" – sind des Menschen und seines Planeten Zukunft. Nicht in diesem Sinne „vernunftgemäß zu handeln, ist dem Wesen Gottes zuwider" oder etwa nicht?

Nachtrag zu Papst Franziskus

Kardinal Müller äußerte einmal über Papst Franziskus, dass dieser ein Seelsorger und kein Theologe sei. Kardinal Lehmann kommentierte das folgendermaßen: *„Diesen Gegensatz, das kann man nicht machen. Jede verantwortungsvolle Seelsorge ist theologisch legitimiert. Gerade die Äußerungen des Papstes fußen auf einem Fundament theologischer Prinzipien. Nur dass er damit nicht ständig hausieren geht."* („Kardinal Karl Lehmann, Schwarz-Weiß-Denken ist mir zuwider", Joachim Frank, fr-online.de, 8.5.2016)

In seinem ersten päpstlichen Lehrschreiben – Evangelii Gaudium *(24.11.2013 – Punkt 49)* – äußerte Papst Franziskus: *„Mir ist eine „verbeulte" Kirche, die verletzt und beschmutzt ist, weil sie auf die Straßen hinausgegangen ist, lieber, als eine Kirche, die aufgrund ihrer Verschlossenheit* *und ihrer Bequemlichkeit, sich an die eigenen Sicherheiten zu klammern, krank ist. Ich will keine Kirche, die darum besorgt ist, der Mittelpunkt zu sein, und schließlich in einer Anhäufung von fixen Ideen und Streitigkeiten verstrickt ist. ... Ich hoffe, dass mehr als die Furcht, einen Fehler zu machen, unser Beweggrund die Furcht sei, uns einzuschließen in die Strukturen, die uns einen falschen Schutz geben, in die Normen, die uns in unnachsichtige Richter verwandeln, in die Gewohnheiten, in denen wir uns ruhig fühlen, während draußen eine hungrige Menschenmenge wartet und Jesus uns pausenlos wiederholt: » Gebt ihr ihnen zu essen! « (Mk 6,37)."*

In seiner Weihnachtsansprache 2014 vor Vatikan-Mitgliedern kritisierte Papst Franziskus die römisch-vatikanische Kurie, also die Gesamtheit der (vor allem) von den höchsten Würdenträgern der Kirche geleiteten päpstlichen Behörden, und benannte deren 15 Krankheiten: Zum Beispiel das Gefühl der Unersetzlichkeit und Unsterblichkeit; die Scheinheiligkeit und die spirituelle Leere („schizophrene Existenz"); *„Spirituelles Alzheimer"* – *„Wir sehen es in den Leuten, die ihr Zusammentreffen mit dem Herrn vergessen haben..."*; Anhäufung von Dingen, um die existenzielle Leere im Herzen auszufüllen; Rivalitätsdenken und Ruhmsucht – *„Wenn das eigene Aussehen, die Farbe der Gewänder oder Ehrentitel zu den wichtigsten Zielen im Leben werden"*; unkoordiniertes Vorgehen; Vergötterung der Vorgesetzten zur Steigerung deren Wohlwollens; Bildung geschlossener Kreise von Gleichgesinnten; Gleichgültigkeit gegenüber anderen – *„Wenn jeder nur an sich selbst denkt und die Ernsthaftigkeit und Wärme in seinen menschlichen Beziehungen verliert"*; Terror des Geschwätzes; Versuche zur Vervielfachung der Macht auch unter Zuhilfenahme von Verleumdung, Diffamierung und Diskreditierung; geistige und geistliche Versteinerung – *„ ... die auf ihrem Weg die innere Ausgeglichenheit verlieren ... Es ist gefährlich, das menschliche Mitgefühl zu verlieren, das man braucht, um mit den Weinenden zu weinen und sich mit denen zu freuen, die froh sind!"* An anderen Stellen seiner Weihnachtsbotschaft: *„Eine Kurie, die sich selbst nicht kritisiert, die sich nicht erneuert, die nicht besser werden will, ist ein kranker Körper."* ... *„Wir sind also gerufen – in dieser weihnachtlichen Zeit wie auch immer in unserem Dienst und unsrem Leben – zu leben von der Liebe geleitet, an die Wahrheit halten und in allem wachsen, bis wir ihn erreicht haben."* (nach: *„Die Papstansprache an die Kurie"*, radiovaticana.va, 23.12.2014; *„Die Liste der »15 Krankheiten der Kurie«"*, zeit.de, 22.12.2014)

Papst Franziskus hat im ersten Buch seiner Amtszeit das wesentliche Anliegen seines Pontifikats verdeutlicht: die zentrale Botschaft der Barmherzigkeit: *„Barmherzigkeit ist das erste Attribut Gottes. Es ist der Name Gottes."* Und an anderer Stelle: *„Die Kirche ist nicht in der Welt, um zu verurteilen, sondern um die Begegnung mit dieser ursprünglichen Liebe zu ermöglichen, die die Barmherzigkeit Gottes ist. Damit das geschieht, muss man herausgehen. Herausgehen aus den Kirchen und Pfarreien, herausgehen und die Menschen dort suchen, wo sie leben, wo sie leiden, wo sie hoffen."* (aus: „Der Name Gottes ist Barmherzigkeit – Ein Gespräch mit Andrea Tornielli ", Papst Franziskus, 12.1.2016)

Nachtrag 2 zu Papst Franziskus

Am 12. Dezember 2016, kurz vor dem 80. Geburtstag von Papst Franziskus, veröffentlichte die süddeutsche Zeitung unter der Überschrift „Der Papst schwankt" einen Kommentar von Matthias Drobinski. Ehemals sei Papst Franziskus angetreten, um die Kirche und damit auch ein bisschen die Welt zu verändern. Aber jetzt schwanke der Papst. Er habe das Papstamt auf erstaunliche Art und Weise verändert, er habe in seiner Amtszeit versucht, Türen für Entwicklungen zu öffnen und das freie Denken in seiner Kirche zu fördern, aber er habe auch Entscheidungen vermieden. Wahrscheinlich sei ihm bewusst geworden, dass die Kirche durch eine von oben verordnete Liberalisierung in eine schwere Krise gestürzt werden könnte.

Erst kurz zuvor hatten die internen Widerstände gegen die Veränderungen durch Franziskus ihren Weg in die Öffentlichkeit gefunden. Vier Kardinäle – der emeritierte Kölner Kardinal Joachim Meisner, ein guter Freund von Benedikt XVI., der deutsche Kardinal Walter Brandmüller, der US-amerikanische, traditionalistische, vom Papst aufgrund überzogener Kritik seiner Kurienämter 2014 enthobene Kardinal Raymond Leo Burke und der italienische Kardinal Carlo Caffarra – verlangten beim Thema „Geschiedene" vom Papst mehr Klarheit. Das päpstliche Schreiben *„Amoris Laetitia"* (wortwörtlich: Die Freude der Liebe – unterzeichnet am 19.3.2016) mit dem Untertitel *„Über die Liebe in der Familie"* fasst inhaltlich die Beratungen der beiden Bischofssynoden (2014 und 2015) zum Thema *„Die Berufung und Sendung der Familie in Kirche und Welt von heute"* zusammen. („Nachsynodales apostolisches Schreiben des Heiligen Vaters Franziskus – Über die Liebe in der Familie", 19.3.2016, w2.vatican.va/)

In dem Schreiben geht es zum Beispiel um die Frage, ob wiederverheirateten Geschiedenen auch weiterhin die kirchlichen Sakramente versagt werden sollen, also ob sie z. B. auch künftig nicht an der Kommunion teilnehmen dürfen, dem (laut Duden) *„Gemeinschaftsmahl der Gläubigen mit Christus durch den Empfang der im Messopfer nach der Wandlung ausgeteilten Hostie"* („Das große Wörterbuch der deutschen Sprache", 4. Aufl. Mannheim 2012, CD-ROM, Duden)

In Bezug auf eine künftige Zulassung zur Kommunion hatte es auf der Bischofssynode keine Mehrheit gegeben. Man beschloss stattdessen, die Angelegenheit weiter zu prüfen. Die päpstliche Zusammenfassung enthält folgerichtig auch keine klare, lehrbuchmäßige Festlegung auf Zulassung oder Nicht-Zulassung. Allerdings habe Papst Franziskus im päpstlichen Schreiben einerseits den Empfang der Sakramente in Einzelfällen verteidigt, andererseits wohl aber eine zu liberale Praxis abgelehnt. Die Folge davon ist, dass Priester und Bischöfe weltweit inzwischen unterschiedlich mit dieser Problematik umgehen.

Kardinal Meisner und Kollegen erwarteten auf ihre formalisierte Klärungsbitte – genannt „dubia" (Zweifel) – dass der Papst deshalb zeitnah eindeutig Stellung bezog. Ihre Fragen waren in solch einer Art gestellt, dass sie sich in bester „Entweder-oder-Manier nur mit „Ja" oder „Nein" beantworten ließen. Davor aber hütete sich der Papst aus sehr gutem Grund. Um den Druck auf Papst Franziskus weiter zu erhöhen, gingen die vier Kardinäle dann Mitte November mit ihrem im Grunde genommen lehrmeisterlichen Anliegen von sich aus an die Öffentlichkeit. Genau das aber wurde von nicht wenigen als unangemessene Provokation empfunden. Pio Vito Pinto, der Dekan des vatikanischen Gerichts („Rota"), das unter anderem auch für Ehesachen zuständig ist, betrachtete diesen Vorgang als skandalös. In einem Interview sagte er dazu: *„In der Kirche gab es immer offene und enge Geister. Es ist viel Geduld nötig und Franziskus übt keinen Druck aus. Auch nicht bei der Anwendung von »Amoris laetitia«. Manche Bischöfe tun sich schwer damit, einige stellen sich taub. Aber der Papst zwingt nicht und noch weniger verurteilt er."* (*„Eminenz, warum haben Sie das gemacht?"*, 1.12.2016, katholisch.de)

Der Vatikan-Kenner Marco Politi vertrat die Ansicht, dass es so einen direkten Angriff von Kardinälen gegen den Papst noch nie gegeben habe. Und das sei nur die die Spitze des Eisbergs einer ständig wachsenden Opposition. *"Die Revolution, die Papst Franziskus in Gang gesetzt hat, macht ihm viele Feinde. Am gefährlichsten sind jene Feinde, die nicht offen auftreten, ihn nicht direkt angreifen. Das sind vor allem Persönlichkeiten aus seiner eigenen Kirche, die nicht mit seinen Vorstellungen zu einer armen Kirche für Arme, seine Idee einer transparenten Kirche einverstanden sind. Die es schlimm finden, dass er die Geschiedenen und Wiederverheirateten an der Eucharistie teilnehmen lassen will."* („Schwarze Liste – Was Katholiken nicht lesen sollten", Thomas Migge, 6.2.2017, deutschlandfunk.de)

Am ersten Februarwochenende 2017 waren über ganz Rom verteilt mehr als 200 papstkritische Plakate aufgetaucht. Dort stand unter einem sehr unvorteilhaften Foto von Franziskus: *„Franziskus, du hast Kongregationen unter kommissarische Leitung gestellt, Priester entlassen, den Malteserorden und die Franziskaner der Immakulata enthauptet, Kardinäle ignoriert, aber wo bleibt deine Barmherzigkeit?"* Der Papst selber reagierte gelassen auf die Plakate, die umgehend entfernt und zum Gegenstand polizeilicher Ermittlungen wurden. *(„Rom – Papstkritische Fotos aufgetaucht", 4.2.2017, faz.net; „Polizei ermittelt wegen papstkritischer Plakate in Rom – Papst reagiert gelassen", 5.2.2017, domradio.de)*

Papst Franziskus wies den Vorwurf der vier protestierenden Kardinäle bezüglich seiner angeblichen Unklarheit im Umgang mit Wiederverheirateten zurück. Es gebe keine andere Interpretation. In einem Interview der italienischen Zeitung „Avvenire" betonte er, dass es nicht nur Schwarz oder Weiß gebe, sondern dass im Fluss des Lebens unterschieden werden müsse. Das Zweite Vatikanische Konzil (1962-1965) habe das aufgezeigt. Aber es brauche wohl noch etwas Zeit, bis das überall ankomme. Und weiter: *„Die Geschichtsschreiber sagen, ein Konzil braucht ein Jahrhundert, um richtig die Kirche zu durchdringen. ... Wir sind bei der Hälfte."* Das ist ein klarer Fingerzeig des Papstes, was er von der Gesinnung der Beschwerdeführer hält.

Grundsätzlich versucht Papst Franziskus bei der Anwendung der kirchlichen Morallehre gelebte Barmherzigkeit in den Fokus zu stellen. In besagtem päpstlichen Schreiben verweist er darauf, dass Priester und Bischöfe moralische Gesetzte nicht derart anwenden sollten, als wenn diese *„Felsbrocken"* seien, die man auf das Leben von Menschen werfe. *„Die übelste Weise, das Evangelium zu verflüssigen"*, sei, menschliche Barmherzigkeit an zu viele Bedingungen zu knüpfen. Von der katholischen Kirche forderte er mehr Respekt vor der Gewissensentscheidung des Einzelnen. Einerseits müsse die Kirche *„klar ihre objektive Lehre zum Ausdruck"* bringen, dürfe jedoch nicht *„auf das mögliche Gute"* verzichten – selbst wenn sie Gefahr laufe, *„sich mit dem Schlamm der Straße zu beschmutzen"*. *(„Papst zu Amoris-laetitia-Kritik -»Einige verstehen es nicht«,, und „Das päpstliche Schreiben Amoris Laetitia", 18.11.2016, domradio.de)*

Typisch aber für rückwärtsgewandte „Hardcore-Theologen" ist, dass sie ihre einseitigen Weltsichten und die damit verbundenen strengen Regelwerke über alles andere stellen. Anstatt sich um jeden einzelnen Menschen mit seiner vielfältigen Lebenswirklichkeit verständnis- und liebevoll zu kümmern, installieren und verstärken sie ihre Entweder-oder-Wirklichkeit. Entweder man will ein guter Gläubiger sein, dann befolgt man buchstabengetreu genau das, was sie als (besser-)wissende Theologen vorgeben. Tut man das nicht, dann gilt man als fehlgeleitet. Und das scheint sich in der „Post-Benedikt-Ära" – so zumindest in den Augen von dessen Getreuen – sogar auf den amtierenden Papst übertragen zu lassen.

Dem Ganzen die theologische Krone katholisch-kirchenrechtlicher Alltags-Praktiken aufgesetzt hat Gerhard Ludwig Kardinal Müller, der forsche Hüter der Glaubenswahrheit, seines Zeichens immer noch Präfekt der Kongregation für die Glaubenslehre, der nur vermeintlich edelmütig und eher gönnerhaft in aller Öffentlichkeit diesbezüglich vor „Polarisierung und Polemik" warnte. Das Lehramt der katholischen Kirche (die Bischöfe und der Papst) stehe nicht über dem Wort Gottes. Es diene diesem *[Anmerkung – offensichtlich gemeint: lediglich]* und lege es treu aus. So könne *[Anmerkung – offensichtlich gemeint: dürfe]* es per se bei dem päpstlichen Lehrschreiben keinen Widerspruch zur Heiligen Schrift und zur bisherigen definierten Glaubenslehre geben. Wohl im Sinne der Formel *„Was Gott zusammengefügt hat, das soll der Mensch nicht scheiden"* besteht Kardinal Müller in seinen päpstlich nicht beauftragten und damit auch nicht verbindlichen Ausführungen darauf, dass es keine Ausnahme von der Unauflöslichkeit einer sakramentalen Ehe gebe *[Anmerkung – offensichtlich gemeint: geben dürfe]*. Sicherlich, um die von Papst Franziskus als Möglichkeit genannten *„Einzelfälle"* dennoch mit der althergebrachten theologischen Überzeugung kompatibel zu machen, griff er auf den im katholischen Alltag schon lange praktizierten „theologischen Taschenspielertrick" zurück: Wenn eine von Gott zusammengefügte Ehe prinzipiell nicht auflösbar ist, dann erklärt man sie kirchenrechtlich kurzerhand für in Wirklichkeit niemals geschlossen, also als von Anfang an ungültig. In den entsprechenden kirchlichen Verfahren finden gewiefte Kirchenrechtler fast immer anrechenbare Gründe dafür. Lässt sich nämlich anführen, dass zum Zeitpunkt der Eheschließung Formfehler, nicht beseitigte Hindernisse oder mangelnder Ehewillen bei zumindest einem der Partner vorlagen, dann ist nach kirchlichem Recht eine Ehe niemals zustande gekommen.

Wäre es dagegen sogar erwünscht, eine Ehe aus theologischer Sicht zu retten, dann könnte man bei einem behebbaren Nichtigkeitsgrund theoretisch durch einen hoheitlichen Akt der zuständigen kirchlichen Autorität (z. B. des Bischofs) die Ehe auch in der Wurzel heilen lassen („Sanatio in radice"), aber darum geht es in diesem Zusammenhang ja eben genau nicht.

Und etwas, das von Anfang an von Gott erst gar nicht zusammengefügt wurde, das existierte dann auch niemals. Auf diese Weise lässt sich ein jeder Gläubiger, der in den Genuss dieses kirchenrechtlichen Winkelzugs kommt, wieder zu einem „voll-sakramentsfähigen" Kirchgänger machen. Ein Verwaltungsakt, der schon viele Beschäftigte im Dunstkreis der Kirche vor einer Kündigung bewahrt hat. Für sie bedeutet diese Möglichkeit natürlich ein großes Glück, für die Kirche übrigens auch, weil sie auf diese Art langjährig bewährte Mitarbeiter nicht verliert. Bei anderen würde sie vermutlich auch nicht auf solche Methoden zurückgreifen. Ist es also das, was Kardinal Müller und seinesgleichen im Namen göttlicher Barmherzigkeit als Einzelfall verstehen? Solch einen kirchenrechtlichen Notausstieg aus allzu strikten Glaubens-Regeln wird Papst Franziskus sicher nicht als (einzigen) Akt gelebter Barmherzigkeit verstehen, sondern wohl eher – wie er das im päpstlichen Schreiben bezeichnet hatte – als *„Die übelste Weise, das Evangelium zu verflüssigen"*. Zur Erinnerung: Derzeit ist er der Chef – auch der von Gerhard Ludwig Kardinal Müller

Die Kritiker von Papst Franziskus gehören wohl zu jenen, die den alten Zeiten unter Kardinal Ratzinger und unter Benedikt XVI. nachtrauern. Der aber hat freiwillig seinen Platz geräumt. Ob er das heute noch einmal machen würde? („Der Papst wird 80 – Franziskus – ein Betriebsunfall der Kirche?", 17.12.2016, ntv.de; „Die »Diskussion kontroverser Ansichten« sei normal – Nach Kardinals-Kritik am Papst: Müller warnt vor »Polemik«", 16.12.2016, kirche-und-leben.de)

Laut Matthias Drobinski von der Süddeutschen Zeitung gebe es auch genügend jüngere Bischöfe und Kardinäle, die sich ein klareres Vorgehen der Kirche gegen Andersgläubige und Zweifler wünschten. Diesen katholischen Würdenträgern ginge es offensichtlich mehr um die Lehre von

Himmel und Hölle als um die Fürsorge für Flüchtlinge, Arme und das Weltklima. *(„Der Papst schwankt", Matthias Drobinski, 12.12.2016, sueddeutsche.de;)*

Verbindung hoher Würdenträger zur rechten Szene

Die erzkonservativen Strömungen in der katholischen Kirche, vor allem auch im Vatikan, erhalten jetzt tatkräftige Unterstützung von höchster weltlicher Stelle. Wenige Tage nachdem Donald Trump zum 45. Präsidenten der Vereinigten Staaten von Amerika geworden ist, jubelte das Internetportal „Lifesitenews.com", dass durch Donald Trump nach langer Abwesenheit Gott zurück in die Bundesregierung gebracht werde. Zumindest sind viele Mitstreiter aus dem Trump Team rechtskonservative Christen. Mike Pence (Vizepräsident) gilt als sehr gläubiges Mitglied der evangelikalen Kirche, Reince Priebus (Stabschef) als strenggläubiger griechisch-orthodoxer Christ, Sean Spicer (Pressesprecher) als „Hardcore-Pro-Life-Katholik", Kellyanne Conway (Wahlkampfmanagerin und Sonderberaterin) als strenge Katholikin und tägliche Kirchgängerin, Mike Pompeo (CIA-Direktor) als ebenfalls gläubiges Mitglied der evangelikalen Kirche. Sie alle vereint die teilweise fundamentalistische Interpretation des Christentums, die Ablehnung einer zunehmenden Säkularisierung (Loslösung der Gesellschaft aus den Bindungen an den Glauben), die öffentliche Ablehnung von Abtreibung und Homosexualität wie auch die Ablehnung des als aggressiv und gefährlich dargestellten Islams. Aus der Sicht christlicher Traditionalisten in den USA hätte Trump seine engsten Mitarbeiter nicht besser aussuchen können. Solch eine – zumindest auf dem Papier – streng christliche Regierung hat es in den USA lange nicht mehr gegeben, selbst unter dem „wiedergeborenen Christen" George Walker Bush nicht, dem 43. Präsidenten der USA. Was allerdings jeden Einzelnen aus dem Trump-Team in seiner ureigenen konkreten Lebenswirklichkeit tatsächlich als Christen ausweist, bleibt wohl auf immer deren persönliches Geheimnis, denn bei dem bisher moralisch größtenteils verlotterten Gebaren des Trump Teams scheint christliche Anständigkeit und Barmherzigkeit –zumindest in der Öffentlichkeit – völlige Fehlanzeige zu sein. Wie revolutionär wohltuend für all die vernachlässigten US-Bürger und den Rest der Menschheit wäre eine Regierung der Großmacht USA, wenn diese jenseits von religiösem Gesülze tatsächlich im Sinne der Liebe geführt würde. Warum eigentlich lässt sich das kaum vorstellen?

Der dreimal verheiratete Presbyterianer Donald Trump und sein wichtigster Berater, der dreimal geschiedene Katholik Stephen Bannon, der über beste Kontakte zu höchsten erzkonservativen Vertretern der röm. katholischen Kirche verfügt, wissen sehr genau, dass man ohne die Stimmen der vielen strenggläubigen religiösen Gruppen in den USA keine Wahl gewinnen kann. Und so bedienen sie diese Klientel so geschickt wie möglich – und die wiederum glauben so vieles, auch dass Trump und Bannon für die traditionellen Familienwerte stehen.

Der US-amerikanische Katholik Bannon ist ein überzeugter Kämpfer gegen die Säkularisierung und den Islam, die er als größte Bedrohungen für das jüdisch-christliche Abendland ansieht.

Stephen Bannon ist eine schillernde Figur, die bereits in ganz unterschiedlichen Bereichen tätig war. Zum Beispiel leitete er von 2012 bis 2016 die Nachrichten- und Meinungs-Website „Breitbart News Network", die Banon selber als Plattform der rechtsextremen „Alt-Right-Bewegung" bezeichnete. Diese Bewegung ist eine lose Kooperation unterschiedlicher rechtsradikaler Bewegungen, die sich als Alternative zum traditionellen Konservatismus versteht.

Inzwischen ist Bannon im Zentrum der US-amerikanischen Macht angekommen. Das heutige Mitglied des Nationalen Sicherheitsrats der USA fabuliert schon länger vom Beginn eines sehr brutalen und blutigen Konflikts gegen den „dschihadistisch-islamischen Faschismus" und vertritt eine sehr aggressive Haltung gegenüber dem radikalen Islam. In der Vergangenheit ist Stehpen Bannon in Bezug auf Krieg als Mittel der Politik durch seine Kruden Ansichten wiederholt aufgefallen. Er hängt der Theorie an, wonach die Geschichte der Vereinigten Staaten in Zyklen von siebzig bis hundert Jahren verlaufe, die dann jeweils in Kriegen endeten und für ein anschließendes Hoch sorgten. Der Zweite Weltkrieg ist inzwischen über siebzig Jahre vorbei. Im Herbst 2016 prophezeite Bannon, dass es in fünf bis zehn Jahren einen Krieg gegen China und einen weiteren Krieg im Nahen Osten unter Beteiligung der USA gebe. Laut einem Spiegel-Artikel ist Bannon ein hochgefährlicher Militarist, zu dessen Lieblingsbüchern das Buch „Die Kunst des Krieges" gehöre. *(„USA – Mephistos Plan", Spiegel, 6 / 2017)*

Im April 2014 traf Bannon im Vatikan den US-amerikanischen Kardinal Raymond Leo Burke, der seinerzeit noch in Amt und Würden war, inzwischen aber von Papst Franziskus kaltgestellt und mit einem besonderen

Auftrag vorübergehend bis ans Ende der Welt geschickt wurde. Burke, der Mitunterzeichner des papstkritischen Schreibens bezüglich der Zulassung wiederverheirateter Geschiedener zur Kommunion, ist der in der Öffentlichkeit am massivsten auftretende Franziskuskritiker im Rang eines Kardinals.

Seit ihrer ersten Begegnung bewundern sich Bannon und Burke, sind sie doch in einigen elementaren Glaubensfragen aus gleichem Holz geschnitzt. Auch Kardinal Burke wendet sich gegen die Einflüsse der Säkularisierung, gegen Abtreibung und Homosexualität. Auch er hält den Islam für eine gefährliche Religion, die die Herrschaft über die Welt anstrebe.

Die Washington Post beschreibt Burke als einen rebellischen Kirchenfürsten, der seine Position ausnutze, um extremistische Kräfte zu legitimieren, die die westlich liberale Demokratie zum Einsturz bringen wollen. Etwas, woran Trumps Ideologe Bannon wohl schon seit längerem arbeitet: nämlich an nichts weniger als am Untergang der bestehenden Weltordnung. Laut dem ehemaligen deutschen Botschafter in den USA, Klaus Scharioth *(in der Talkrunde von Anne Will am 19.2.2017)* wolle die Gruppe um den rechtsradikalen Stephen Bannon eine Zerstörung des multilateralen Systems, wozu auch die NATO gehöre. Der Begriff „multilateral" (mehrseitig, mehrere Seiten umfassend) bedeutet in der Politik, dass – meist vertraglich vereinbart – mehrere verschiedene Akteure auf gleicher Augenhöhe miteinander kooperieren und dabei die Interessen aller Parteien angemessen berücksichtigt werden. „Make America great again" schließt demnach aller Wahrscheinlichkeit nach Kooperation auf gleicher Augenhöhe aus.

Die beiden US-amerikanischen Katholiken, Stephen Bannon und Kardinal Burke, zeigten sich in der Vergangenheit wiederholt angewidert von Pluralismus und liberaler Denk- und Lebensweise. Kardinal Burke, der Vorkämpfer des christlichen Konservativismus in den USA, gilt in diesem kirchlich-weltlichen Gespann als das katholische Gewissen und Stephen Bannon, Chefberater des Präsidenten, als politischer Wegbereiter. Beide befeuern und unterstützen weltweit das Entstehen rechtspopulistischer Bewegungen und stellen die Speerspitze der rechtskonservativen Internationalen dar. Sie sind quasi ideelle Anführer einer globalen christlich-fundamentalistischen Allianz. Kein Wunder, dass Kardinal Burke nach

Trumps Wahl diesem gratulierte und dessen Beraterstab nach seiner Vereidigung als sehr verlässlich bezeichnete.

Das Institut Dignitatis-Humanae, das sogenannte Institut für Menschenwürde, angesiedelt ganz in der Nähe des Vatikans, gilt als Ideenschmiede (Thinktank) katholisch-fundamentalistischer Ideen. Das Institut versteht sich als Vorreiter gegen die wachsende Intoleranz gegenüber christlichen Werten. Die Vereinigung wird

u. a. von Kardinal Burke und vielen anderen Franziskuskritikern unterstützt. Auf der Website des Instituts wurde (zumindest Anfang 2017) Stephen Bannon durch Artikel und Zitate gehuldigt.

Der Vatikanexperte Marco Politi nennt die Unterstützer von Dignitatis-Humanae „die Wölfe"– ganz im Sinne seines Buches „Franziskus unter Wölfen – Der Papst und seine Feinde" –, die es auf jene Katholiken abgesehen haben, die anders denken als sie selber.

Im italienischen Verlag "Il Timone", der eng mit dem Dignitatis Humanae Institut zusammenarbeitet, sich ebenfalls als Verteidiger der wahren römisch-katholischen Dogmen versteht und sich damit indirekt auch gegen eine Kirche wendet, wie sie Papst Franziskus anstrebt, erschien das sogenannte „Wörterbuch des gefährlichen Denkens". Dieses verstehe sich als Handbuch für gläubige Christen, damit sich diese im religiösen Durcheinander zurechtfinden könnten, so Gianpaolo Barra, Direktor des Medienhauses Il Timone. In einem Text von Thomas Migge für den Deutschlandfunk steht hierzu: *„Etwa 200 Autoren gilt es demnach zu meiden: Etwa die Schriftsteller Dario Fo, Virgina Woolf und Umberto Eco, den Politiker Mahatma Gandhi, die Denker Descartes, Hegel und Kant, den Dichter Leopardi, den Bürgerrechtler Martin Luther King und viele andere. Das »Wörterbuch des gefährlichen Denkens« nimmt sich pro Kapitel einen dieser Autoren vor und versucht, dem Leser zu erklären, was an seinem Denken falsch ist und kirchlicher Lehre widerspricht."* (*„Schwarze Liste – Was Katholiken nicht lesen sollten", Thomas Migge, 6.2.2017, deutschlandfunk.de;* weitere Quellen: *„US-Regierung und Vatikan – Duett im Dunkeln", Julius Müller-Meiningen, 17.2.2017, zeit.de; „Europe - Steve Bannon Carries Battles to Another Influential Hub: The Vatican", Jason Horowitz, 7.2.2017, New York Times, nytimes.com; „This Is How Steve Bannon Sees The Entire World", 16.11.2016, Dignitatis Humanae Institute, dignitatishumanae.com)*

Um Gottes willen – und das im 21. Jahrhundert!

Fazit

Für Papst Franziskus wird die Situation kirchenpolitisch immer schwieriger, da der radikal-traditionalistische Flügel innerhalb der katholischen Kirche jetzt auch noch seinen weltlichen Widerhall in den überall erstarkenden rechtslastigen Strömungen, Parteien, politischen Führern und inzwischen auch Präsidenten findet.

Gerade jetzt aber – in diesen verlogenen, postfaktischen Zeiten – braucht die Welt besonnene und verlässliche Stimmen, die den krankhaft selbstverliebten Trumps, Putins und Erdogans dieser Welt, aber beispielsweise auch den unverschämten „Brexit-Clowns" oder den oberflächlichen „Tea-Party-Tanten", allesamt mit ihrem geradezu unerträglichen Egoismus und Machtstreben glaubwürdig etwas entgegenzusetzen hätten: nämlich Ehrlichkeit und Authentizität, Mitmenschlichkeit und Solidarität, vor allem aber Klugheit und Entschiedenheit in der Bemühung, sinnvolle Lösungen zu finden. Da ist eine Koalition aus erzkonservativen Katholiken und rechtsradikalen Politikern so ziemlich das Letzte, was der Menschheit in Bezug auf die notwendige Entwicklung hin zu globaler Intelligenz passieren kann.

Was aber tun, wenn einflussreiche Kleriker nichts Besseres zu tun haben, als vehement auf die Nicht-Kommunion für Wiederverheiratete zu pochen, anstatt sich um wirkliche Intelligenz in der Theologie zu bemühen?

Die Welt braucht dringend geistige Impulsgeber und Entscheider, die der Intelligenz den Weg bahnen und eben nicht der verlogenen, egoistischen Besessenheit und der grenzenlosen asozialen Dummheit. Würde diese Kirche tatsächlich irgendwann einmal in der Gegenwart angekommen – bekanntlich macht ja „eine Schwalbe noch lange keinen Sommer" – dann könnte vielleicht auch sie glaubwürdig etwas zur Fortentwicklung der Menschheit beitragen. Jorge Mario Bergoglio (SJ), der Menschen-Papst aus Buenos Aires, Argentinien, jedenfalls bemüht sich sehr darum. Aber mit achtzig Jahren darf man auch schon einmal wanken.

Vielleicht brauchen ja die wirklich fortschrittlichen Kleriker in der Kirche und sogar ein Papst Hilfe von der Basis. Vielleicht könnten ja durch die unüberhörbaren Stimmen aller in der spirituellen Gegenwart angekommenen Gläubigen die theologischen Altvorderen endlich zur Ruhe gebracht werden.

Um den Weg zur Wahrheit muss gerungen werden, erst recht in einer Kirche mit unzähligen theologischen Besserwissern. Tiefe Demut und gelebte Barmherzigkeit sind die Schlüssel zu der Liebe, die einem mit Gott untrennbar verbindet – so zumindest der zentrale katholische Glaube. Die aufgeblasene Problematik der Kommunion für Wiederverheiratete hat wohl mehr mit den Niederungen versklavten menschlichen Entweder-oder-Denkens zu tun, als mit der höchsten Wahrheit. Deshalb für alle Ratzingers, Meisners, Brandmüllers, Burkes, Caffarras und Müllers zum besseren Verständnis der Kirche 2017: *Ihr jetziger Chef, Papst Franziskus, hat die Tür zu gelebter Barmherzigkeit und natürlicher Intelligenz nachhaltig ein Stück weit geöffnet. Wieder verschließen ließe sich diese Öffnung vermutlich nur noch durch eine fundamentale katholische Sekte, vermutlich sogar nur unter männlicher, weißer, deutscher Führung und unter dem Protektorat weißer US-amerikanischen Männer. Ist es in Gottes Namen das, was Sie wünschen?*

Nicht mehr aufgehalten durch das enge Korsett einer Entweder-oder-Theologie könnte die Weltkirche endlich im Licht der vielfältigen Schöpfung erblühen. Dann hätten all die Kirchenfürsten und Theologen Zeit und Energie, sich um die Vertiefung eines liebe- und friedvollen Lebens zu kümmern – an erster Stelle bei sich selber, dann bei den vielen derzeit verwirrten bzw. verirrten Gläubigen.

Die Deutsche Bischofkonferenz entschied übrigens Anfang 2017 – im Gegensatz zu den Forderungen der Kardinäle Joachim Meisner, Walter Brandmüller, Raymond Leo Burke und Carlo Caffarra – dass Geschiedene und dann Wiederverheiratete nach erfolgter Einzelfallprüfung möglicherweise wieder an der Kommunion teilnehmen dürfen. (*„Gelebte Barmherzigkeit – Kommunion auch für Wiederverheiratete", 1.2.2017, tagesschau.de*)

Damit setzte die Deutsche Bischofskonferenz das Anliegen von Papst Franziskus in die Wirklichkeit um. Ein sehr wichtiger erster Schritt, dem Tausende andere folgen müssen, falls es mit der Befreiung aus der Einseitigkeit nachhaltig klappen soll.

Ihr Vorsitzender ist Reinhard Kardinal Marx. Als Bischof suchte er sich den persönlichen Wahlspruch aus „*Wo der Geist des Herrn wirkt, dort ist Freiheit*" (*2 Kor 3,17 EU*). Persönliche Freiheit ist im Wirken von Kardinal Marx ein zentraler Begriff, den er durch die Forderung nach einer „Dialektik der Aufklärung" zu unterfüttern versucht, also der Forderung nach einer die Gegensätzlichkeiten angemessen berücksichtigenden Aufklärung, also weg von der Ausschließlichkeit einseitiger Extreme und hin zur versöhnlichen Möglichkeit zahlloser Zwischentöne. Hier offenbart sich ein intellektuell-religiöses Vermögen, das Hoffnung in sich birgt. Am liebsten würde man ihm zurufen: *„Machen Sie was daraus, Herr Kardinal!"*

Dagegen ist es geradezu erschütternd, wohin Einseitigkeit und geschlossene logische Denk-Systeme Menschen bringen können, erst recht wenn sich diese im Auftrag der höchsten religiösen Wahrheit bzw. der höchsten politischen Macht wähnen.

Spirituelle und globale Intelligenz könnten die Menschheit künftig davor bewahren.

Die Versöhnung von Widersprüchen im Christentum

Im völligen Gegensatz zu dem penetranten Festhalten zahlreicher „Kirchenfürsten" und Theologen an ihrer hoffnungslos einseitigen Weltsicht und den daraus resultierenden einfältigen Verhaltensvorgaben für die Gläubigen steht im spirituellen Zentrum des christlichen Glaubens die Vielfalt und die unverzichtbare komplementäre Sicht auf Gott und göttliche Zusammenhänge. Diese werden aufschlussreicherweise als Mysterien des Glaubens bezeichnet, also als unergründliche Geheimnisse, da sie der alltäglichen Entweder-oder-Logik absolut zuwiderlaufen und mit dieser auch nicht nur im Ansatz nachvollzogen werden können.

Der Umgang mit Widersprüchen ist im Christentum somit ein äußerst seltsamer und verworrener, ein geradezu desorientierter. In der „Alltags-Theologie" bzw. im täglichen Leben gelten Widersprüche zwingend als völlig unversöhnbar. Dagegen ist deren fruchtbares Miteinander für alle zentralen Glaubensinhalte, die sonst jedwede christliche Bedeutung verlören, vollkommen unverzichtbar. Dieses ungeklärte Miteinander von zwei gänzlich unterschiedlichen Denkansätzen ist weniger den sogenannten Mysterien des Glaubens geschuldet, also den angeblich mit dem Verstand nicht ergründbaren Glaubens-Geheimnissen, als viel mehr der Tatsache, dass sich seit langer Zeit jedwedes theologisches Alltags-Denken völlig dem „Entweder-oder-Denken" und damit der Beschneidung des menschlichen Denk-Potenzials untergeordnet und ausgeliefert hat.

Im Christentum gibt es kein eigenständiges „Denkmodell", wie das von Yin und Yang, das die Ergänzung und das Zusammenwirken scheinbar widersprüchlicher Aspekte zum Inhalt hat. Man trifft auf ein im wahrsten Sinne des Wortes heilloses Durcheinander.

Im alltäglichen Denken der Menschen und auch in vielen Aussagen der Theologen gelten Widersprüche als sich gegenseitig ausschließend, was bedeutet, dass (einseitig) jeweils nur eine Seite als zutreffend anerkannt wird. Entweder etwas ist so oder genau andersherum. In bester aristotelischer Tradition wird nach dem Satz des ausgeschlossenen Dritten keine weitere Möglichkeit, also weder „eine Mischung" dazwischen noch beides nebeneinander zugelassen. Die Forderung nach Widerspruchsfreiheit, wie dies der „Vater der abendländischen Logik" Aristoteles formuliert hat, also das sogenannte Entweder-oder-Denken, spielt als Prämisse westlicher

Logik die zentrale Rolle im Denken der Menschen und der auf dieser Logik basierenden Wissenschaften – bis heute.

Die christliche Theologie hat umfangreiches Gedankengut von der klassisch griechischen Philosophie übernommen, um ihr im Grunde genommen viel zu groß dimensioniertes Lehrgebäude unterfüttern bzw. mit Inhalten füllen zu können. Dazu zählen zum Beispiel auch die aristotelischen Lehrsätze bezüglich der Logik. Vieles, was sehr religiös daherkommt, entspringt ursprünglich also gar nicht christlichem Denken. Dies kann zu unheilvollen Dissonanzen führen.

Papst Johannes Paul II. hat in seiner „Enzyklika Fides et Ratio" *(päpstliches Rundschreiben vom 14.9.1998 zum Thema Glaube und Vernunft)* den Satz vom Widerspruch – unter der Bezeichnung „Prinzip von der Non-Kontradiktion" – zum Kern philosophischer Erkenntnisse gerechnet, die in der Geschichte des Denkens ständig präsent seien. Dieser Kern stelle so etwas wie ein geistiges Erbe der Menschheit dar.

Die Betonung der Widerspruchsfreiheit und des ausgeschlossenen Dritten bedeutet gänzlich unmissverständlich, dass diese Grundsätze in der „allgemeinen" Theologie, im Alltag der Gläubigen und in der Abgrenzung zu anderen Religionen und Überzeugungen eine zentrale Rolle spielen. Eine mögliche Vielschichtigkeit (Komplexität) verschiedener auch scheinbar gegensätzlicher Faktoren darf somit in vielen wichtigen theologischen Aussagen keine Rolle spielen. Durch diese Unterwerfung unter die aristotelische Eindimensionalität – von der bei Jesus „nie die Rede war" - findet eine gnadenlose Beschneidung der Wirklichkeit statt, wie dies in den so genannten non-dualistischen Religionen (Taoismus, Hinduismus und Buddhismus) nie der Fall ist.

Komplementarität im Christentum

Im Christentum stößt man allerdings auf eine Trennung zwischen diesem Alltags-Denken der Menschen und der Logik, die im Zusammenhang mit theologischen Erklärungen zur Wirklichkeit Gottes benutzt wird. Die dem Menschen zugedachte Logik ist eine einseitige. Die der göttlichen Wirklichkeit zugedachte Logik ist eine komplementäre.

Die zentralen Inhalte des Christentums, ohne die der Glaube nahezu substanzlos wäre, fußen in Phänomenen, die ohne das Zusammenwirken von normalerweise ganz und gar unvereinbarer Widersprüche null und nichtig wären. Diese Kernaussagen stehen ganz im Gegensatz zur aristotelischen Eindimensionalität und setzten eine höchst komplementäre Sichtweise voraus, die ein theologischer Laie und sogar angehende Theologen gedanklich oft kaum nachvollziehen können, da diese ihrem gewohnten Denken absolut zuwider läuft. Vielleicht auch um die geistige Not der in bester aristotelischer Tradition quasi „zur Einfalt" erzogenen Menschen lindern zu können, bezeichnet man solche Phänomene als „Geheimnisse des Glaubens". Der Begriff Geheimnis bedeutet hier weniger, dass etwas geheim, also nicht bekannt ist, sondern dass es aufgrund seiner Vielfalt und scheinbaren Widersprüchlichkeit mit eindimensionalen Entweder-oder-Denken nicht zu erfassen, also nicht zu verstehen ist. Durch die Bezeichnung Geheimnis des Glaubens umgeht man das zweifellos sonst ernsthafte Logik-Problem.

Im Zentrum steht der dreifaltige Gott, der einerseits nach Natur, Substanz und Wesen untrennbar „Einer" ist, sich andererseits aber in drei voneinander verschiedenen, eigenständigen Personen offenbart. Der Kern des katholischen Glauben besteht darin, dass die Gläubigen den einen Gott in der Dreifaltigkeit und die Dreifaltigkeit in dem einen Gott verehren, wobei dies weder als Vermischung, noch als eine substanzielle Trennung der drei Personen verstanden wird. Gott ist nicht „entweder oder", sondern „sowohl als auch". Dabei symbolisiert der „Vater" Ursprung und Autorität, der „Sohn" die Erlösung von den Sünden und der „Heilige Geist" den aus dem Vater und dem Sohn hervorgehenden göttlichen Geist, die geistige Einheit, die alles beseelt und heiligt. Jesus Christus vereint sowohl den Menschen Jesus als auch den Erlöser Christus in sich. Man versteht ihn als Mensch gewordenen Sohn Gottes, als Person mit gleichzeitig zwei Naturen: mit einer göttlichen und einer menschlichen, die weder einzelne Teile – z. B. unten Mensch und oben Gott – darstellen, noch miteinander vermischt sind – z. B. 50% Gott und 50% Mensch – sondern als in einer einzigen Person vereint gelten.

Was „dem gemeinen Menschen" – also uns – nach der durch Aristoteles geprägten Theologie niemals möglich sein wird, nämlich zumindest irgendwann am Ende eins mit Gott zu werden, ist allerdings in Bezug auf Jesus Christus eine Selbstverständlichkeit. Jesus Christus hat demnach einen göttlichen Verstand und Willen und einen menschlichen Verstand und Willen, die völlig in Einklang miteinander stehen. Er verkörpert in seiner Person das Gott- und das Menschsein. Christus ist nicht ohne Jesus und Jesus nicht ohne Christus denkbar.

Der Kreuzestod von Jesus Christus aber, der das Ende seines irdischen Lebens bedeutet, ist nicht erklärbar ohne die Geburt des neuen Lebens, also ohne die Auferstehung. Für einen gläubigen Christen – und nur für diesen – bedeutet das Symbol des Kreuzes mit dem dort gefolterten und verstorbenen Jesus zugleich Tod und Auferstehung, Leid und Erlösung, absolutes Ende und völliger Neuanfang. Für alle anderen Menschen ist ein Kruzifix lediglich ein verstörender Ausdruck bestialischer menschlicher Handlung.

Angesichts dieser zentralen Botschaft des christlichen Glaubens lässt sich sehr gut verdeutlichen, welchen kolossalen Unterschied eine komplementäre und ein einseitige Sichtweise in der Bedeutung machen können.

Der Tod und die Auferstehung wiederum bewirken die zwar bereits vollzogene Erlösung der Menschen und trotzdem sind diese aber in ihrem konkreten Leben noch der Gefahr des Bösen ausgesetzt. Das Reich Gottes, die Herrschaft der Gerechtigkeit, der Liebe und des Friedens, ist bereits angebrochen („schon jetzt"), erfährt seine endgültige Erfüllung aber erst in einer anderen Welt („noch nicht"). Somit erfahren sowohl das Diesseits als auch das Jenseits eine wichtige Bedeutung auf dem Weg eines gläubigen Christen.

Dabei ist die Kirche Weg und Ziel zugleich, menschlich und göttlich, irdische Wohnstätte und himmlischer Palast in einem.

Nicht minder komplementär verhält es sich bei dem zentralen Kern der Ethik Jesu. Nach Papst Johannes Paul II. ist es das erste und höchste göttliche Gesetz: das Gebot der Nächstenliebe („Liebe deinen Nächsten wie dich selbst"). Es zählt nicht zu den zehn Geboten des Alten Testaments, sondern wurde Moses von Jahve gesondert offenbart *(Lev 19,18)*. Im neuen Testament erfährt es eine Aufwertung und gilt als das Wesentliche bzw. als die höchste Zusammenfassung der Gebote 4-10 („Ehre deinen Vater und deine Mutter, du sollst nicht töten" etc.), die sich allesamt auf den Umgang mit anderen Menschen beziehen. Es geht bei dem Gebot der Nächstenliebe nicht nur um das Vermeiden von Unrecht, sondern um den aktiven Erweis von Liebe. Dieses Gebot enthält ebenfalls komplementäre Aspekte in mehrfacher Hinsicht. Denn diese Liebe soll zwei Aspekte umfassen: die Liebe zum Nächsten, aber auch die Liebe zu sich selbst. Die eigene Person und der andere werden also gleichermaßen von der Liebe erfasst. Aus dieser Sicht ist der Begriff „Gebot der Nächstenliebe" eigentlich viel zu einseitig. Es müsste vom Inhalt her das „Gebot der Nächsten- und Selbst-Liebe" heißen. Denn würde man sich selber nicht lieben, dann könnte man den Nächsten ebenfalls nicht lieben.

Aber nicht nur in der Verbindung von du und ich besteht das Außerordentliche und Ungewöhnliche dieses Ausdrucks der Komplementarität von Liebe, sondern auch in der Tatsache, dass im neuen Testament durch Jesus selber die Nächstenliebe der Gottesliebe gleichgesetzt wird. Demnach antwortete Jesus auf die Frage eines Gesetzeslehrers: *„Meister welches Gebot ist das größte Gesetz?"* ... *„Du sollst den Herrn deinen Gott lieben mit deinem ganzen Herzen und deiner ganzen Seele und mit deiner ganzen Vernunft. Das ist das größte und erste Gebot. Das zweite ist ihm gleich: Du sollst deinen Nächsten lieben wie dich selbst. An diesen beiden Geboten hängt das ganze Gesetz und die Propheten"* (MT 22,36f).

An anderer Stelle wird hinzugefügt, dass die Nächstenliebe *„weit mehr als alle Brandopfer und anderen Opfer"* ist (Mk 12,31).

Das Bedeutende hierbei ist, dass die Liebe und Hinwendung zum anderen und zu sich selbst mit der Liebe und Hinwendung zu Gott verbunden ist. Für einen Menschen bedingen sich Menschen- und Gottesliebe also gegenseitig, sie können im Grunde nicht voneinander getrennt werden. Dies ist wohl am einfachsten im Sinne des folgenden Ausspruchs im ersten Johannesbrief zu verstehen: *„Wer nicht liebt, hat Gott nicht erkannt, denn Gott ist die Liebe"* (1.Joh. 4,8).

Vernachlässigt man einmal die prinzipielle Ablehnung einer finalen (letzten, höchsten) Einheit des Menschen mit Gott durch die Kirche, dann lassen sich diese bemerkenswerten Aussagen in Bezug auf die Liebe auch sehr gut mit den Worten des indischen Yogis (Kriya Yoga) und spirituellen Meisters Paramahansa Yogananda (1893-1952) verdeutlichen: *„Mein himmlischer Vater ist Liebe, und ich bin ihm zum Bilde erschaffen. Ich bin die Sphäre der Liebe, in der alle Planeten und Sterne, alle Lebewesen und erschaffenen Dinge leuchten. Ich bin die Liebe, die das ganze Universum erfüllt."* Und an anderer Stelle: *„Während ich Liebe und guten Willen auf andere ausstrahle, öffne ich mir den Zugang zur Liebe Gottes. Die magnetische Kraft göttlicher Liebe zieht alles Gute zu mir heran."* (*„Wissenschaftliche Heilmeditationen", Paramahansa Yogananda, Self-Realization Fellowship, September 2000, S. 107)*

Die Liebe ist somit die höchste komplementäre Qualität, über die der Mensch – „nicht nur im Himmel, sondern schon auf Erden" – verfügen kann: Die Einheit zwischen Gott, dir und mir. Wer solch eine Liebe erfährt, für den sind Widersprüche keine Widersprüche mehr, die voneinander trennen, sondern Manifestationen des „einen Gottes".

Erstaunlich ist, dass es sich im Christentum bei der Nächstenliebe um die Form eines Gebots handelt. Es wird nicht nur eine mögliche spirituelle Erfahrung beschrieben, sondern es erfolgt die ganz konkrete Aufforderung bereits im menschlichen Alltag derart allumfassend zu handeln. Liebe ist also nicht nur das Ziel, sondern gleichzeitig auch der Weg zum Ziel, was mit der aristotelischen Logik unvereinbar ist.

Was ist im Christentum geschehen, dass im Zentrum des Glaubens schon lange nicht mehr diese zentrale, alles entscheidende, völlig lebensnahe Erkenntnis steht, dass Gott Liebe ist und dass sich der Mensch durch gelebte Liebe mit Gott verbinden kann?

Wie kam es dazu, dass andere theologische Erklärungen – wie beispielsweise die exklusive Gottessohnschaft (Warum eigentlich können nicht alle Menschen „Kinder Gottes" sein?), die Auferstehung von Jesu Christo (Ist nicht bekannt, dass das Erscheinen eines Verstorbenen den Noch-Lebenden ein in allen Kulturen bekanntes, gelegentlich auftretendes Phänomen ist?) und der damit begründete Erlösungsglauben (Lässt es sich glaubhaft immer noch aufrechterhalten, dass das Reich Gottes „schon jetzt" angebrochen ist, wenn auch „noch nicht" in Gänze"?) – in den Vordergrund geschoben wurden und die gelebte Liebe auf die viel unbedeutenderen hinteren Reihen verwiesen werden konnte?

Hat es für ein tiefes religiöses Leben wirklich nicht ausgereicht, dass Jesus als Akt grenzenloser Liebe zu Lebzeiten nicht nur für Menschen jeden Schlags da war, sondern dass er sich für seine Überzeugung sogar wohl wissend kampflos hat von den Römern töten lassen? Bedurfte es für einen Gläubigen wirklich mehr?

In den heutigen Wirren kann einzig die klare Rückbesinnung auf die gelebte Liebe als die zentrale christliche Bemühung, sich Gott in jeder Lebenssituation nähern zu können, die notwendige Orientierung geben.

All den Theoretikern könnte die alte zenbuddhistische Weisheit zur unverzichtbaren Umkehr verhelfen: „Der Finger, der auf den Mond zeigt, bleibt immer ein Finger und wird niemals zum Mond.

Der Mensch, obwohl er sich doch schon zu Lebzeiten umfassend (komplementär) verhalten soll, gilt nach wie vor als einseitig und als begrenzt, sein Gott aber als hochgradig komplementär. Als Herr über Leben und Tod, als Anfang und Ende von allem, als Erster und als Letzter, allgegenwärtig und allmächtig, unaussprechlich und vor allem unfassbar, sollte er eigentlich alles umfassen – so zumindest nach den vielen Aussagen über ihn, bei denen allerdings häufig die religiösen Konsequenzen nicht bis zu Ende bedacht werden. Umfasst Gott aber auch in den vielen theologischen Erklärungen wirklich alles oder wurde seine Größe dann nicht doch relativiert und so zurechtgestutzt, damit er besser in religiöse Merksätzchen passt?

Ohne das Mysterium Gottes und die Liebe eines gläubigen Christen schmälern zu wollen, der ja nicht nur mit seinem ganzen Herzen und mit seiner ganzen Seele, sondern auch mit seiner ganzen Vernunft Gott lieben soll, wäre es für das Christentum geboten, sich auch in Hinblick auf den einzelnen denkenden Menschen um die Erweiterung der immer noch gängigen „Entweder-oder-Logik" hin zu einer komplementären Logik zu bemühen und diese Fähigkeit nicht nur dem Bereich des Mysteriums zuzuschreiben. Der christliche Gott ist der Inbegriff der Vielfalt und der Komplementarität, wovon auch der denkende Mensch lernen könnte.

Wie lange noch sollen Christen zur Einseitigkeit genötigt werden? Sie möchten an Gott und nicht an Aristoteles glauben!

Überwindung der Widersprüche - nach Nikolaus von Kues

Im Christentum gab es den Gelehrten Nikolaus von Kues, auch Nikolaus Cusanus genannt, für den die Überwindung der Gegensätze und die Auflösung angeblich unvereinbarer Widersprüche im Mittelpunkt seines philosophisch-theologischen Denkens stand. Sein Appell, dass sich der menschliche Geist zu jener Einfachheit erheben solle, wo das Widersprüchliche in eins falle, durchzog die meisten seiner Werke. Nach seiner Überzeugung müsse die Vernunft im Wissen um ihre Vorläufigkeit und ihre Grenzen danach streben, jene innere von Gott stammende Übereinstimmung alles Seienden zu ergründen.

Nikolaus von Kues wurde 1401 in Kues an der Mosel (heute: Bernkastel-Kues) geboren und ist 1464 in Todi (Umbrien, Italien) gestorben. Seine Interessen waren vielfältig. Er war zugleich Theologe und Philosoph und betätigte sich als Mathematiker, Naturforscher und Astronom. Als Priester, und Bischof, als Kurien-Kardinal und päpstlicher Gesandter spielte er in der Kirchenpolitik eine wichtige Rolle.

Durch seine Werke und sein geistiges Erbe wurde er zu einem der führenden europäischen Denker der Geistesgeschichte zwischen Mittelalter und früher Neuzeit. Als Gelehrter zählt er aus heutiger Sicht zu den Ersten der europäischen Denker, die die Entwicklung der neuzeitlichen Wissenschaften prägten.

Er ging von einem schöpferischen Urgrund aus, der zugleich Ausgangspunkt und Bestimmung allen Werdens sei. Dieser Urgrund umfasse einerseits als absolutes Maximum alles und sei andererseits als absolutes Minimum in allem enthalten. Diese höchste Einheit also, die er mit Gott gleichsetzte, sei zugleich absolute Einfachheit wie auch äußerste Mannigfaltigkeit. Nikolaus von Kues sah das Einfache als Quelle der Vielfalt an. Gäbe es – so seine Überzeugung – das Eine und das Viele nebeneinander, so wäre das Eine nicht unendlich. Die göttliche Einheit aber sei unendlich und deshalb auch zugleich das Viele. Alle Unterschiede und Gegensätze, vor allem aber auch die Widersprüche, die sich nach Aristoteles im kontradiktorischen Sinne strikt ausschlössen, seien in der göttlichen Einheit enthalten und vereint. Die Welt sei „die Ausfaltung Gottes" und Gott „die Einfaltung der Welt".

Solange allerdings der Mensch in seinem vom (aristotelischen) Widerspruchsprinzip beherrschten Denken gefangen sei, solange könne er die Einheit nicht als Grund der ganzen Welt erkennen. Da er sich selber als getrennt und damit als außerhalb einer möglichen Einheit erfahre, erschiene diese unerreichbar. Aber trotz der Erfahrung seiner individuellen Einzigartigkeit und trotz der mit seinem Verstand als gänzlich verschieden wahrgenommenen Welt, sei jeder Mensch mit dem Göttlichen verbunden und enthalte die ganze Wirklichkeit in sich. Deshalb müsse er versuchen, in sich die unendliche Einheit zu erkennen, anstatt im Anderen zu suchen.

In seinem Werk „Idiota et sapienta", im Dialog zwischen einem vermeintlich ungebildeten Laien und einem Gelehrten, grenzt sich Nikolaus von Kues unmissverständlich von der aristotelisch geprägten Universitäts-Philosophie ab. Demnach seien die Anstrengungen, mit Wissen aus Büchern zu Weisheit und Erkenntnis zu gelangen, vergeblich. Die aristotelische Schulwissenschaft täusche und das Denken eines darin Gefangenen sei gefesselt und ermögliche keinen Zugang zur Wahrheit. Klarer geht`s wohl nicht!

Die Möglichkeit zum Auffinden von Weisheit sei im Menschen angelegt. Seine Befriedigung erlange er durch seine Bewegung auf Gott hin. Als Voraussetzung für die Annäherung an die Einheit nannte Nikolaus von Kues das so genannte „Koinzidenz-Denken", das zur Fassbarkeit des Unfassbaren führen könne. Mit Koinzidenz ist grundsätzlich das Zusammentreffen und gleichzeitige Auftreten von zwei bzw. mehreren Faktoren gemeint. Beim sogenannten „Koinzidenz-Denken" geht es also darum, das gleichzeitige Vorhandensein vermeintlich gegensätzlicher bzw. widersprüchlicher Punkte zuzulassen und anzuerkennen. Nur so lasse sich deren Harmonie bzw. die allem zugrunde liegende Einheit (durch unendliche Annäherung) erkennen. Laut Nikolaus von Kues kann die durch Gott inspirierte Vernunft vermeintlich paradoxe Einsichten zulassen und so die göttliche Wahrheit erblicken und berühren. Am Ende könne sich der Mensch darüber hinaus sogar mit einer Art göttlichem Denken ganz der absoluten Einheit und Unendlichkeit widmen. Gott selber übersteige das „Koinzidenz-Denken", die Vorstellung des Zusammentreffens der Gegensätze. Dieses sei allein für den Menschen und seine Vernunft die angemessene Art sich Gott zu nähern.

Das Praktizieren des so genannten „mystischen Gebets" bzw. die Praxis der Meditation fand in diesem Zusammenhang keine explizite Erwähnung. In der folgenden Erklärung, die dem russischen Rechtswissenschaftler, Philosoph und Mystiker Valentin Tomberg (1900-1973) zugeschrieben wird, wird klar, was damit gemeint ist: *„Was das eigentlich mystische Gebet angeht, das heißt den Zustand der mit dem Göttlichen vereinten menschlichen Seele, wo nicht einmal mehr die Atmung ihr eigen ist, sondern wo sie allein in und durch den Hauch des göttlichen Atems atmet, so ist es das tiefe Schweigen aller Fähigkeiten der Seele, des Verstandes, der Vorstellungskraft, des Gedächtnisses und des Willens ... Es ist die Vollendung der Liebe zwischen der Seele und Gott."* *("Mystisches Gebet", Mystik aktuell, mystikaktuell.wordpress.com)*

Vielleicht war Nikolaus von Kues in Bezug auf das „Koinzidenz-Denken" wohl doch zu sehr (theoretischer) Philosoph, der die Einheit kraft seiner Vernunft zu berühren versuchte, und zu wenig (praktischer) Mystiker, der sich kraft seiner spirituell-meditativen Versenkung als Teil der Einheit erfuhr.

Vielleicht aber gelang es diesem Genius von der Mosel ja doch in manch einem glückseligen Moment, Denken und Empfinden, Geist und Seele als vereint in der Einheit, also sich selbst als vereint in Gott zu erfahren. Dadurch ließen sich seine tiefen Erkenntnisse noch am ehesten erklären. Das wäre dann aber weit mehr als nur genial gewesen und Nikolaus von Kues hätte zumindest die Bezeichnung „temporärer Mystiker" verdient. Denn wahrscheinlich hat ihm sein in weiten Teilen selbst so gewollter Lebenslauf als „Hansdampf in allen Kirchen-Gassen" wohl kaum die Zeit und Muße gelassen, mehr als nur Augenblicke in solch einem Bewusstsein zu verweilen.

Dennoch sind inhaltlich einige seiner Einsichten besonders heute noch hochaktuell. Die Menschheit „schreit" nach einem intelligenten Umgang mit Unterschieden und Widersprüchen, anstatt deren fruchtbares Zusammenwirken – nicht nur auf religiöser Ebene, sondern in allen Lebensbereichen – rigoros abzulehnen. Dummerweise aber spielen die Erkenntnisse von Nikolaus von Kues im offiziellen Christentum, das sich in vielen Bereichen bis in die Gegenwart hinein dem aristotelischen Denken gnadenlos ausliefert, keinerlei prägende Rolle. *(siehe u. a.: „Nikolaus von Kues: Leben, Persönlichkeit und Werk", Walter Andreas Euler, Universität Trier, http://www.cusanus-portal.de/; und andere Quellen)*

Im Zen-Buddhismus ist die von Nikolaus von Kues angemahnte Überwindung der Gegensätze und die Auflösung angeblich unvereinbarer Widersprüche eine Selbstverständlichkeit: *„Jede Dualität, jede Unterscheidung entspringt dem Nichtwissen, der konditionierten Tendenz des Verstandes, alles in Begriffen von Richtig und Falsch, Gut und Böse, Ja und Nein zu sehen und somit als Gegensätze zu trennen. ... alle Gegensätze [sind] nichts weiter als willkürliche Annahmen eines von seinen eigenen Projektionen verblendeten Bewusstseins. Alles ist das Eine ..."* *(Zen-Worte der blitzartigen Erleuchtung, Zensho W. Kopp, Darmstadt, 2010)*

Die „sensenhafte Theologe" von Unterscheidung und Trennung, nach der die Person des Menschen in alle Ewigkeit von der Person Gottes getrennt existieren muss (der Mensch und Gott sind demnach immer zwei) verhindert die Vorstellung einer alles umfassenden und alles durchströmenden Einheit für immer. Hier obsiegt die Theologen-Theorie über die Erfahrung manch eines christlichen Mystikers und vieler anderer spirituell erfahrener Menschen. So bleibt der religiös derart in die Sackgasse der Einseitigkeit geführte einzelne Christen-Mensch mit seiner Sehnsucht nach der höchsten Wahrheit und Einheit allein. Dumm gelaufen bis dahin – aber nicht notwendigerweise bis in alle Ewigkeit. Wie heißt es so treffend in einem Kirchenlied: *„Kehret um, kehret um, und ihr werdet leben. Zeige du, Herr, uns den Weg, den wir gehen sollen."* Von verkopften, einseitigen Theologen ist in diesem Lied zum Glück nicht die Rede!

Auch in Bezug auf ein fruchtbares Miteinander der unterschiedlichen Religionen könnten die Einsichten von Nikolaus von Kues einen wohltuenden Einfluss auf die Menschen haben. Seiner Überzeugung nach spiegelt sich die göttliche Einheit im Vielen, also in der Mannigfaltigkeit wieder: Es gebe wohl so viele Sprachen, um das Unbenennbare besser zu benennen; es gebe wohl so viele Geschöpfe, die alle Abbilder Gottes seien, um die Wahrheit in der Vielfalt besser zum Ausdruck zu bringen. Gott habe den verschiedenen Völkern ihre jeweils eigenen Lehrer und Propheten gesandt. So werde Gott in den vielen verschiedenen religiösen Riten auf unterschiedliche Weise gesucht und beschrieben. Die verschiedenen Gottesnamen in den unterschiedlichen Kulturen seien legitime Versuche, sich der Unendlichkeit Gottes aus den unterschiedlichen Blickwinkeln zu nähern. In der Vielfalt der Bräuche gelte es, die eine „Religion" zu erkennen und in gegenseitiger Achtung friedlich zu leben.

In diesem Sinne vertrat Nikolaus von Kues eine für seine Zeit außergewöhnliche und für die heutige Zeit sehr fortschrittliche Vorstellung von religiöser Toleranz. Beispielsweise gestand er dem Islam, mit dem er sich intensiv beschäftigt hatte, Wahrheitsgehalt und Existenzberechtigung zu. Welche Weitsicht bereits im fünfzehnten Jahrhundert, ca. 500 Jahre vor dem Zweiten Vatikanischen Konzil, das in der katholischen Kirche endlich offiziell dem Akzeptieren anderer Religionen zumindest den Weg zu bereiten versuchte.

Zur endgültigen, und nicht nur halbherzigen Aufgabe des eigenen Exklusivitätsanspruchs des Christentums ist wohl ein drittes Vatikanisches Konzil vonnöten.

Die „nondualistischen" Religionen

Nach den drei östlichen Religionen „Hinduismus", Buddhismus" und „Taoismus", die man auch zu den sogenannten non-dualistischen (nicht widerspruchsvollen) Religionen zählt, sind letztendlich alle Erscheinungen dieser Welt nicht wirklich voneinander getrennt, sondern Manifestationen eines großen Ganzen. Alles steht miteinander in Verbindung. Weder das Einzelne existiert unabhängig von dem Ganzen, noch das Ganze existiert unabhängig von dem Einzelnen. Alles ist eins und alles ist Vielfalt. Jegliche Trennung wird als eine Illusion angesehen, die mit der höchsten Wahrheit nichts zu tun hat.

Es gibt zwei Bilder, die diese Zusammenhänge sehr gut veranschaulichen: das des Ozeans und das des Regenbogens:

Der Ozean gilt als das Ganze, als das Umfassende, während die unzähligen großen und kleinen, stets einzigartigen (individuellen) Wellen an seiner Oberfläche als die vielen verschiedenen Einzelerscheinungen angesehen werden. Eine Welle im Ozean ist einerseits individuell verschieden, keine Welle gleicht jemals einer anderen Welle, andererseits aber ist sie ein Teil des großen ganzen Ozeans.

Ein Regenbogen entsteht, wenn die hinter dem Beobachter stehen-de Sonne eine vor ihm befindliche Regenwand bescheint und das „weiße" Licht der Sonne von den einzelnen Regentropfen in seine verschiedenen Spektralfarben zerlegt und reflektiert wird. Die Quelle dieser Farbenvielfalt des Regenbogens ist das Sonnenlicht, das in sich all diese Spektralfarben enthält. Blickt man auf den Regenbogen, dann erkennt man die vielen Farben, die man zwar unterscheiden, aber nicht voneinander trennen kann, da man sonst keinen Regenbogen mehr hätte. Jede einzelne Farbe des Regenbogens ist also gleich wertvoll. Dreht man sich um und blickt auf die Quelle, dann erblickt man nur die eine Sonne. In der Einheit der Sonne ist die Vielfalt des Regenbogens enthalten. Die Vielfalt der Regenbogenfarben entspringt ein und dergleichen Quelle und bildet eine Einheit.

Nach den „non-dualistischen" Religionen, die im Detail noch wesentlich mehr Unterschiede aufweisen als die „Offenbarungsreligionen", erfährt man die Welt und ihre Erscheinungen solange als voneinander getrennte Vielfalt, solange man ohne umfassendes Bewusstsein, also oberflächlich auf diese Vielfalt schaut. Richtet man aber den Blick (tief) nach innen, dann kann einem die Quelle und Einheit von allem bewusst und so der Eindruck der Getrenntheit auch beim „Blick nach außen" überwunden werden.

Beispielsweise soll die in vielen religiösen Systemen bekannte Atemmeditation, bei der man sich auf die (automatischen!) Bewegungen des Atems konzentriert, den Meditierenden letztendlich zum Bewusstsein der Quelle des Atems und damit zum Bewusstsein der Quelle der Lebensenergie führen.

So spielen neben allen den anderen unzähligen religiösen Traditionen in diesen Religionen vor allem verschiedene Formen von Aufmerksamkeits-Übungen, Versenkungs-Methoden und Meditation eine zentrale Rolle. Mit ihnen ist es im Prinzip jedem einzelnen Menschen möglich, durch entsprechende Übungen eigene Erfahrungen von der höchsten Wirklichkeit zu machen.

Der Buddhismus

Im Buddhismus gelten als Wurzel allen menschlichen Übels und als Ursprung allen Leids die Unwissenheit des Menschen und seine Illusion von der Getrenntheit aller Dinge. Der Mensch sieht nur die Unterschiedlichkeit und Verschiedenheit und ist fest davon überzeugt, dass er – wie auch alles andere – von allem anderen getrennt existiert. Das erzeugt Leid. Bereits mit dem ersten Schrei des Neugeborenen, erlebt sich der Mensch als getrennt: als getrennt von seiner Mutter, als getrennt von seinem Ursprung.

Als Buddha in seiner Versenkung (Meditation) Erleuchtung erlangte, erkannte er, dass er eins mit allem ist und dieses schon immer war. Bis dahin war er sich dessen allerdings nur noch nicht bewusst gewesen.

Den Weg zur Erleuchtung beschrieb Buddha als Pfad der Mitte, jenseits der beiden Extreme Sinnesgenuss (Hedonismus) und Enthaltsamkeit (Askese): als Pfad der rechten Ansicht, des rechten Redens, des rechten Handelns, des rechten Lebens, des rechten Strebens, der rechten Andacht und des rechten Sichversenkens.

In der Meditation kann sich das innere Auge eines jeden öffnen. Sie gilt deshalb als Brücke zur höchsten Wirklichkeit und spielt eine zentrale Rolle im Buddhismus, der keine Gottesvorstellung verkündet, sondern die Möglichkeit der Bewusstwerdung des Höchsten im Menschen selber und die Verwirklichung in jedem Augenblick des Lebens.

Von Buddha, der sich selber weder als Gott, noch als dessen Verkörperung sah, sondern schlicht und einfach als Mensch, wird berichtet, dass er jede Form von Dogmatismus oder Wahrheitsanspruch einer Lehre – auch seiner eigenen – ablehnte und sich deshalb weigerte, einseitige Welterklärungen zu geben. Diesbezügliche Fragen, ob zum Beispiel die Welt endlich oder unendlich, ewig oder zeitlich begrenzt sei, ob es für die Weisen ein Leben nach dem Tod gebe, beantwortete er mit Schweigen.

Der Buddhismus gehört zu den Religionen, deren Markenzeichen die radikale Gewaltlosigkeit ist. Es finden sich keine Texte, mit denen sich Gewalt begründen ließe. Hinzu kommt, dass es keine autoritäre Hierarchie gibt. So gab es quasi keine Kriege, die durch die Religion selber animiert bzw. gerechtfertigt worden waren. Der Buddhismus verstand und versteht es so wie kaum eine andere Religion, in friedlicher Koexistenz mit anderen Religionen zu leben, die im Laufe der Geschichte weder gewaltsam vertrieben noch missioniert wurden. Dennoch gab es buddhistische Staaten, deren Herrscher nicht von der Gewalt abließen. In der Geschichte des Buddhismus stößt man gelegentlich auch auf gewaltbereite Klöster, von denen aus Mönchssoldaten in den Kampf geschickt wurden. Verhängnisvollerweise waren es sogar Zen-Buddhisten, die den Einsatz japanischer Kamikaze-Flieger mit Verheiß auf Erleuchtung „spirituell untermauerten". Also gab es auch im Buddhismus das Fehlleiten Einzelner bzw. kleiner Gruppen durch rücksichtslose Herrscher und ignorante „Ordens-Obere".

Der Hinduismus

Der Hinduismus ist eine Religion, die in ihrer Vielfalt völlig unüberschaubar ist. Religionswissenschaftler benutzen oft auch die Bezeichnungen – man sollte die Pluralform beachten – Hindu-Traditionen bzw. Hindu-Religionen. Es gibt wohl kaum eine religiöse Vorstellung, es gibt wohl kaum einen religiösen Weg, es gibt wohl kaum einen Ritus, es gibt wohl kaum einen Gott bzw. eine Gottheit, der nicht im Hinduismus vertreten ist.

Es gibt also nicht den Hinduismus, sondern nur viele verschiedene Wege innerhalb des Hinduismus. Allein nur die vielen verschiedenen Formen des Yoga sind mannigfaltig.

Als (persönliche) Hauptgötter gelten Brahma (Prinzip der Schöpfung), Vishnu (Prinzip der Bewahrung) und Shiva (Prinzip der Zerstörung). Sie können zum Gegenstand der Verehrung durch die Frommen werden.

Über allem aber steht der ewige, unpersönliche, absolute Urgrund allen Seins: „Brahman". Von diesem in Wirklichkeit nicht getrennt gilt „Atman" als das individuelle Selbst, als die Einzelseele sozusagen.

Als Wesen der Welt gilt die ewige Verbindung der „Weltenseele" Brahman und der „Einzelseele „Atman. Das Ziel des Lebens ist, dass sich der Mensch dieser Verbindung bewusst wird.

Solange dies dem Menschen aufgrund seiner Unwissenheit verborgen bleibt, lebt er in einer Welt unzähliger verschiedenartiger und voneinander getrennter Erscheinungsformen, die laut dem Hinduismus in Wirklichkeit Trugbilder sind (Illusionen, im alt-indischen Sanskrit „Maya" genannt), die dem Menschen all sein Leid bringen. Nur durch innere Hinwendung und Konzentration auf sein wirkliches Sein kann der Mensch die Illusion der Getrenntheit überwinden und die Einheit erfahren. Mannigfaltige Formen von Versenkung und Meditation spielen deshalb auch im Hinduismus eine zentrale Rolle. Man trifft im Hinduismus sowohl auf weise Menschen wie auch auf gewaltbereite Fanatiker. Hindu wird man nur kraft seiner Geburt.

Die dritte so genannte nondualistische Religion, der Taoismus, wird aufgrund seines beispielhaften Systems von Yin und Yang im nächsten Kapitel ausführlicher besprochen.

Vom Tao zu Yin und Yang

Auch im chinesischen Kulturraum gab es im Laufe der Geschichte eine große Fülle verschiedener religiöser und philosophischer Ausprägungen. Man stößt einerseits auf unzählige Berichte über Götter und Dämonen, über gute und schlechte Geister, ebenso auf weitverbreitete Formen des Ahnenkults, der Naturverehrung und auf Zeremonien und Riten aller Art. Andererseits spielten der Konfuzianismus, der Taoismus und der Buddhismus eine wichtige Rolle. Im chinesischen Denken gelten diese verschiedenartigen Anschauungen als mehr oder weniger gleichberechtigte Wege, die sich weder gegenseitig ausschließen noch in einem großen System zusammengefasst werden müssen. Im Gegenteil, man konnte sich ihrer nebeneinander bedienen und sich aus dem ein oder anderen dies oder jenes auszuwählen. Für einen Chinesen ist es deshalb kein Problem mal die Schriften des Konfuzius und mal die des Laotse zu studieren, mal buddhistischen Riten nachzugehen und mal die mannigfaltigen Bräuche und Formen des Volksglaubens und der Ahnenverehrung zu befolgen. Dies alles wird als sich ergänzend erfahren.

Hinter all diesen Verschiedenheiten gibt es für die Chinesen aber auch so etwas wie einen gemeinsamen Kern. Die Lehre vom ewigen Weltgesetz (Tao) und das Verständnis vom wechselseitigen Zusammenwirken der „Uraspekte" Yin und Yang gelten als die Säulen des chinesischen Denkens und der gesamten chinesischen Philosophiegeschichte. Ihre fundamentale Bedeutung wird nicht im Gegensatz zu den mannigfaltigen religiösen Formen gesehen, sondern als Ergänzung. Sie wirken in viele Lebensbereiche hinein, zum Beispiel auch in die Medizin und in die Sprache.

Für das Tao gibt es voneinander abweichende Beschreibungen, die aber angesichts seiner Undefinierbarkeit sowieso jeweils als beschränkt gelten müssen. Das Tao gilt als ewig und allumfassend, ohne Anfang und Ende, erhaben über Raum und Zeit. Das Tao ist sowohl Nichts, Wesenlosigkeit, Leere und Stille als auch Urgrund und Quelle allen Seins. Es ist sowohl „All-Einheit", als auch kosmische Ordnung, Welt- und Naturgesetz und gleichzeitig höchstes Prinzip der sittlichen Welt. Das Tao ist alles.

Bestand nach Laotse am Anfang vor aller Weltentstehung ein Zu-stand absoluten Nichtseins (Tao), so ging hieraus das allumfassende Sein (Tao) hervor, in dem es noch keine Trennung der Unterschiede gab. Dann aber entstand aus dieser Einheit das dynamische Zusammenspiel der polaren, besser: komplementären, sich gegenseitig ergänzenden Uraspekte „Yin und Yang", die durch ihr Zusammenwirken alle Manifestationen hervorbrachten. Yin und Yang gelten als Mutter und Vater aller Wandlungen und Umformungen. Sie bewirken Anfang und Ende, Leben und Tod, Licht und Finsternis. Sie sind verantwortlich für den Wechsel der Erscheinungen, der Lebewesen und der Dinge. Das ganze Universum unterliegt ihrem unaufhörlichem Wechselspiel, ihren Rhythmen und Zyklen und ist so in einem ständigen Wandel begriffen.

Indem das „all-eine"Tao durch das Hervorbringen der komplementären Aspekte Yin und Yang auch zur Vielheit wird, entsteht zusätzlich die Welt der Erscheinungen und Gegensätze. Diese Welt gilt als Realität zweiten Ranges. Sie gleicht eher einer Traum- und Scheinwelt. Nach Laotse sollte der, der nach dem wahren Heil strebt, sich in das Ewige versenken und ganz im Tao aufgehen.

Es ist wichtig, das Prinzip von Yin und Yang nicht nur oberflächlich zu verstehen. Sie im herkömmlichen, dualistischen Sinn lediglich als Gegensätze zu bezeichnen, die nebeneinander bestehen und nicht zur Einheit fähig sind, geht an ihrer eigentlichen Bedeutung völlig vorbei. Ursprünglich bezeichneten Yin und Yang die beiden Seiten eines Berges im Sonnenlicht. Die besonnte Seite wurde Yang genannt und die schattige Seite Yin. Bereits bei diesem Bild wird ein wichtiger, zentraler Punkt – um den es im Wesentlichen geht – sehr deutlich: Ein und der gleiche Berg verfügt über zwei Seiten, die zusammengehören und nicht voneinander getrennt werden können, aber über gegensätzliche Qualitäten verfügen: über Sonne (Yang) und über Schatten (Yin). In diesem Sinn werden Yin und Yang auch als die (scheinbar) gegensätzlichen, in Wirklichkeit aber sich ergänzenden Aspekte des einen Tao angesehen.

Um allerdings deren unaufhörliches dynamisches Zusammenwirken zu verdeutlichen – der zweite zentrale Punkt im Verständnis von Yin und Yang – im Folgenden zwei weitere Beispiele: das vom Kommen und Gehen der Jahreszeiten und von Tag und Nacht.

Steht Yang für Sonne, Licht, Tag, Wärme, Trockenheit und Sommer, so steht Yin für Mond, Dunkelheit, Nacht, Kälte, Feuchtigkeit und Winter.

Sommer (Yang) und Winter (Yin) stehen im ständigen Wechselspiel miteinander. Frühling und Herbst sind deren Zwischenstufen. Zur Sommersonnenwende hat die Kraft des Yang (des Sommers) ihren Höhepunkt erreicht, und die Kraft des Yin (des Winters) scheint nunmehr gänzlich verschwunden zu sein. Genau das aber ist der Augenblick, in dem das Yin wieder beginnt, seinen Einfluss ganz langsam zu vergrößern, bis es im Herbst die Kraft des Yang (des Sommers) an Stärke überholt und dieses dann zur Wintersommerwende gänzlich verdrängt zu haben scheint. Das Yang aber beginnt jetzt seinerseits wiederum zu wachsen, bis hin zu seinem Höhepunkt, der Sommersonnenwende. Und dann beginnt der Kreislauf von vorne.

Der Wechsel der Jahreszeiten stellt einen Prozess des permanenten Ineinandergreifens der beiden untrennbaren Kräfte Yin (Winter) und Yang (Sommer) dar, in deren Zyklus nicht nur die beiden Extreme – Scheitelpunkt des Winters (Wintersonnenwende) und Scheitelpunkt des Sommers (Sommersonnenwende) – ihren Platz haben, sondern unzählige Zwischenstufen, die jeweils einer etwas anderen Verteilung (Kombination) der beiden Kräfte entsprechen. Das sind alles Stufen, in denen nicht entweder nur Yin oder nur Yang vorhanden sind. Die jeweils vorhandene Kombination dieser sich ergänzenden, komplementären Kräfte bestimmt den exakten Zeitpunkt (Monat, Tag) im Wechsel der Jahreszeiten.

Dies trifft genauso auch für den Wechsel von Tag (Yang) und Nacht (Yin) zu. Es gibt nicht nur die Mitte der Nacht und die Mitte des Tages, sondern unzählige Zwischenstufen, die durch die jeweilige Kombination beider Kräfte genau bestimmt werden. Jeder einzelne Zeitpunkt am Tag bzw. in der Nacht entspricht einem exakten, immer etwas anderen Verhältnis von Tag (Yang) und Nacht (Yin).

Betrachtet man diese Beispiele, so wird die ungeheure Bewegung von Yin und Yang deutlich, die durch ihr entgegengesetztes Auf und Ab eine große Vielzahl von verschiedenen Zwischenstufen bzw. Kombinationen erzeugen, die ein jeweils Neues mit einer unverwechselbaren eigenen Qualität darstellen. Dieses Zusammenspiel von Yin und Yang könnte man auch als „dynamische Harmonie" bezeichnen.

Würde man dieses dynamische Miteinander nicht verstehen, könnte man z.B. die Auffassung vertreten, dass Yin und Yang stets in einem Mischungsverhältnis von 50 Prozent Yin und 50 Prozent Yang vorhanden wären. Das entspräche dann einer immerwährenden Dämmerung, was glücklicherweise völliger Blödsinn ist.

Wären Yin und Yang lediglich Gegensätze im Sinne der aristotelischen (westlichen) Entweder-oder-Logik, dann müssten sich die verschiedenen Aspekte gegenseitig ausschließen und wären weder zu einer Einheit noch zu einer dynamischen Harmonie fähig. Sie würden sich in ihrer Wirkung gegenseitig aufheben bzw. blockieren, da immer nur ein Aspekt möglich wäre. Was wäre das für eine armselige Welt mit einem noch armseligeren Homo sapiens!

Durch die Fähigkeit von Yin und Yang in Bezug auf ihre jeweilige konkrete Intensität zu einem äußerst verlässlichen entgegengesetzten Auf und Ab, bei dem im Laufe des Prozesses sogar abwechselnd einer der beiden zum Nullpunkt und der andere zum Maximum hin tendiert, und durch ihre Fähigkeit, sich komplementär zu ergänzen und sich zu vielen neuen, unterschiedlichen Kombinationen vereinen zu können, sind diese komplementären Aspekte in der Lage, eine Vielfalt sondergleichen zu erzeugen, weit entfernt von den im Vergleich dazu primitiven Entweder-oder-Gegensätzen, denen man lediglich zutraut, entweder ganz oder gar nicht zum Zuge zu kommen und eine andere Möglichkeit kategorisch ausgeschlossen wird.

Welcher der beiden Aspekte von Yin und Yang ist der bessere?

Yin-Aspekte: Frau, Dunkelheit, Nacht, Regen, Kälte, Tod …

Yang-Aspekte: Mann, Helligkeit, Tag, Sonne, Wärme, Leben …

Es entstammt wohl überschwänglicher Männerfantasie, die Bedeutung von Yin und Yang völlig zu missbrauchen. Demnach wäre die Sache zugunsten des Mannes völlig klar:

Die „dämlichen Frauen" sind Ausdruck von Dunkelheit und Nacht, von Regen und Kälte, also schlichtweg der Inbegriff von Tod.

Die „herrlichen Männer" dagegen sind Ausdruck von Helligkeit und Tag, von Sonne und Wärme, also schlichtweg der Inbegriff von Leben.

In Wirklichkeit aber ist das Prinzip Yin und Yang weit davon entfernt, die Welt in Gut und Schlecht einzuteilen. Beide Aspekte gelten als völlig gleichwertig. Sie werden als Lebensprinzipien stets gleichermaßen benötigt und können in dynamischer Harmonie miteinander stehen. Insofern ist die Frage, welcher der Aspekte der bessere ist, völliger Quatsch!

Zugegebenermaßen ist die Auflistung der Yin-und-Yang-Gegensatzpaare – womöglich noch in einer Gegenüberstellung – eher problematisch und verleitet zu solchen völligen Fehlinterpretationen. Umso wichtiger ist, sich mit diesem Prinzip genau auseinanderzusetzen.

Die Nacht ist nicht besser als der Tag bzw. der Tag ist nicht besser als die Nacht! Und – für diejenigen, die das immer noch brauchen – der Mann ist nicht besser als die Frau, allerdings auch nicht umgekehrt! Das wird völlig klar, wenn man sich die Mühe macht, genauer hinzugucken.

Da viele Menschen es gewohnt sind, in Entweder-oder-Kategorien zu denken, haben sie nicht selten den fast zwanghaften Drang, das eine als gut und das andere als schlecht zu bezeichnen. Galten nicht immer schon die Kräfte der Nacht als die Kräfte des Bösen? Gibt es aber nicht auch Menschen, die die Stille der Nacht bevorzugen? Es mag sein, dass es persönliche Vorlieben für Tag und Nacht, für Sommer und Winter gibt. Diese haben aber überhaupt nichts damit zu tun, ob ganz allgemein der Tag besser als die Nacht ist bzw. umgekehrt oder aber ob sie gleichwertig sind.

Biologisch ist eines völlig klar: Wir brauchen auf dieser Erde zum Überleben gleichermaßen beide Elemente. Keines von beiden ist besser als das andere. Yin und Yang sind völlig gleichwertig und gleichermaßen notwendig in ihrem ständigen Wechselspiel miteinander, genauso wie das Ein- und Ausatmen. Kein gesunder Mensch käme jemals auf die Idee, für längere Zeit nur eines von beiden tun zu wollen.

Das Symbol Yin und Yang wird durch die Farben Schwarz und Weiß dargestellt, was in der Erklärung dieses Prinzips auch Sinn ergibt. Die beiden Punkte symbolisieren, dass in jedem Yin auch etwas Yang enthalten ist und umgekehrt. Die Wirklichkeit aber ist „bunte Vielfalt", auf die es dieses Prinzip zu übertragen gilt. Die „Menschensonne" auf dem Buchdeckel dieses Bandes ist der Versuch der grafischen Umsetzung.

Evolution aus spiritueller Sicht
Von der Einheit durch die Vielfalt bewusst zur Einheit

Nach Ken Wilber, dem Us-amerikanischen Autor des Buches „Halbzeit der Evolution", findet Evolution von Singularität zu Singularität statt. Am Anfang und am Ende aller Entwicklung stehe die höchste kosmische Einheit. Alles komme dorther und alles gehe dorthin. Nur in dieser absoluten, höchsten Einheit gebe es die vollständige Erfüllung für jedes Wesen. Auf dem Weg dorthin lägen Getrenntheit und Unterschiedlichkeit, unzählige Lebensformen und Wiedergeburten. Dabei gebe es aber eine Entwicklung von niederen zu höheren Bewusstseinsstufen. Dieses geistige Wachstum werde einerseits angetrieben durch die Sehnsucht nach der höchsten Einheit und andererseits durch das allgegenwärtige Leid der Nicht-Erfüllung, was einen niemals zur Ruhe kommen ließe, bis man endlich am Ziel sei.

In jedem Leben erschienen Geburt und Tod wie der eigene Anfang und das eigene absolute Ende. Sie seien in Wirklichkeit aber nur einzelne individuelle Stufen im Kontext der viel umfassenderen Entwicklung. Die vielen Leben dazwischen seien die Chance, sich weiterzuentwickeln und weiterzugehen.

Aus der Perspektive der Evolution befinde sich der Mensch heutzutage auf dem halben Weg zwischen dem Tierischen und dem Göttlichen. Halb Tier halb Gott sei er eine unglückliche Mischung und den stärksten Konflikten ausgesetzt.

Die Tiere seien sterblich und verstünden das nicht. Die Götter seien unsterblich und wüssten das. Der Mensch aber sei sterblich und er wüsste das auch. Je weiter er sich geistig entwickle, desto bewusster würde er seine Situation wahrnehmen, desto mehr würde er unter der Getrenntheit leiden. Bei dieser Entwicklung wachse deshalb nicht nur das Potenzial zum Positiven, sondern auch das Potenzial zum Negativen. Die Geschichte zeige dies. Es hänge aber letztendlich von jedem einzelnen Menschen selber ab, in welche Richtung er sich entwickle.

Nach Ken Wilber könne man in allen Kulturen und Religionen Zeugnisse finden, dass Menschen z. B. durch Kontemplation (Versenkung) und Meditation die Möglichkeit hätten, schon zu Lebzeiten diese höchste kosmische Einheit, diese höchste Wirklichkeit tief in sich zu erfahren. Warum bemühen sich die meisten Menschen dann aber nicht darum?

Einerseits habe der Mensch eine unstillbare Sehnsucht nach dieser höchsten Wirklichkeit, da er nur in diesem Zustand die Getrenntheit und seine tiefsten Ängste überwinden und wirkliche Erfüllung erfahren könne.

Andererseits aber habe der Mensch auch eine Todesangst davor, da ihm der Weg dorthin wie die Vernichtung seines eigenen Ichs erscheine.

Um zur höchsten Einheit mit allem gelangen zu können, müsse man sich aus den engen Begrenzungen des eigenen Ichs befreien und innerlich von allem loslassen. Das habe Ähnlichkeiten mit der geistigen Transformation während des Sterbeprozesses. Nur wenige Menschen seien dazu bereit. So würden die meisten in ihrem Leben einerseits von ihrer Sehnsucht und ihrer Unerfülltheit getrieben und andererseits durch ihre Ängste blockiert. Als Konsequenz flöhen viele in immer extremere, sie möglichst ablenkende und betäubende Ersatzbefriedigungen und gäben ihr Leben zum Beispiel Geld, Macht, Konsum, Vergnügen, Gier, Sex und Drogen hin, was aber letzten Endes nur eine Sackgasse sei und zu immer mehr Leidensdruck führe.

Die Evolution aber gehe weiter – vom Ganzen zum Ganzen, bis jeder dort angekommen sei.

„Gott ist in jeder Hinsicht größer als alles …"

»Allahu akbar«
„ALLAH ist größer, weil ER in jeder Hinsicht größer ist als alles, was den Menschen je in den Sinn kommen könnte."
(Islam-Pedia.de,12.03.2017)

An dieser Stelle sollte man zumindest beim Lesen des folgenden Textes (also zeitlich begrenzt) einmal davon ausgehen, dass es tatsächlich einen Gott, eine höchste Wirklichkeit bzw. ein ewiges Weltenprinzip gibt, das über allem steht, als von vorneherein eine höhere Transzendenz prinzipiell abzulehnen. Nur so lässt sich die Logik der folgenden Punkte im Ganzen nachvollziehen, auch wenn man am Ende zu einer Weltsicht ohne ein Höchstes zurückkehrt.

Bei der kritisch-offenen Begegnung mit einer Religion spielt die Frage, ob in der Lehre und im Denken der Gläubigen Gott tatsächlich in jeder Hinsicht größer ist als alles, was den Menschen je in den Sinn kommen könnte, eine zentrale Rolle. Mit Hilfe dieser Fragestellung lässt sich erahnen, welche der religiösen Vorstellungen wohl eher der begrenzten, einseitigen Sicht des Menschen entspringen und eben nicht der göttlichen Weite.

Seit jeher bezeichnet man Gott bzw. das Höchste mit folgenden Attributen: als grenzenlos, als allwissend, als wahrhaftig, als allgegenwärtig, als allumfassend, als alles durchdringend, als allschaffend, als allmächtig, als immerwährend, als vollkommen, als höchste Gerechtigkeit, als Barmherzigkeit und als Liebe.

Es ist unbezweifelbar, dass diese Eigenschaften so nicht auf den begrenzten Menschen zutreffen.

Im Islam gibt es die sogenannten 99 Namen Gottes, auch Gottes schöne Namen genannt. Jeder dieser Namen, die in ihrer Absolutheit alleine Gott vorbehalten sind und von keinem Menschen getragen werden sollten, steht für eine der verschiedenen Eigenschaften Gottes: zum Beispiel der Eine, der Einzige, der Höchste, der Wahre, der alles Umfassende, der alles Bestimmende, der absolute Herrscher, der König, der Schöpfer, der Lebensspendende, der Wahrer der Sicherheit, der Geduldige, der Gerechte, der Nachsichtige, der Mitfühlende, der Gütige, der Verzeiher, der Barmherzige, der Liebevolle, der alles mit seiner Liebe umfassende, der Frieden, der Verborgene, den niemand wirklich begreifen kann, der Reiche, der niemanden braucht usw.

Auch im Zusammenhang mit diesen Bezeichnungen ist klar, dass derartige Begriffe – zumindest in völliger Perfektion – wohl niemals auf einen Menschen zutreffen können, da der viel zu begrenzt und fehlerhaft ist.

Was aber maßen sich Menschen dann an, wenn sie behaupten, dass sie ihre unvorstellbaren Schreckenstaten angeblich im Auftrag und im Namen Gottes begehen? Der Begriff der absoluten Blasphemie (Gotteslästerung) greift in diesem barbarischen Kontext eigentlich immer noch viel zu kurz, da er eher wie eine Verniedlichung des blutdürstigen Geschehens klingt.

Wie ernst kann man angebliche Gläubige nehmen, die einerseits mit den schönsten Namen ihren Gott verherrlichen, aber andererseits dessen Wesen durch ihr Tun mit Füßen treten?

Wie ernst könnte man eine Religion noch nehmen, wenn sich diese nicht entschieden dagegen zur Wehr setzen würde?

Mag sein, dass Gott allumfassend ist, der Mensch aber ist es sicher nicht und so quetscht er nicht selten seinen Gott in den Käfig seiner Begrenztheit, was dann mit Allumfassenheit nichts mehr zu tun hat. So auch im folgenden Beispiel:

In vielen Religionen verbindet man mit Gott das Gute und weniger das Schlechte. Im Katholizismus zum Beispiel umfasst Gott im Grunde nur das Gute und das Schlechte eher nicht. Die Sünde gilt als Missbrauch der menschlichen Freiheit, Gott selbstbestimmt zu lieben. Der Katechismus der katholischen Kirche schreibt hierzu: *„Satan oder der Teufel und die weiteren Dämonen waren einst Engel, sind aber gefallen, weil sie sich aus freiem Willen weigerten, Gott und seinem Ratschluss zu dienen. Ihre Entscheidung gegen Gott ist endgültig. Sie suchen den Menschen in ihren Aufstand gegen Gott hineinzuziehen."* (414)

„Die Macht des Satans ist jedoch nicht unendlich. ... Sein Tun bringt schlimme geistige und mittelbar selbst physische Schäden über jeden Menschen und jede Gesellschaft. Und doch wird dieses sein Tun durch die göttliche Vorsehung zugelassen ... Dass Gott das Tun des Teufels zulässt, ist ein großes Geheimnis, ..." (395)

„Gott hat den Tod nicht gemacht und hat keine Freude am Untergang der Lebenden. ... Doch durch den Neid des Teufels kam der Tod in die Welt." (413; Der Katechismus der katholischen Kirche, R. Oldenbourg Verlag, 1993)

Wie aber steht es dann mit der Allumfassenheit des christlichen Gottes, wenn das vermeintlich Schlechte – wie z. B. der Tod – im Grunde ausgeklammert wird?

Auch im Islam gilt der Teufel als Widersacher des Menschen, am Ende allerdings jedoch zumindest als „Werkzeug in Gottes Plan".

Im Judentum spielt der Satan eine etwas andere Rolle. Zu keiner Zeit handelt er in seiner Rolle als Versucher bzw. als Ankläger eigenmächtig bzw. außerhalb des Einflussbereiches von Gott, sondern stets in dessen Auftrag. Das Gute und das Böse gelten als in Gott begründet, als zwei Seiten eines Zusammengehörigen.

Im Buddhismus gibt es die Figur des „Mara" als Versucher und Gegenspieler, als Metapher für menschliche Beschränktheit, für störende Emotionen und für den Tod. Mara steht allerdings zu keinem Zeitpunkt außerhalb der höchsten Einheit.

Im Hinduismus ist „Brahman" der alles durchdringende, ewige Urgrund. Auf diesem beruhen die drei essenziellen sich gegenseitig bedingenden und ergänzenden Aspekte des Universums: das Erschaffen, das Bewahren und das Zerstören. Diese Aspekte bilden einerseits eine untrennbare Einheit und werden andererseits durch die Verbildlichung dreier Götter verkörpert: durch „Brahma als Schöpfer", durch „Vishnu als Erhalter" und durch „Shiva als Zerstörer". Das Leben mit seiner Vielfalt an Vorgängen und Zuständen – also z. B. auch mit dem Tod – findet sich hier unter einem Dach wieder, ohne die künstliche Trennung in göttlich und teuflisch. Im Hinduismus gibt es nicht die Vorstellung von der unabhängigen Existenz des Schlechten bzw. des Teufels. Das Universum mit all seinen Aspekten gilt als Manifestation Gottes bzw. des Höchsten. Solange ein Mensch das nicht erkennt, was an ihm selber und seiner eigenen fehlenden Erkenntnis liegt, erfährt er Probleme und Leid. Diese Illusion (Maya) verschwindet endgültig durch die Erleuchtung.

Es liegt also am Menschen selber und an seinen zum Teil diffusen theologischen Lehren, wenn Gott einem in verschiedenen Religionen als begrenztes Wesen erscheint. Gott bzw. die höchste Wirklichkeit bzw. das ewige Weltenprinzip sollten immer über allem stehen und durch nichts begrenzt sein.

Erweiterte Prämisse – neue Konsequenzen

♦ Für das Weitere ist es unverzichtbar, dass man einmal die Prämisse seines eigenen Glaubens – z.B. *„mein Gott ist der einzig wahre Gott"* – durch die viel umfassendere Prämisse *„die höchste Wirklichkeit ist in jeder Hinsicht größer als alles, was der Mensch sich selber jemals vorstellen kann"* zu erweitern. Dann nämlich entsteht plötzlich eine ganz andere Sichtweise, die auf einmal sehr viel mehr umfasst.

=> Geht man also davon aus, dass dieser Gott / dass diese höchste Wirklichkeit / dass dieses ewige Weltenprinzip in jeder Hinsicht größer ist als alles, was den Menschen je in den Sinn kommen könnte (übrigens: Theologen, Schriftgelehrte etc. sind auch nur Menschen), dann sollte Gott / dann sollte dieses Höchste / dann sollte dieses Prinzip alle Vorstellungshorizonte – also persönlicher Gott oder unpersönliches Sein oder ewiges Weltenprinzip etc. – problemlos übersteigen und sogar spielend umfassen und beinhalten können. Diese „Allwirklichkeit" würde demnach alles je Erdenkliche und noch sehr viel mehr enthalten: nicht nur das Männliche, sondern selbstverständlich auch das Weibliche; nicht nur die persönliche Individualität, sondern auch die unpersönliche Einheit; nicht nur das Gute, sondern fraglos auch das Schlechte; nicht nur das Leben, sondern sicherlich auch den Tod; nicht nur das Vergängliche, sondern auch das Ewige; nicht nur das scheinbar Göttliche, sondern garantiert auch das vermeintlich Teuflische, eben einfach alles.

♦ Ist das aber wirklich so (größer als alles …) – und davon sollte man zumindest für einen Augenblick einmal ausgehen – erhält dann nur ein einzelnes auserwähltes Volk, in einem auserwählten Universum, auf einem auserwählten Planeten, in einem auserwählten Land, in einer auserwählten Region, an einem auserwählten Ort einzig Zugang zu dieser Allwirklichkeit?

=> Geht man davon aus, dass die Allwirklichkeit in jeder Hinsicht größer ist als alles, was den Menschen je in den Sinn kommen könnte, dann sollten prinzipiell alle Geschöpfe und alle Völker in allen Universen, auf allen Planeten, in allen Ländern, in allen Regionen und an allen Orten Zugang zur Allwirklichkeit erlangen können.

♦ Ist das aber wirklich so (größer als alles + für jeden überall …) – und davon sollte man zumindest für einen Augenblick einmal ausgehen – gibt es dann nur einen einzigen Weg mit seinen einzigartigen Regeln, seinen ureigenen Methoden, Traditionen und Lehrern, die einem Zugang zur Allwirklichkeit vermitteln können?

=> Geht man davon aus, dass die Allwirklichkeit in jeder Hinsicht größer ist als alles, was den Menschen je in den Sinn kommen könnte, dann sollte es viele Wege mit ihren jeweiligen Regeln, Methoden, Traditionen und Lehrern geben, die einem Zugang zur Allwirklichkeit vermitteln können.

♦ Ist das aber wirklich so (größer als alles + für jeden überall + auf vielen Wegen…) – und davon sollte man zumindest für einen Augenblick einmal ausgehen – wovon hängt es dann ab bzw. wer oder was entscheidet darüber, ob man tatsächlich den Zugang zur Allwirklichkeit erlangen kann?

=> Geht man davon aus, dass die Allwirklichkeit in jeder Hinsicht größer ist als alles, was den Menschen je in den Sinn kommen könnte, dann kann sich jedes Geschöpf nur ernsthaft und aufrichtig selbst darum bemühen, mit Demut und mit Stärke, mit Liebe und mit Klarheit seinen eigenen Weg zu gehen, aufmerksam Ablenkungen und Hindernisse zu beseitigen und tief im Inneren mit offenem Herzen den Zugang zur Allwirklichkeit und damit die Antwort zu finden

♦ Ist das aber wirklich so (größer als alles + für jeden überall + auf vielen Wegen + selbst), dann gibt es keinen Menschen auf der Welt, der einen anderen jemals einen Ungläubigen nennen darf.

♦ Ist das aber alles nicht so (größer als alles + für jeden überall + auf vielen Wegen + selbst) – und davon kann man natürlich auch ausgehen – dann gibt es keine Allwirklichkeit, sondern nur die menschlich begrenzte Fiktion einer möglicherweise ganz bestimmten Gruppe, die erst Recht keinen anderen Menschen auf der Welt als Ungläubigen abstempeln darf. Es gibt keinen Zwang, alles und jedem zu glauben.

♦ Ist also für einen selber das alles nicht so, dann erspart man sich in seinem Leben einen nicht immer einfachen Weg, möglicherweise aber auch die Chance, tief in sich Sinn, Glück und Liebe zu erfahren. Ob dem dann so ist, das kann nur jeder selbst herausfinden.

Der Begriff der Allwirklichkeit

Sofern es aber so etwas wie die Allwirklichkeit gibt, ist diese selber niemals relativ, sondern immer größer als alles, was den Menschen je in den Sinn kommen könnte, sonst wäre sie nicht das, wofür man sie hält. Also ist die Allwirklichkeit immer absolut, souverän, unabhängig, bedingungslos, uneingeschränkt, alle Standpunkte umfassend, grenzenlos, vollständig, vollkommen etc.

Dieser neue, völlig unbelastete Begriff der Allwirklichkeit wird an dieser Stelle eingeführt, um damit Offenheit für möglichst viele religiöse Vorstellungen von Gott bzw. der höchsten Wirklichkeit und Wahrheit – und davon gibt es sehr, sehr viele – zu gewähren. Denn nur so lässt sich verhindern, das abweichende Vorstellungen von vorneherein ausgeschlossen werden.

Mit dem Begriff der Allwirklichkeit ist also immer das absolut Höchste gemeint. Vielleicht können einzelne gläubige Menschen so ja auch Aspekte entdecken, die sie bisher übersehen haben. Auch das ist ein Grund für die Benutzung dieses Begriffs.

Ein Christ würde den Begriff „Gott" verwenden, ein Jude „Jahve", ein Moslem „Allah", ein Hinduist „Brahman", ein Taoist „Tao", ein Buddhist „Nirvana" usw.

Erfahrungen der Allwirklichkeit werden als „Allwirklichkeits-Erfahrungen" bezeichnet, die entsprechenden Berichte als „Allwirklichkeitszeugnisse" und die jeweiligen Menschen, die diese Erfahrungen gemacht haben als „Allwirklichkeitszeugen". In diesem Sinn zählen also zu den Allwirklichkeitszeugen sowohl der christliche

Mystiker mit seiner Erfahrung der „Unio Mystica", als auch der Zen-Buddhist mit seiner „Satori-Erfahrung", der hinduistische Yogi mit seiner Erfahrung vom „Samadhi", der islamische Sufi mit seiner Erfahrung vom völligen Versinken im göttlichen Sein etc. Der Begriff der Allwirklichkeit kann ein Dach bieten für alles das.

„Allahu akbar"

Wer *„Allahu akbar"* ruft – von der Bedeutung her also: *„ALLAH ist größer, weil ER in jeder Hinsicht größer ist als alles, was den Menschen je in den Sinn kommen könnte"* – und dann zur gleichen Zeit andere Menschen und sich selber barbarisch niedermetzelt, der dokumentiert auf grausame Art und Weise in aller Öffentlichkeit, dass er in Wirklichkeit ein seelischer Krüppel ist, dessen Verstand, Emotionen und Moral und dessen persönlicher Glaube völlig verkümmert sind. Dadurch, dass er sich seinen bestialischen Trieben hemmungslos hingibt, beweist er, dass er von seinem Gott nun überhaupt gar nichts verstanden hat. Das gilt natürlich auch für alle, die solche Menschen als Helden und als Vorbilder für ihre Kinder feiern. Die Hoffnung auf den direkten Zugang zum Paradies durch ein Blutbad dürfte wohl der verhängnisvollste Irrtum sein, dem ein Mensch jemals unterliegen kann. Wäre der Zusammenhang nicht so unendlich schrecklich, könnte man diese absolute Verblendung auch als kosmischen Witz bezeichnen.

Für jeden denkenden Menschen bleibt nur zu hoffen, dass Gott tatsächlich größer ist als dieser menschgemachte Wahnsinn! Sonst wäre es für alle besser, es gäbe keinen Gott! Denn der Mensch an sich – also durch keinen Wahn verblendet und verführt – bevorzugt in der Regel eine friedliche und kooperative Lebenssituation – gruppen- und kulturübergreifend – sonst wäre die Spezies Mensch im Laufe der Evolution niemals soweit gekommen.

Der begrenzte Mensch

Im Gegensatz zur absoluten Allwirklichkeit, die einfach alles umfasst, ist kein Mensch jemals selber absolut: nicht seine Erfahrungen und seine Erkenntnisse, nicht sein Sprechen und sein Handeln, nicht seine Wege und seine Lehren, nicht seine Kultur und auch nicht seine Religionen (als Wege zum Ganzen bzw. als Wege zum Heil).

Der Mensch ist meist einseitig auf seinen Standpunkt fixiert, unvollständig, begrenzt und unvollkommen. Er ist nicht absolut, sondern relativ, weil er weitgehend abhängig ist von den Umständen um ihn herum.

Manchmal steht er seinem Leben und der Allwirklichkeit verloren und Zuflucht suchend gegenüber: in Last und Sorge, in Angst und Enttäuschung, in Niedergeschlagenheit und in Verzweiflung, in Schwäche und Krankheit, in Dunkelheit und Verirrung, in Ohnmacht und Orientierungslosigkeit. Er sucht nach Hilfe.

Manchmal steht er seinem Leben und der Allwirklichkeit selbstbewusst und erfüllt gegenüber: mit Freude und Glück, mit Urvertrauen und Inspiration, mit Hochgefühl und Weitblick, mit Stärke und Gesundheit, mit Intuition und Orientiertheit, ohne Unrecht und Schuld. Er ist voller Tatendrang.

Das sind nur zwei extreme Zustände, die ein Mensch erleben kann. Des Weiteren gibt es unzählige andere. Der Mensch ist nicht immer gleich. Unbezweifelbar erlebt er die unterschiedlichsten Situationen und Zustände in seinem Leben.

Leben ist Veränderung. Leben bedeutet Vielfalt. Leben bedeutet Andersheit:

- Dabei ist jeder Einzelne mit dem, was er gerade erlebt, und mit den Entwicklungen, die er gerade durchläuft, individuell verschieden.

- Ein jeder steht an einem anderen Punkt und hat so seinen ganz persönlichen Ausgangspunkt für seinen eigenen spirituellen Weg.

- Ein jeder beschreitet so einen anderen Weg, auch wenn sich die verschiedenen Wege oberflächlich gesehen ähneln mögen.

- Ein jeder hat in seinem Leben die für ihn wichtigen Erfahrungen zu dem für ihn richtigen Zeitpunkt zu machen. Niemand gleicht hier einem anderen. Niemand sollte sich deshalb diesbezüglich mit irgendwelchen Vorgaben bei einem anderen einmischen.

- Ein jeder muss folglich seine eigenen Schritte tun und ist für diese auch selbst verantwortlich. Man kann diese Verantwortung grundsätzlich nicht an andere abgeben.
- Ein jeder aber kann und sollte sich von dem „Hauch des Absoluten" inspirieren lassen, der von verantwortungsvollen Religionen und Lehrern vermittelt werden kann. Deren Aufgabe in diesem Prozess ist es, den notwendigen Rückenwind der Inspiration zu vermitteln und für Wegweiser und möglicherweise manchmal auch für Leitplanken zu sorgen, ohne jemals selber zwischen dem Menschen und der Allwirklichkeit zu stehen. Jedwede begrenzende Sicht durch Dritte sollte unbedingt vermieden bzw. verlassen werden.
- Auch deshalb sollte die eigene Vernunft nie vernachlässigt werden. Durch den eigenen spirituellen Weg kann aus ihr Weisheit erwachsen.

Was am Ende einzig zählt, sind die eigene Klarheit und Besonnenheit, die eigene Ernsthaftigkeit und Wahrhaftigkeit, die eigene Beständigkeit und Zielgerichtetheit, die eigene Liebe und Offenheit.

Auf dem Weg zur Allwirklichkeit, die größer ist als alles, was den Menschen je in den Sinn kommen könnte, sollte der Mensch stets darum bemüht sein, seine eigene Einseitigkeit zu überwinden, um eine möglichst umfassende Sicht von der Wirklichkeit einnehmen zu können. Auch wenn diese Sicht vielleicht niemals absolut sein wird, so bleibt sie zumindest nicht mehr ganz und gar einseitig.

Von der Allwirklichkeit zu lernen, bedeutet Schritt für Schritt jedwede Einseitigkeit zu überwinden. Am Ende ist das tiefe Glück seelisch-geistiger Bereicherung garantiert – und das nicht erst im Paradies.

Spirituelle Intelligenz

„Wenn die Bekenner der gegenwärtigen Religionen
sich ernstlich bemühen würden,
im Geiste der Begründer dieser Religionen
zu denken, zu urteilen und zu handeln,
dann würde keine auf den Glauben gegründete Feindschaft zwischen den Bekennern verschiedener Religionen existieren. Noch mehr, sogar die Gegensätze im Glauben
würden sich als unwesentlich herausstellen."

(Albert Einstein, Botschaft an den Nationalen Kongress von Christen und Juden 1947, „Denken mit Albert Einstein", diogenesverlag.tumblr.com; gutezitate.com)

Buddha kam einmal in die Stadt Kesaputta, durch die schon viele Lehrer mit sich widersprechenden Lehren durchgezogen waren. Alle behaupteten von sich, den jeweils einzig wahren Weg zu verkünden. Die Bewohner der Stadt waren verwirrt und wussten nicht, welche der Lehren denn jetzt nun die richtige war und fragten deshalb Buddha, der darauf antwortete:

„Geht nicht danach,
was ihr schon oft gehört habt,
nicht nach den Überlieferungen,
nicht nach Hörensagen,
nicht nach der Autorität der heiligen Schriften,
nicht nach Vermutungen,
nicht nach Dogmen,
nicht nach plausiblen Erwägungen,
nicht nach bevorzugten Meinungen,
nicht nach der Autorität eines Lehrers,
Wenn ihr selber erkennt:

Diese Dinge sind schlecht, tadelnswert
und werden von den Weisen missbilligt,
da sie ausgeführt zu Unheil und Übel
von Euch und allen fühlenden Wesen führen,
dann gebt sie auf!
Wenn ihr selber erkennt:
Diese Dinge sind gut, tadellos
und werden von den Weisen gelobt,
da sie ausgeführt zu Wohlergehen und Glück
von Euch und allen fühlenden Wesen führen,
dann nehmt sie an und behaltet sie bei!"
(freie Zusammenfassung einer Erzählung aus dem Kalama-Sutta)

Wo ist der Homo sapiens bei dem Versuch gelandet, die Wirklichkeit, in die er lebt, besser zu verstehen?

Sind die Menschen nicht genauso verwirrt wie die Bewohner von Kesaputta?

Berücksichtigt man die unüberschaubare Vielfalt religiöser Antworten, berücksichtigt man neben allem Segensreichen das unermessliche Leid, das im Namen der oft ganz unterschiedlichen Religionen unter den Menschen angerichtet wurde und immer noch angerichtet wird, dann ist völlig klar, dass eine globale Befriedung der Menschheit nur dann gelingen kann, wenn die Menschen so etwas wie „spirituelle Intelligenz" entwickeln.

Wer sich nicht mit der Befriedung der Religionen beschäftigt, kann bei der Befriedung der Menschen nicht erfolgreich sein! Das ist der Grund, warum das Thema Religionen eine derart zentrale Rolle spielt und in unterschiedlichen Zusammenhängen auf sie eingegangen werden muss. Der folgende Text ist diesbezüglich eine Zusammenfassung und Weiterführung der wichtigsten bisher genannten Punkte.

Religion und Wissenschaften

Im sogenannten christlichen Abendland war lange Zeit das Wissen über die Natur der Dinge dem überlieferten Glauben durch die Bibel völlig klar untergeordnet. Auch wenn sich die Theologie sehr wohl auf griechisch-philosophisches Denken und insbesondere auf die aristotelischen Logik-Prinzipien stützte, durfte es nichts geben, was durch den Glauben nicht sein durfte. Wer dagegen verstieß, hatte zum Teil mit drastischen Strafen zu rechnen. Lange Zeit wurde zum Beispiel die Philosophie als (unterwürfige) „Magd der Theologie" angesehen. In seiner Enzyklika „Glaube und Vernunft" (1998) versuchte Papst Johannes Paul II. dagegenzuhalten. Mit seiner Aussage, dass die Philosophie nicht die Magd der Theologie sei – sich der Theologie also logischerweise gar nicht unterordnen müsse – blieb er allerdings im Ansatz stecken. Er präsentierte lediglich eher eine Schön-Wetter-Lösung ohne veränderte Konsequenzen für inhaltliche wirklich strittige Fragen. Denn sollte es unerwarteterweise zu Erkenntnissen kommen, die die wichtigen Aussagen der Theologie in Frage stellen würden, dann habe auch nach Papst Johannes Paul II. am Ende doch die Theologie das letzte Wort. Gleiche Augenhöhe von Philosophie und Theologie sieht völlig anders aus!

Ab dem 17. Jahrhundert begann sich die Empirie – die entstehende empirische Wissenschaft, die auf systematischen Beobachtungen und wiederholbaren Experimenten fußte – Schritt für Schritt aus der festen Umklammerung durch religiöse Aussagen zu befreien. Im Rahmen der fortschreitenden „Aufklärung" sollten alle Strukturen, die den wissenschaftlichen Fortschritt behinderten, durch rationales Denken überwunden werden. Wen verwundert es da, dass die Wissenschaft nach langer Zeit geistiger Bevormundung durch wirklichkeitsfremde Frömmelei bis heute jedwede geistigen, spirituellen, übersinnlichen und transzendenten Bereiche im Grunde genommen zwanghaft ausschließt.

Wissenschaftler, die sich mit diesen Bereichen beschäftigen – zum Beispiel mit religiösen Phänomenen, mit sogenannten parapsychologischen Erscheinungen, mit Nahtoderfahrungen, mit Berichten über Erinnerungen an ein früheres Leben, aber auch z. B. mit der Wirkungsweise alternativer Heilmethoden – werden bis heute von ihren Kollegen als unwissenschaftlich verspottet.

Das ist ohne Zweifel natürlich das andere Extrem. Galten früher die Aussagen der Religion als absolute Wahrheit, wird heute mit den Aussagen der Wissenschaften ähnlich umgegangen. Es liegt auf der Hand, dass es an der Zeit ist, endlich zu einer wirklich intelligenten Sicht zu gelangen.

Um wie viel reicher könnte das Wissen in existenziellen bzw. in fundamentalen Fragen sein, wenn Menschen ganz unterschiedlicher Richtungen auf gleicher Augenhöhe respektvoll bei der komplementären Erforschung der ganzen Wirklichkeit kooperieren würden. Ganz verschiedene Wissenschaften, auch Philosophie und Religionswissenschaften, auch Psychologie und Parapsychologie und verschiedene Religionen und Theologien, könnten demnach fruchtbar zusammenarbeiten und jeweils ihre Fähigkeiten und ihr Wissen beitragen. Globale Intelligenz ermöglicht solch eine seriöse Zusammenarbeit. Das ist etwas, worauf man sich mit Spannung freuen kann!

Der religiöse Mensch und die Natur

Dabei ist als Basis für alle Menschen wichtig, dass sie sich mit ihren Mitteln für einen fürsorglichen Umgang mit der Erde und deren Ressourcen einsetzen. Vor allem von jedem religiösen Menschen kann erwartet werden, dass er sich mit all seiner Kraft, mit all seinem Wissen und mit all seiner Zeit für den Erhalt der (göttlichen) Schöpfung einsetzt. Dass dies für einen gläubigen Menschen geradezu eine persönliche Verpflichtung ist, sollte sich einem denkenden Menschen von alleine erschließen. Jede Religion sollte diese Verpflichtung zur Fürsorge für die Schöpfung anerkennen und Menschen dazu inspirieren. Wer die Schöpfung und seine Geschöpfe nicht schützt, hat vom Schöpfer nichts verstanden! Das ist wohl mehr als nur ein denkwürdiger Gedanke.

Spiritualität und Respekt

Die unverzichtbare Basis spiritueller Intelligenz ist der gegenseitige Respekt. Keine Religion und kein einzelner religiöser Mensch dürfen jemals diskriminiert werden!

Jeder Mensch stellt mit seinen individuellen spirituellen Erfahrungen eine Bereicherung für die anderen Menschen dar. Jedwedes Konkurrenzdenken im religiösen Kontext ist völlig fehl am Platz. Im Gegenteil, das Prinzip des Voneinander Lernens sollte die Menschen verbinden.

Ein jeder kann und soll sich diejenige Religion bzw. diejenige Formen der Spiritualität auswählen, die ihm am glaubwürdigsten erscheinen und von denen er überzeugt ist, dass sie ihm zum Höchsten, also zur Allwirklichkeit führen. Religiöse Hinwendung ist immer etwas sehr Persönliches und sollte seine Begrenzung im Grunde genommen nur durch die Menschenrechte und die Menschenpflichten, aber auch durch die Grundregeln der Kooperation erhalten.

Religiöse Inhalte und Praktiken aber, durch die ein friedliches und fruchtbares menschliches Miteinander untergraben wird, müssen nachhaltig eine angemessene, aber unmissverständliche Reaktion der übrigen Gesellschaft erfahren.

♦ Das Nachfolgende wird höchstwahrscheinlich erstaunen, nicht wenige äußerst befremden und viele sogar abstoßen. Dennoch sollte man solch eine Haltung vor einem möglicherweise vernichtenden Urteil erst ganz genau zur Kenntnis nehmen. Sie ist aufrichtig und ernst gemeint – überdies für eine möglichst breite Kommunikation über religiöse Phänomene auf gleicher Augenhöhe unverzichtbar.

Wirklich keine nach obigen Kriterien gesellschaftlich akzeptable Form der Spiritualität soll kraft „Unwissenheit" oder aufgrund von Überheblichkeit ausgeschlossen werden, weil sie vielleicht dem „Mainstream" widerspricht oder den eigenen Erfahrungs-Horizont völlig übersteigt. Die Menschheitsgeschichte legt nahe, dass es vieles gibt, was einem oberflächlichen Verstand verborgen bleiben kann, wovon man selber vielleicht überhaupt keine Ahnung hat und was mit einseitigen wissenschaftlichen Methoden nicht zu erklären ist.

Deshalb sollen von ganzem Herzen der Allwirklichkeit, dem Höchsten, Gott und all den anderen Göttern, den göttlichen Wesen, Engeln, Propheten und Heiligen, den Schutzengeln, guten Geistern und den Naturwesen, aber auch den Geistwesen der Dunkelheit, des angeblich Bösen und des Todes usw. – um nur einige zu nennen – mit Respekt und kritischer Offenheit begegnet werden. Zunächst einmal geht es um eine grundsätzlich respektvolle innere Haltung und nicht um den eigenen Glauben. Denn wer vermag auf den ersten Blick schon verlässlich einzuschätzen, was davon auf die unzähligen Geschichten und die überbordende Fantasie der Menschen und was davon auf eine reale Existenz zurückzuführen ist. Solche wollte man dann ja eher mit Achtung und Dankbarkeit bedenken als mit Verachtung. Im spirituellen Kontext ist – sofern die menschlich-gesellschaftlichen Rahmenbedingungen (s. o.) eingehalten und der gesunde Menschenverstand nicht prinzipiell ausgeschlossen wird – eher eine gesunde, kritische Demut angesagt als ein lautstarkes Krakeelen. Nur so verhält man sich nicht, wie der Elefant im Porzellanladen.

Insgesamt geht es um eine besonnene und gleichfalls tabulos kritisch hinterfragende Offenheit, was in keiner Weise einen nicht praktikablen Widerspruch darstellt. Erst eine respektvolle und konstruktive innere Haltung erlaubt ein besonnenes und vielsichtiges, durchaus tabuloses Auf-den-Grund-Gehen.

Nach dem Motto „Ehre wem Ehre gebührt" wendet sich nichts von dem, was hier im Zusammenhang mit Religionen geäußert wird, gegen tatsächlich existierende „Kräfte" bzw. „Wesen", sondern immer nur gegen die Begrenzung und Vereinseitigung durch die Menschen und deren teilweise eklatante spirituelle Unreife und Unwissenheit. Das ist sehr wichtig! Es kann und soll in keiner Weise darum gehen, aufgrund einer begrenzten menschlichen Sicht eine real existierende höhere Macht zu negieren! Allerdings soll genauso wenig irgendetwas „herbeigebetet" werden, das nur in der Fantasie des Menschen existiert.

Das alles ist natürlich ein kaum zu erkennender Grat, weshalb die angemessene innere Haltung als Orientierungspunkt um so wichtiger ist.

Kein Mensch sollte sich jemals erheben und für einen anderen entscheiden, welcher Gott wahr und welcher nicht wahr ist. Das ist wohl etwas, was nur den einzelnen Menschen und seinen Gott anbetrifft. Die Begegnung mit dem Höchsten ist das Privateste im Leben eines Menschen überhaupt.

Diesbezüglich muss man allerdings tabulos ehrlich mit sich selber und durchaus kritisch-offen für die Sicht anderer, vor allem für die Sicht spirituell erfahrener Menschen sein. Es darf überhaupt nicht darum gehen, sich seinen eigenen religiösen Horizont zu konstruieren oder den anderer zu übernehmen, wenn dieser mit der Wirklichkeit wenig bzw. nichts zu tun hat. Ein spiritueller Weg hat nur dann seine Daseinsberechtigung, wenn er tatsächlich zur höchsten Wirklichkeit – eben zur Allwirklichkeit – führt.

Alle anderen Phänomene verdienen keinerlei Aufmerksamkeit, weil sie möglicherweise der persönlichen Weiterentwicklung am Ende nur im Wege stehen. Wahre Spiritualität hat mehr mit der Wirklichkeit zu tun als alles andere auf dieser Welt. In diesem Kontext erscheinen die meisten Wissenschaftler als Geschichtenerzähler aus einer sehr einseitigen Welt.

♦ All den anderen Wesen und angeblich heiligen Phänomenen, die nur in den Vorstellungen und Geschichten der Menschen existieren – wobei an dieser Stelle überhaupt nicht klar ist, ob bzw. wie sich das allgemeingültig (definitiv) bestimmen lässt – soll vor allem auch aus Rücksicht auf die jeweiligen „Geschichten-Erzähler" zumindest mit Höflichkeit begegnet werden. Das schließt allerdings konstruktives Infragestellen und Hinterfragen überhaupt nicht aus, sondern verlangt geradezu danach.

♦ Ausdrücklich sollen alle Menschen respektiert werden, die nicht an die Existenz irgendeiner höheren Wirklichkeit glauben und für die die Ausführungen vorher vermutlich nur sehr schwer zu ertragen waren! Es ist das gute, völlig akzeptierte Recht eines jeden Menschen, nicht religiös zu sein. Niemand darf deshalb diskriminiert werden. Im Gegenteil, solche Menschen sind sehr willkommen und sollten bei Interesse zu einem konstruktiven Austausch auf gleicher Augenhöhe eingeladen werden. Nicht selten stößt man unter ihnen auf sehr ernsthafte und sehr klare Denker, deren Perspektive ein wichtiger Beitrag und eine wertvolle Bereicherung bei der Erforschung der Wirklichkeit sein kann. Vielleicht nehmen ja auch sie mit Wohlwollen wahr, dass sich auch religiöse Menschen im Zusammenhang mit Spiritualität um Intelligenz bemühen können. Vielleicht ermöglicht ja der gemeinsame „komplementäre Blick" von religiösen und nicht religiösen Menschen einen Vorstoß zu neuen Erkenntnissen.

♦ Die Menschen selber aber, von denen jeder einzelne Respekt verdient, sollen an dieser Stelle mit einer Art Friedensgruß bedacht werden – hier stellvertretend nur einige wenige Formulierungen: „Svit z vamy", „Pax tecum", „Schalom", „Friede sei mit Euch", „as-salāmu ʿalaikum ", „Trashi Deleg", „Namaste", „anata ga kôfuku de arimasu youni", „zhu ni ping an", „Paco estu kun vi", „Tebūna su tavimi taika", „Peace be with you", „Aleykümselâm", „Fred være med dig", „Frid vare med dig", „la paz esté contigo", „La pace sia con voi", „La paix soit avec vous", „Paz seja contigo", „pyeonghwaneun dangsingwa hamkke", „Píng'ān yǔ nǐ tóng zài", „Vrede vir julle", „Damai sejahtera bagi kamu", „Heiwa wa anata to issho ni", „Kia tau te rangimarie ki a koutou", „Mir s vami",

„Bình an cho bạn", „shlum zeyn mit ir", „I eiríni eínai mazí sas", „niṅṅaḻkku samādhānaṁ", „Pokój niech będzie z tobą", „Vrede zij met u", „Sạntiphāph xyū̀ kạb khuṇ", „Amani iwe nanyi", „Ukuthula makube nawe", „Nabadi ha idinla jirto", „Udo na gị", „Āpakē śānti kē sātha rahēṁ", „Jai Sat Chit Anand" … !

Im Hinduismus gibt es das folgende Mantra zur Versöhnung der Welt ohne Differenzen zwischen den Konfessionen: *„Om Namo Narayanaya"!*
(Quellen u. a.: Google Übersetzer und Wikipedia)

Mag auch das seltsam anmuten, was es ja vermutlich auch ist! Aber dennoch, ein jeder soll die Möglichkeit haben, sich respektiert und willkommen zu fühlen. Nur deshalb steht das in all seiner Unvollständigkeit an dieser Stelle. Jeder ist dazu eingeladen, mit seiner Sicht und seinen Erkenntnissen konstruktiv zur Ergründung der Wirklichkeit beizutragen.

Intelligentes Miteinander

♦ Kein Mensch auf der Welt wird als Sklave Gottes geboren, auch nicht als Sklave irgendeiner religiösen Gemeinschaft, selbst wenn diese davon überzeugt sein sollte.

Auf der einen Seite ist jeder Mensch grundsätzlich frei. Jeder muss sein Leben auf die eigene Weise leben. Es ist aus spiritueller Sicht die ureigene Aufgabe eines jeden einzelnen, seinen eigenen Weg zur höchsten Wirklichkeit zu finden und zu beschreiben. Niemand darf ihm dabei Vorschriften machen, so lange er durch sein Tun nicht die Grundprinzipien des gesellschaftlichen Miteinanders missachtet. Diese sind bzw. werden vom Menschen kraft seiner Einsicht und Intelligenz zum Zwecke eines ausgeglichenen, friedlichen Miteinanders aller Menschen im Einklang mit seiner Lebensgrundlage Erde aufgestellt und sind für alle verbindlich. Es darf kein religiös begründetes Recht geben, das diese Grundprinzipien außer Kraft setzt. Der Mensch muss sein Leben und sein Miteinander als freies Geschöpf selbst gestalten. Natürlich kann er sich dabei durch seine Religion bzw. seine Spiritualität inspirieren lassen. Aber eines sollte vollkommen klar sein: Sogenannte höchste Gesetze, die auf Einseitigkeit und nicht auf Vielfalt fußen, die im Grunde genommen Menschen ausgrenzen und gegenseitig ausspielen, anstatt sie zu vereinen, die am Ende Hass und Gewalt anstatt Liebe und Fürsorge, die Ungerechtigkeit und Ausbeutung anstatt Gerechtigkeit und Solidarität, die Besessenheit und Unbarmherzigkeit anstatt Besonnenheit und Barmherzigkeit fördern und fordern, können niemals der höchsten Wirklichkeit entstammen, sondern lediglich menschlicher Begrenztheit, selbst wenn derartige Regeln und Gesetze noch so heilige Namen tragen und höchstgradig religiös verpackt sind. Dennoch dürfen sie keinerlei Bewandtnis mehr haben! Spätestens heute ist es ein unabwendbares Gebot religiöser Lauterkeit, dass man tabulos von allen religiösen Einseitigkeiten Abstand nimmt und sich um eine vielfältige, durch eine tiefe Spiritualität geprägte Sicht bemüht. Das Heil jedes einzelnen Menschen besteht nicht im krampfhaften Festhalten an nicht (mehr) relevanten, uralten Traditionen, sondern einzig und allein in seiner eigenen Annäherung an das Höchste im Hier und Jetzt.

Wer ist eigentlich jemals auf die Idee gekommen, dass Gott sich nur alle eintausend Jahre einmal bei den Menschen „meldet" und dann seine Vorgaben offenbart – häufig sogar nur einer kleinen Gruppe, die das dann allen anderen Menschen mitteilen soll? Muss ein denkender, aber dennoch an wahrer Spiritualität interessierter Mensch so etwas (immer noch) ernsthaft glauben? Sollte man sich an solch einem Punkt nicht einmal fragen, wer eigentlich den Nutzen aus derartigen Vorstellungen zieht? Gott etwa?

Es gibt auch 2017 auf der Welt einige ernst zu nehmende Menschen mit einem sehr tiefen spirituellen Wissen. Hört man ihnen einmal zu, so stößt man auf liebevolle Weite anstatt auf kleinkarierte Enge, auf Inspiration anstatt auf Zwang.

Solange aber viele Religionen und vor allem sehr viele religiöse Menschen derart desorientiert unterwegs sind, sind menschgemachte Regeln und Gesetze, die unter Aufbringung aller zur Verfügung stehenden Intelligenz zum Wohle der gesamten Menschheit und der Erde installiert werden, völlig unverzichtbar. Alleine sie haben die Chance auf kulturübergreifende Verbindlichkeit und können so die oberste Richtschnur für angemessenes menschliches Verhaltens sein.

♦ Jeder neugeborene Mensch ist individuell verschieden, als Geschöpf aber jedem anderen gleichwertig. Die Vielfalt durch Individualität, die im Laufe des Lebens weiter zunimmt, wurzelt im gleichen Grund und hat die identische Quelle. Die Menschen sind verschieden und dennoch miteinander verbunden.

♦ Neben der unbestrittenen Tatsache der persönlichen Freiheit eines jedes Einzelnen, ist es gleichermaßen ein Fakt, dass der Mensch auf der anderen

Seite mit vielen anderen zusammen lebt. Dieses Miteinander ist in vielerlei Hinsicht überlebenswichtig für jeden Menschen. In jungen Jahren und im hohen Alter, bei Krankheit und Schwäche ist jeder auf die Hilfe anderer angewiesen ist. Zur Bewältigung seines Alltags benötigt er ebenfalls die Kooperation unzählig vieler anderer.

Wie sollte man beispielsweise sonst ein Glas gekühltes Mineralwasser zuhause an seinem Esstisch trinken können?
Wie viele Menschen sind notwendig, um diesen Vorgang zu ermöglichen? Diese Vorstellung kann einen schwindelig machen!

Da Hilfsbereitschaft und Kooperation innerhalb einer Gemeinschaft auf Dauer aber nur durch Gegenseitigkeit aufrechterhalten werden können, ist der Mensch nicht nur frei, sondern trägt gleichermaßen auch Verantwortung (u. a.) für seine Mitmenschen – so wie diese für ihn.

Die Menschen sind im Laufe ihrer evolutionären Entwicklung zu Meistern der Kooperation geworden. Es wäre ein großer Fehler – um nicht zu sagen eine absolute Dummheit – wenn sie sich heute durch anderslautende Einstellungen oder kontraproduktive gesellschaftliche Systeme davon abbringen lassen würden. Die Fähigkeit zur Kooperation wird mit der Muttermilch eingesaugt und sollte nicht auf Weisung anderer wieder ausgespuckt werden. Auch Religionen sollten die Kooperation der Menschen mit aller zur Verfügung stehenden Inspiration unterstützen, anstatt sie zum Beispiel nur auf die eigenen Anhänger zu reduzieren versuchen.

♦ Wie im Vorangegangenen bereits erwähnt, müssen also die Menschenrechte und die Menschenpflichten, ebenso die Grundregeln der Kooperation, die Basis für jedwedes geordnete Miteinander der Menschen und ihrer Religionen sein.

Die Menschenrechte gelten für alle Menschen ohne irgendeinen Unterschied, etwa nach Rasse, Hautfarbe, Geschlecht, Sprache, Religion, politischer oder sonstiger Anschauung, nationaler oder sozialer Herkunft, Vermögen, Geburt oder sonstigem Stand.

Im Artikel 1 des Grundgesetzes der Bundesrepublik Deutschland heißt es: *„Die Würde des Menschen ist unantastbar"*. Demnach hat jeder Mensch das Recht *„auf Leben, Freiheit und Sicherheit der Person"*, also auf körperliche, geistige und emotionale Unversehrtheit. *„Jeder hat das Recht auf Gedanken-, Gewissens- und Religionsfreiheit; dieses Recht schließt* *die Freiheit ein, seine Religion oder seine Weltanschauung zu wechseln, sowie die Freiheit, seine Religion oder seine Weltanschauung allein oder in Gemeinschaft mit anderen, öffentlich oder privat durch Lehre, Ausübung, Gottesdienst und Kulthandlungen zu bekennen".* Ebenso wird jedem das Recht *„auf Meinungsfreiheit und freie Meinungsäußerung"* zugebilligt. Dies sind nur einige der sehr wichtigen Rechte.

In den so genannten Menschenpflichten (1997) wird menschenfreundliches und friedensförderndes Verhalten behandelt, das im Prinzip allen Menschen auferlegt sein soll. Menschen haben nicht nur persönliche Rechte, sondern auch gemeinschaftliche bzw. gesellschaftliche Pflichten.

Die Repräsentanten der Religionen zum Beispiel haben die besondere Pflicht, Äußerungen von Vorurteilen und diskriminierende Handlungen gegenüber Andersgläubigen zu vermeiden. Sie sollen Hass, Fanatismus oder Glaubenskriege weder anstiften noch legitimieren, vielmehr sollen sie Toleranz und gegenseitige Achtung unter allen Menschen fördern. Diese Pflicht sollte natürlich von allen Menschen, die mit einer Religion zu tun haben, beherzigt werden.

Solange auch nur eine Religion immer noch für sich in Anspruch nimmt, der einzig wahre Weg für alle Menschen zu sein, ist ein friedliches Miteinander der Menschen gefährdet. Solch eine Religion muss dann in aller Höflichkeit, aber auch in aller Deutlichkeit und vor allem in aller Öffentlichkeit dazu aufgefordert werden, die Menschenrechte und Menschenpflichten zu respektieren und sich als eine Religion des Friedens zu bekennen, die jeden Andersgläubigen mit Respekt behandelt.

Zunächst muss es ein intelligentes und friedvolles Nebeneinander der Religionen geben, das sich dann zum Segen der Menschheit und der Welt am besten zu einem fruchtbaren Miteinander weiterentwickelt.

♦ Die Notwendigkeit für die Grundregeln der Kooperation ergeben sich aus der Tatsache, dass in der Zukunft Kooperation das zentrale System des menschlichen Miteinanders sein wird, da ohne Kooperation ein friedliches Miteinander der Menschen niemals möglich ist. Das realistische Verständnis von Kooperation, die im komplementären Sinne gleichermaßen das Eigen-, Gemein- und das Universalwohl fördert, führt unweigerlich zu grundlegenden Verhaltensvorgaben, die von allen Beteiligten eingehalten werden müssen, wenn fruchtbare Kooperation gelingen soll. Also wenn ein jeder Beteiligte gleichermaßen Nutznießer von Kooperation sein soll, die ebenfalls die Interessen der Menschheit und der Natur berücksichtigt, dann bedarf es positiver Verhaltensvorgaben in Bezug auf die erforderlichen sozialen Kompetenzen: z. B. die Berücksichtigung der sogenannten Goldenen Regel (z. B. *„Was du nicht willst, das man dir tu, das füg auch keinem anderen zu."* und viele andere, ähnliche Formulierungen), Authentizität, Ehrlichkeit, Wahrhaftigkeit, Ernsthaftigkeit, Bemühtheit, Verlässlichkeit, Offenheit, Respekt, Besonnenheit, Toleranz, Empathie, Wertschätzung, Kommunikationsfähigkeit, Kritikfähigkeit, Lernfähigkeit, Flexibilität, Kreativität usw. Hieraus lassen sich konkrete Grundregeln ableiten, die für eine Kooperation auf gleicher Augenhöhe unverzichtbar sind. Kooperation kann nicht funktionieren, wenn man sich zum Beispiel gegenseitig belügt und betrügt, wenn eigene Interessen und nicht das gemeinsame Anliegen im Vordergrund stehen, wenn Narzissmus und Egozentrik, wenn Besserwisserei und Überheblichkeit, wenn Faulheit und Übervorteilung, wenn Hass und Gewalt das Klima der Zusammenarbeit vergiften – um nur einige Punkte zu nennen.

Die Grundregeln der Kooperation gehen sehr viel weiter, als die Menschenrechte und Menschenpflichten. Sie sind ebenso weder auf eine einzelne Kultur noch auf eine bestimmte Religion fixiert, können so also kulturübergreifend Akzeptanz erfahren.

Religionen sollten dabei an vorderer Stelle stehen, wenn es darum geht, kooperatives Verhalten mit Inspiration zu fördern.

Spirituelle Intelligenz für unterwegs

♦ Natürlich darf ein jeder Mensch mit Stolz und Inbrunst seinen eigenen religiösen Weg beschreiten und davon überzeugt sein, dass genau dieser Weg für ihn der einzig richtige ist.

Eines sollte an dieser Stelle völlig klar sein: Dieser Weg ist nicht der einzig richtige Weg für jedermann, sondern lediglich der einzig richtige Weg für ihn und vielleicht noch für einige andere. Jeder Mensch kann und muss seinen eigenen Weg einschlagen.

Wenn jemand behauptet – „Dieser Gott ist für mich der einzig wahre Gott." – dann ist das legitim und mag für ihn so sein, bezieht sich aber niemals zwangsläufig auch auf seine Nachbarn.

♦ Es sollte mit Besonnenheit darüber nachgedacht werden, wie man Kinder künftig religiös erzieht. Beeinflusst man sie weiterhin wie bisher möglichst ab ihrer Geburt im Sinne der eigenen Religion – jede Diktatur macht auch so etwas Ähnliches – oder gewährt man ihnen zukünftig nicht besser eine viel umfassendere, vor allem aber liebevolle religiös-spirituelle Erziehung, die den jungen Menschen – manchmal auch Kindern – in wohl dosierten und geeigneten Augenblicken inspirierende Rituale aus den unterschiedlichsten Religionen als nachvollziehbare Lebensbereicherung bzw. als Horizonterweiterung anbietet? Könnte man vielleicht wichtige religiöse Feste gemeinsam feiern?

Ist es nicht sinnvoll, in den verschiedenen Ausbildungsphasen auf gleicher Augenhöhe Wissen über ganz unterschiedliche Religionen zu vermitteln?

Sollten der Besuch ganz verschiedener Gebetsstätten und die Begegnung mit ganz unterschiedlichen religiösen Lehrern nicht zu einer Selbstverständlichkeit werden?

Wäre es nicht vielleicht angeraten, junge Erwachsene selber entscheiden zu lassen, welchen Weg sie im Leben gehen wollen?

Geht es im Leben jedes Einzelnen nicht genau darum, einen Weg zu finden, den man mit Freude und Verstand selber gehen will?

Besteht nicht die Gefahr, dass man jungen Menschen durch ungewollte Vorgaben das Interesse an gelebter Spiritualität auf Dauer nimmt?

Diesbezüglich sollten künftig intelligente Wege in der Erziehung junger Menschen gefunden und umgesetzt werden!

Wäre es nicht eine substanzielle Bereicherung für jede Religion, wenn sie aufhörte, auf die Zahl ihrer Mitglieder zu schielen, sondern stattdessen Wert auf die Qualität ihrer Botschaft und das überzeugte Engagement freiwilliger Mitglieder setzte?

Was sind das für Religionen, bei denen Quantität Vorrang vor Qualität hat? Bereiten sie wirklich den Weg zum Heil oder kümmern sie sich mehr um Ansehen, Macht und Kasse?

♦ Menschen sollten sich darum bemühen, Schritt für Schritt den wahren Kern ihrer eigenen Religion zu erkennen. Durch Anleitung, durch gegenseitige Hilfe und durch eigene spirituelle Vertiefung sollten sie mit aller gebotenen Vorsicht und Höflichkeit lernen, den wahren Kern mehr und mehr vom allem überflüssigen Beiwerk und all den Geschichten drum herum zu unterscheiden.

Dabei soll nicht das Kind mit dem Bade ausgeschüttet werden. Jede Religion erhält so die Chance, ihren wertvollen Schatz freizulegen und die Verunreinigungen durch die Zeit endlich abzulösen. Dabei wird nicht die Religion dem Zeitgeist geopfert, sondern der Schmutz der Zeit der (möglichst reinen) Religion und einem klaren Geist. Das, was tatsächlich zum Heil (zum Ganzen) führt, verdient die Aufmerksamkeit der Menschen, alles andere ist nicht von Interesse.

♦ Die tiefe religiöse Sehnsucht eines Menschen richtet sich (im Wesentlichen) auf das Ganze, auf das Heil, eben auf das Höchste, also auf die Allwirklichkeit. Das sollte man nie aus den Augen verlieren, wenn man sich auf dem Marktplatz der unermesslich vielen religiösen Angebote bewegt. Religionen und religiöse Wege können den Weg zur Allwirklichkeit ebnen und den Einzelnen hilfreich dorthin geleiten.

Wird man als Suchender aber dazu aufgerufen, bereits „den Wegweiser" anzubeten, stellen sich Religion und Lehrer also quasi zwischen den Suchenden und seine ganz persönliche, eigene Beziehung zum Höchsten, behindern also Religionen und deren Lehrer im Grunde genommen das eigene Vorankommen in Richtung der Allwirklichkeit, dann sollten alle Warnsignale angehen, das vorliegende religiöse Angebot mit aller Klarheit tabulos hinterfragt und dann schließlich angemessen gehandelt werden. Möglicherweise sollte man sich in so einer Situation kompetente und liebevolle Hilfe suchen.

Eigentlich aber ist es die Pflicht aller religiösen Führer dieser Welt, ihrer zentralen Aufgabe nachzukommen, den Menschen tatsächlich den Weg zum Heil (zum Ganzen) zu vermitteln und ihnen zur spirituellen Intelligenz und zu spiritueller Liebe zu verhelfen. Tun sie das nicht, verdienen sie mit der gebotenen Höflichkeit deutliche Kritik.

♦ Der wohl heikelste Punkt im Zusammenhang mit einem religiösspirituellen Weg ist die Frage nach Hingabe und Demut. Es gibt Phasen auf dem spirituellen Weg, da sind Hingabe und Demut unerlässlich und gehören mit zu dem Praktizieren des notwendigen inneren Loslassens.

Wem bzw. welcher Instanz aber gibt man sich hin?

Die (endgültige) Ausrichtung tiefer innerer Hingabe und Demut, darf immer nur das Höchste selbst betreffen und niemals irgendeinen (womöglich selbsternannten, angeblichen) Vertreter des Höchsten. Jeder wirklich seriöse und erfahrene spirituelle Lehrer bzw. religiöse Begleiter weiß, wann und wie er seine Schüler zu Hingabe und Demut inspirieren soll und wann (immer wieder neu) der richtige Augenblick ist, selber demütig zur Seite zu treten, um den Blick des Suchenden auf das Höchste freizugeben und nicht zu versperren bzw. davon abzulenken.

Es gibt viel zu viele, in Wirklichkeit unwissende und unerfahrene spirituelle Lehrer, die die Bemühungen ihrer Schüler in irgendeine (falsche) Richtung lenken, die vielleicht mit ihrem Lehrsystem, mit ihren vielfältigen Traditionen und Ritualen zu tun hat, nicht aber mit dem persönlichem Weg des Suchenden zum Höchsten. Es gibt viel zu viele Scharlatane, die wissentlich und willentlich die Bemühungen ihrer Anhänger im Zusammenhang mit Hingabe und Demut eiskalt zu ihrer eigenen Bereicherung bzw. zur Bereicherung ihres Systems ausnutzen.

Wie viele Menschen auf der Welt haben auf diese Weise schon ihre ganze Kraft, ihre ganze Zeit, ihr ganzes Geld, Haus und Hof, am Ende Familie und Freunde oder die eigene Gesundheit bzw. sogar das eigene Leben verloren? Das muss ein Ende haben!

Die Beziehung zwischen einem spirituellen Lehrer und seinen Schülern sollte nicht durch absolute Autorität und bedingungslose Unterordnung geprägt sein. Der Lehrer hat die Aufgabe seine Schüler durch Ratschläge und Inspiration auf ihrem Weg zu geleiten. Aufgrund der (möglichen) sehr tiefen existenziellen Erfahrungen kann die Beziehung Lehrer Schüler ebenfalls eine sehr tiefe sein, geprägt durch vertrauensvolles Verstehen und liebevollen Umgang. Man könnte die Lehrer-Schüler-Beziehung als platonische (seelisch-geistig) und spirituelle Liebesbeziehung bezeichnen. Man sollte sich allerdings wachsam davor in Acht nehmen, dass man von „falschen Lehrern" sexuell nicht ausgebeutet wird, denn darum geht es in diesem Zusammenhang überhaupt nicht.

Ein unverzichtbarer Bereich spiritueller Intelligenz ist das Wissen um solche Zusammenhänge und ein Vorgehen mit kritischem Verstand und mit Augenmaß. Man sollte zum Beispiel auch sehr klar wissen, dass man – ähnlich wie in jeder Diktatur oder wie in jedem Fußballstadion – oft mit intensiven Gruppenerlebnissen, die die meisten Menschen tief beeindrukken, dazu gebracht wird, seinen Verstand nicht länger zu benutzen, sondern in der Masse aufzugehen. Schon hängt man an der Angel.

Im Zusammenhang mit Hingabe und Demut wird oft unbedingter Gehorsam gefordert. Ist es wirklich für den eigenen Weg förderlich, wenn man einem religiösen Vertreter unbedingtem Gehorsam gelobt? Diese Frage sollte einen stets begleiten. Dankbarkeit, Hingabe und Demut sind am Ende Erfahrungen tief im Inneren eines jeden Menschen. Nur dort kann man sich dem Höchsten wahrhaftig annähern. Allerdings werden Hingabe und Demut und angeblich daraus folgender unbedingter Gehorsam in sehr vielen Religionen als unverzichtbar eingefordert. Deshalb verlangt spirituelle Intelligenz sowohl die angemessene Berücksichtigung der (persönlichen) spirituellen Notwendigkeiten auf der einen als auch ein tabuloses, kritisches Hinterfragen der jeweiligen religiösen Praktiken auf der anderen Seite.

Es sollte jedem spirituell Suchenden ganz klar sein, dass der Verstand bzw. die Vernunft nur in den Zeiten meditativer Praxis einmal keine Beachtung verdienen, in allen anderen Augenblicken dazwischen aber unverzichtbare, zum stetigen Gebrauch bestimmte Werkzeuge sind.

Der bekannte Yogi und Guru Sri Yukteswar Giri (1855-1936; Meister von Paramahansa Yogananda, 1893-1952) sagte einmal auf die Frage, ob man auf dem Weg der Meditation seine Vernunft gebrauchen dürfe: Natürlich dürfe man das, man solle sich aber nicht darüber wundern, wenn eines Tages Weisheit daraus würde.

(s. Film „Awake – Das Leben des Yogananda", USA 2014)

Sein Schüler Yogananda, später selber ein bekannter Meister, äußerte sich in Bezug auf Wissen und Weisheit folgendermaßen: *„Durch die präzise Wissenschaft der Meditation, die den Yogis und den Weisen Indiens seit Jahrtausenden bekannt ist und die auch Jesus kannte, vermag jeder Gottsucher den Wirkungsbereich seines Bewusstseins zur Allwissenheit auszuweiten, um im eigenen Innern die Universale Intelligenz Gottes zu empfangen."* (*„Der Kriya-Yoga-Weg der Meditation", Paramahansa Yogananda, yogananda-srf.org*)

Ein spiritueller Weg darf also niemals verlangen, dass man an der Garderobe seinen Verstand ablegt. Sollte dies aber der Fall sein, sollte man so rasch wie möglich weitergehen, damit man nicht am Ende zum Sklaven von etwas Unwirklichem wird. Ein seriöser spiritueller Weg verlangt niemals blinden Gehorsam. Es gehört zu den Menschenpflichten, daran zu erinnern.

Globale Intelligenz ermöglicht einem, Spiritualität nicht länger einseitig gegenüberzutreten: Weder die einseitige Beschränkung auf Nur-Rationales, noch die komplette Unterwerfung unter Frömmeleien liegen an. Ein kritischer Verstand und ein demütiges Herz, einer klare Ausrichtung auf das wirkliche Ziel und ein „gesundes Bauchgefühl" sollten zur Ausrüstung eines jeden spirituell Suchenden gehören, damit man sich selber nicht in Gefahr bringt und am Ende sein eigenes wertvolle Potenzial sinnlos verschleudert.

♦ Es ist bekannt, dass verschiedene Drogen evtl. kurzzeitige intensive spirituelle bzw. spirituell-ähnliche Erfahrungen vermitteln können. Das können oberflächlich gesehen sogar Erfahrungen sein, für die manch ein „Meditierender" sonst vielleicht sein halbes Leben braucht.

Auch wenn in der Entwicklung des Homo sapiens im Zusammenhang mit Schamanismus, mit „religiösen-Riten", mit sogenannten Initiations-Riten (z. B. mit Übergangs-Riten zum Übergang von der Kindheit ins Erwachsenensein) solche Erfahrungen eine wichtige Rolle spielten und bei einigen Völkern noch spielen, so muss von dem fortgesetzten Versuch, spirituelle bzw. spirituell-ähnliche Erfahrungen (langfristig) mithilfe von Drogen zu machen, völlig klar gewarnt und mit Nachdruck davon abgeraten werden! Die psychischen und auch körperlichen Gefahren sind für die meisten (diesbezüglich völlig unerfahrenen) Menschen unberechenbar und der tatsächliche spirituelle Nutzen – wenn überhaupt – kann nur verschwindend gering sein. Sehr oft sogar wird – zumindest auf Dauer – das Gegenteil von spiritueller Entwicklung erreicht.

Bei den sogenannten Übergangs-Riten wie auch bei anderen Zusammenhängen handelt es sich meist um durch einen erfahrenen Lehrer einmalige sehr gut vor- und nachbereitete Erfahrungen. Um einen anhaltenden Drogenkonsum geht es in diesem Kontext überhaupt nicht.

Oft glauben Menschen, die sich auf einem spirituellen Weg befinden, dass es in erster Linie um spektakuläre Meditations-Erfahrungen geht, mit denen sich sogar prahlen lässt. Jeder, der aufrichtig und ernsthaft schon länger einen spirituellen Weg beschreitet, weiß, dass es in Wirklichkeit um etwas ganz anderes, nämlich um etwas sehr Lebensnahes geht: um das Erlernen einer demütigen, dankbaren und liebevollen inneren und äußeren

Haltung bei allem, was man tut. Die Augenblicke, in denen man sich in meditativer Versenkung übt, erfüllen eben keinen Selbstzweck, um z.B. „kosmische Erfolge" zu erzielen, sondern dienen der Festigung der inneren Verbindung zu seiner eigenen Basis, zu seiner eigenen Lebensquelle. Mit dieser aufgefrischten Verbindung bewegt man sich dann erneut im Lebensalltag, wo es in jedem Augenblick auf ein umfassendes Bewusstsein, auf Besonnenheit und liebevolles Handeln ankommt. Spirituelle Erkenntnisse wachsen Schritt für Schritt, können einem aber auch in einer Art Aha-Erlebnis überkommen. Ein seriöser spiritueller Weg umfasst immer den ganzen Menschen und lässt sich nicht auf einzelne spirituelle Erfahrungen reduzieren.

Nicht wenige Menschen mit starken Drogenerlebnissen bekommen neben all den anderen negativen Folgen (wie z. B. körperlicher Verfall, Sucht etc.) massive psychische Probleme, weil ihre intensiven Erfahrungen das Produkt von chemischen Stoffen und nicht von jahrelanger meditativer Übung sind. Kurzzeitige spirituelle Erfahrungen durch Drogen können sehr intensiv sein. Nach Abklingen der Wirkung ist die Ernüchterung ähnlich intensiv, allerdings auf sehr negative Weise. Denn das eigene Bewusstsein ist am Ende noch weiter davon entfernt, alleine solche Erfahrungen zu machen. Der Unterschied zwischen den Drogenerlebnissen und dem Alltagsbewusstsein erscheint dann oft unüberbrückbar groß und führt so zunehmend zu psychischen Spannungen, die dann fast zwangsläufig zu weiterem Drogenkonsum führen, der in der Häufigkeit und Dosierung stetig anwächst. Ein Teufelskreis entsteht – weit entfernt von jedweder spirituellen Sinnhaftigkeit.

Je mehr man sich also an die Drogenerfahrungen gewöhnt, desto weiter entfernt man sich von einem realen spirituellen Weg. Kein glaubhafter, ernstzunehmender spiritueller Lehrer auf der Welt hat angesichts dieser Zusammenhänge jemals den Rat gegeben, mit Drogen zur Erleuchtung bzw. zum Höchsten zu gelangen.

♦ Immer wieder stößt man – auch im Zusammenhang mit Drogenmissbrauch – auf Menschen, die Probleme mit Erfahrungen im spirituellen Kontext haben. Sehr hilfreich wäre es, wenn man sich in solchen Situationen an einen guten Lehrer oder an einen in spirituellen Fragen erfahrenen Therapeuten wenden könnte. Den wird man sich allerdings suchen müssen. Von Ärzten, die nur „schulmedizinisch" ausgebildet sind, darf man diesbezüglich keinen wirklich kompetenten Rat erwarten. Bei krankheitsbedingten religiösen Wahnvorstellungen, die evtl. sogar das eigene Leben oder das anderer gefährden, muss natürlich unverzüglich ärztlich bzw. psychologisch eingegriffen werden.

Es wäre begleitend bzw. unterstützend natürlich von Vorteil, wenn man auch in solchen Situationen zusätzlich auf spirituell erfahrene Therapeuten zurückgreifen könnte.

♦ Spirituell Praktizierende sollten beherzigen, dass alle auf dem spirituellen Weg erworbenen tieferen geistigen, emotionalen und möglicherweise „übersinnlichen Fähigkeiten" einzig dem Vorankommen auf dem Weg zum Höchsten dienen. Von erfahrenen Lehrern wird das als positive, „weiße Magie" bezeichnet.

Die möglicherweise erworbenen „übersinnlichen Fähigkeiten" sollten allerdings niemals als von der spirituellen Entwicklung losgelöste „Kunststückchen" missbraucht werden. Das wird von erfahrenen Lehrern als „schwarze Magie" bezeichnet.

Auch in diesem Zusammenhang sollten die Menschen lernen, trotz eines unüberschaubaren Jahrmarkts voll mit „spirituell-esoterischem Budenzauber" das Wesentliche nicht aus den Augen zu verlieren! Es geht nicht um irgendeinen Zauber, sondern um den eigenen Weg zum Höchsten. Man sollte sich seine eigentliche, tiefe Sehnsucht stets bewusst machen und sich auf das konzentrieren, was einen wirklich interessiert. Gaukler gibt es überall! Problematisch wird es, wenn man beginnt, sich selber etwas vorzugaukeln

Standpunkt von Ramakrishna Paramahamsa

Der bedeutende hinduistische Mystiker Ramakrishna Paramahamsa (1836-1886) versuchte in seinem Leben auch einige Zeit wie z.B. ein Christ oder wie ein Moslem zu leben. Seine Erfahrungen fasste er folgendermaßen zusammen: *„Ich habe alle Religionsbräuche geübt: den Hinduismus, den Islam, das Christentum und ich bin auch die Wege der verschiedenen Sekten des Hinduismus gegangen, und ich habe gefunden, dass es derselbe Gott ist, zu dem sie alle streben, wenn auch auf verschiedenen Wegen ... Ihr müsst diese verschiedenen Wege gehen und einmal jede Glaubensform wirklich durchproben. Ich sehe überall Menschen, die sich im Namen der Religion streiten: Hindus, Muslime, Brahmos, Vishnui-*

ten usw. Sie bedenken aber nicht, dass der, der Krishna genannt wird, ebenso Shiva heißt, und ebenso gut kann er Urkraft, Jesus oder Allah genannt werden und ebenso gut der eine Rama mit seinen tausend Namen.

Ein Teich mit vielen Badetreppen. Auf einer schöpfen die Hindus das Wasser in Krügen und nennen es Jal; auf einer anderen schöpfen die Muslime das Wasser in ledernen Schläuchen und nennen es Pani; auf einer dritten die Christen und nennen es Water. Können wir uns denn vorstellen, dass dieses Wasser nicht Jal ist, sondern Pani oder Water? Das wäre doch lächerlich! Der Urgrund ist Einer unter verschiedenen Namen, und ein jeder sucht nach demselben Urgrund; nur Klima, Naturanlage und Benennung schaffen die Unterschiede." (Ramakrishna, Wikipedia)

Standpunkt von Swami Vivekananda

Swami Vivekananda (1863-1902), indischer Mönch und anerkannter indischer Gelehrter, Schüler von Ramakrishna, äußerte sich als Vertreter Indiens vor dem ersten „Weltparlament der Religionen" 1893 in Chicago über die Verschiedenartigkeit der Religionen folgendermaßen: *„Die Religionen der Welt sind nicht widersprüchlich oder antagonistisch, sie sind nichts anderes als verschiedene Phasen der Einen Ewigen Religion. Diese Eine Ewige Religion findet Ausdruck auf verschiedenen Ebenen der Existenz, in den verschiedenen Ansichten der einzelnen Geisteshaltungen ... Meine Religion oder deine, meine Volksreligion oder deine, unterschiedliche Religionen, so etwas gab es nie; es gibt nur eine Religion. Und diese eine allumfassende Religion existiert durch alle Ewigkeit und wird für alle Ewigkeit existieren, nur dass sie in den verschiedenen Ländern auf unterschiedliche Weise zum Ausdruck kommt. Deshalb müssen wir den anderen Religionen mit Respekt begegnen und sie nach besten Vermögen akzeptieren. ... Es ist falsch, wenn wir sagen: Deine Methoden sind nicht die richtigen."* (aus: Hans Küng, Ja zum Weltethos, München 1995, S. 270f)

Standpunkt von Mahatma Gandhi

Mahatma Gandhi (1869-1948), Führer der indischen Unabhängigkeitsbewegung äußerte sich einmal in Bezug auf die Wahrheit: *„Die Wahrheit ist nicht das ausschließliche Eigentum einer einzelnen heiligen Schrift. Die Forderung der Zeit ist nicht eine einzige Religion, sondern die gegenseiti-*

ge Achtung und Duldsamkeit der Anhänger aller Religionen." (Mahatma Gandhi, Zitate, spiritualwiki.org)

Es geht weder darum, die Unterschiede zwischen den Religionen zu negieren, noch darum, einen großen „Einheits-Brei" zu rühren. Es geht darum, das zwanghafte Entweder-oder-Denken zu verlassen und das komplementäre Miteinander menschlicher religiöser Erfahrungen anzuerkennen.

Die einzelnen Religionen kann man als die vielen einzigartigen, individuellen „Wellen" (Ausprägungen) des einen „großen Ozeanes" (der höchsten Wahrheit) verstehen.

Nicht Gott oder das Höchste sind dafür zu begrenzt, sondern das geistige Fassungs- und Denkvermögen vieler Menschen. Es ist jetzt an der Zeit, genau das zu ändern!

In Bezug auf ihre spirituellen Erfahrungen können Menschen sehr viel voneinander lernen, was eine unglaubliche Chance ist.

Die Liebe macht`s!

„Wer nicht liebt,

hat Gott nicht erkannt,

denn Gott ist die Liebe."

(Neues Testament, 1 Johannes 4,8)

♦ Hazrat Inayat Kahn (1882-1972), Begründer der islamischen Sufi-Bewegung, äußerte sich über Gott und die Liebe: *„Gott ist Liebe, und er wird im Herzen des Menschen gefunden! Das Herz ist der Schrein, in dem die Erkenntnis der wahren Schönheit Gottes erstrahlt."* (aus: Rene Bütler, Die Mystik der Welt, Bern-München-Wien 1992, S.115)

♦ Prof. Dr. Erdal Toprakyaran, Lehrstuhlinhaber für islamische Geschichte und Gegenwartskultur an der Eberhard Karls Universität Tübingen, Direktor des dortigen Zentrums für islamische Theologie, äußert sich 2015 in einem ähnlichen Sinn mit Bedeutung für die Gegenwart. Nach den Lehren des Koran trage jeder Mensch den Geist Gottes in sich. Besonders das Herz gelte als der Thron der göttlichen Präsenz. Das Heilige sei dem Menschen näher als seine Halsschlagader. Der Offenbarung nach gebe es keine Sakramente, keine Priesterklasse und keine religiöse Hierarchie. Aus theologischer Sicht seien universale Menschenrechte, Freiheit, Rechtsstaatlichkeit, Demokratie und Religionsneutralität des Staates nicht nur aus den islamischen Quellen ableitbar; oftmals erschienen sie sogar als religiös zwingend. Eine Ökumene aller Religionen und Weltanschauungen bedürfe mutiger Menschen, die das Feld nicht Tyrannen überlassen. Besonders bekannt sei die Geschichte von der [islamischen] Mystikerin Rabia, die im 8. Jahrhundert über die Märkte Basras [heute Stadt im südlichen Irak] gelaufen sei, einen Eimer Wasser in der einen Hand und eine Fackel in der anderen. Sie habe gerufen, dass sie das Paradies mit der Fackel in Asche legen und das Höllenfeuer mit dem Wasser zum Erlöschen bringen werde, damit die Menschen den barmherzigen Gott nicht mehr aus Hoffnung auf das Paradies oder aus Furcht vor der Hölle anriefen, sondern nur noch aus Liebe und Sehnsucht. *(Erdal Toprakyaran, Mein idealer Islam, zeit.de, 2.8.2015, ursprünglich erschienen in Christ und Welt)*

♦ Nach dem buddhistischem Mönch Matthieu Ricard ist auch im Buddhismus die Liebe die Wurzel des Weges. Diese Liebe sei weder begrenzt noch parteiisch, sie müsse völlig uneigennützig sein und dürfe keine Gegenleistung erwarten. Die Liebe sei von der Weisheit, d. h. von der Erkenntnis des wahren Wesens der Dinge nicht zu trennen. *(aus „Der Mönch und der Philosoph, S. 220f)*

♦ Laut dem geistigen Oberhaupt der Tibeter, dem Dalai Lama, lehren alle Religionen eine Botschaft von Liebe, Mitgefühl, Aufrichtigkeit und Rechtschaffenheit. Von Liebe und Mitgefühl motiviert zu sein, die Rechte der anderen zu respektieren, sei echte Religion. Und weiter: *„Das ist meine einfache Religion. Es braucht keine Tempel und keine komplizierte Philosophie. Der eigene Geist und das eigene Herz sind der Tempel. Und die Philosophie heißt: Einfache Güte und Freundlichkeit."*
(Die Liebe – Quelle des Glücks, Herder 2005, S. 18)

Beschäftigt man sich mit den Äußerungen von Sterbenden und den Erfahrungen von „Wiederbelebten", beschäftigt man sich mit der Literatur über das Sterben und den Tod, beschäftigt man sich mit den Erfahrungen der Menschen, die in den unterschiedlichsten Religionen über den Zugang zum Höchsten durch Formen des Gebets, der Meditation und anderen Methoden berichten, beschäftigt man sich mit zentralen Aussagen der verschiedenen Religionen, beschäftigt man sich mit den unzähligen Anpreisungen von Freundschaft und Liebe, beschäftigt man sich aufmerksam mit dem jahrtausendealten Wissen der Menschheit, so stößt man immer wieder darauf, dass „die Liebe" die höchste Erfahrung des Menschen ist. Daran besteht überhaupt gar kein Zweifel.

In der Mystik gilt die Liebe als das göttliche Gesetz, als die eigentliche Essenz des Göttlichen, als das oberste kosmische Gesetzt. Jeder Mensch kann ein Liebender sein. Die Erfahrung tiefer Liebe gilt als die Brücke zwischen den Menschen und als die Brücke zwischen dem Mensch und dem Höchsten.

Nimmt man all diese Erkenntnisse zusammen, dann verdient „wirkliche Liebe", um die man sich in allen Bereichen des Lebens Stück für Stück bemühen kann und sollte, die zentrale Aufmerksamkeit eines bewusst lebenden und nach Wahrheit und Frieden suchenden Menschen. Lebensnaher geht es nicht.

Frei nach Johannes:

Wer nicht liebt,

liebt das Höchste nicht,

denn das Höchste ist Liebe.

Wenn möglichst viele Menschen auf der Welt – unabhängig davon, an welche Inhalte sie ganz konkret glauben – den obigen Satz akzeptieren, verinnerlichen und beherzigen würden, könnte die Menschheit in Frieden leben, weil ein jeder über eine lebensnahe und ganz praktische Orientierung verfügte.

Liebe, um die man sich im Alltag konkret bemüht, trennt die Menschen nicht. Sie verbindet sie. Liebe vermag die Menschen, die Welt und das Höchste in unbegrenzter Tiefe zu umfassen.

Menschen, die nicht an die Existenz einer höheren Wirklichkeit glauben, können sich möglicherweise aber mit der Liebe arrangieren.

Der spirituelle Lehrer Yogananda stellt einen Zusammenhang zwischen der höchsten Meditationsstufe und der Liebe und der Weisheit her und bringt das ganz konkrete Prinzip der persönlichen Versenkungs-

Bemühung unmissverständlich auf den Punkt: *„Ich entspanne mich und werfe alle sorgenvollen Gedanken ab, damit Gott durch mich Seine vollkommene Liebe und Seine Weisheit zum Ausdruck bringen kann."* *("Wissenschaftliche Heilmeditationen", Paramahansa Yogananda, Self-Realization Fellowship, 9.2000, S. 106 f)*

Auf dem spirituellen Weg erscheint das ganze Leben zunehmend als fortwährendes Training des Loslassens. Dabei geht es überhaupt nicht darum, alle Verbindungen und Verpflichtungen gedankenlos aufzugeben und wegzuwerfen, sondern darum, mitten im Leben, das sich für jeden Einzelnen völlig anders darbietet, an erster Stelle von all dem dem loszulassen, worauf man sowieso keinen Einfluss hat und nicht länger darunter leiden bzw. hadern sollte – wohl auch im Sinne des sogenannten Gelassenheitsgebetes des US-amerikanischen Theologen, Philosophen und Politikwissenschaftlers Reinhold Niebuhr (1982-1971):

> Gott, gib mir die Gelassenheit,
>
> Dinge hinzunehmen, die ich nicht ändern kann,
>
> den Mut, Dinge zu ändern, die ich ändern kann,
>
> und die Weisheit, das eine vom anderen zu unterscheiden.
>
> *(Reinhold Niebuhr, gutzitiert.de)*

Menschen, die gelernt haben, loszulassen, können am Ende ihres Lebens sehr viel leichter sterben, als Menschen, die nicht loslassen können, und sich deshalb unter Umständen lange in einem Todeskampf befinden. Meditation kann eine lebenslange tägliche Übung sein, von all den sorgenvollen Gedanken, von all den Störgeräuschen im Inneren, von all den Zwängen und Ängsten, von all den unangemessenen Begehrlichkeiten und Fantasien loszulassen, um so in eine andere innere Welt mit ungekannten Dimensionen eintauchen zu können. Und dieser ureigene Zustand – es ist ja überhaupt kein anderer Ort – wird mit Liebe und mit Weisheit, mit Glück und mit Frieden, mit Ursprung und mit Erfüllung beschrieben. Das Wissen darum findet man in jeder Kultur dieser Welt: mal ganz offen und toleriert, mal gut versteckt und missachtet. Jeder, der heutzutage Sehnsucht nach derartigen essenziellen Erfahrungen hat, dem sollte es möglich sein, einen passenden Weg – nämlich seinen eigenen – zu finden.

Der eigene Weg

>Akzeptiert und glaubt
>meine Worte nicht nur deshalb,
>weil ich sie gesprochen habe.
>Seid wie ein Goldkäufer,
>der es schneidet, brennt,
>und sein Produkt kritisch
>auf seine Echtheit hin überprüft.
>Akzeptiert nur,
>was den Test besteht
>und sich sinnvoll und wohlbringend
>für euer Leben erweist.
>*(Buddha)*

Bei der Beschreibung der Religionen wurde auf die Beschreibung der unglaublichen Vielfalt innerhalb der einzelnen Religionen verzichtet, um zumindest zentrale Kernelemente deutlich werden zu lassen.

Mag es doch in der jeweiligen Religion für einen Gläubigen sehr wichtig sein, zum Beispiel die Richtung zu kennen, in der man eine Stupa umschreiten, eine Gebetsmühle drehen, einen Rosenkranz beten und einen Gebetsteppich ausrichten soll, nicht aber, wenn man eine Idee davon erhalten möchte, wie sich der Mensch religiös entwickeln kann.

Wer sich auf die Vielfalt der unterschiedlichen Religionen einlässt, ist nicht nur als suchender Mensch, sondern auch als untersuchender Wissenschaftler völlig überfordert. Gebraucht würden wohl einige Großbibliotheken, um die religiösen Aktivitäten des diesbezüglich sehr emsigen Homo sapiens erfassen zu können. Vermutlich ist niemand dazu in der Lage, sich auch nur annähernd einen Überblick zu verschaffen.

Soll man als denkender Mensch dann aber ernsthaft davon ausgehen, dass 99 Prozent davon auf den Müll gehören, weil – wie oft behauptet – nur ein einziger Weg, aus einer bestimmten Region, in einer bestimmten Konfiguration, mit ganz bestimmten Menschen an der Spitze der einzig wahre Weg für alle Menschen ist?

Solange Menschen auf derartige Ideen kommen, ist es unbezweifelbar, dass der Entwicklungsstand vieler Vertreter des Homo sapiens in Bezug auf den Prozess der Wahrheitsfindung völlig unzureichend, um nicht zu sagen, mehr als jämmerlich ist. Es gibt viel zu viele (menschgemachte) Einseitigkeiten, auf die man in vielen Religionen stößt, die mit der höchsten Wirklichkeit kaum etwas zu tun haben können. Denn die Allwirklichkeit ist zugleich Einheit und Vielfalt – niemals aber Einseitigkeit.

Die Sehnsucht des Menschen aber richtet sich auf die ganze Wahrheit und der kann man sich nur dann nähern, wenn man nicht bei einseitigen Standpunkten stehen bleibt.

Allwirklichkeitserfahrungen

Der Begriff der Allwirklichkeit wurde eingeführt, um einen neuen, völlig unbelasteten Begriff für alle gemeinsam zu ermöglichen, der die Unterschiede und Eigenheiten jedweden spirituellen Weges nicht von vornerein ausschließt. Jede religiöse Gruppierung beschreibt das Höchste aus ihrer Sicht ein wenig anders. Die Allwirklichkeit beinhaltet alles das.

Allwirklichkeitszeugen aller Zeiten haben betont, dass der Mensch neben seinem begrenzten Ich über ein höheres, wahres Selbst verfügt, das in der Allwirklichkeit wurzelt. Dieses Selbst liegt im Inneren eines jeden Menschen und kann durch entsprechende Hinwendung (z.B. durch bestimmte Meditation) erfahren werden. Für die Allwirklichkeitszeugen befindet sich der Mensch aufgrund seines begrenzten Egos (Ichs) auf einer Art Pilgerfahrt zu seinem wahren Selbst. Das gilt als der eigentliche Sinn seines Lebens. Selbsterkenntnis wird in diesem Zusammenhang mit der Erkenntnis der Allwirklichkeit gleichgesetzt. Wer also nach Gott, dem unpersönlichen Sein oder dem Nirvana etc. sucht, soll nicht außen, sondern innen suchen. Schon bei den alten Griechen stand am Apollotempel in Delphi die Inschrift: *„Erkenne dich selbst"*. Auch in allen anderen Kulturen und Religionen finden sich derartige Hinweise von Allwirklichkeitszeugen. Sie alle berichten völlig unabhängig voneinander, dass in der höchsten Realität (in der Allwirklichkeit) bzw. im Bewusstsein der Allwirklichkeit die scheinbare Unversöhnlichkeit der Widersprüche aufgehoben ist. Sehr oft wird von einer übergeordneten Einheit gesprochen.

Buddha (Siddhartha Gautama) wird nachgesagt, dass er in seinem 35. Lebensjahr am Ufer des Neranjara-Flusses bei Bodhgaya unter einer Pappelfeige (heute Bodhi-Baum genannt) das vollkommene Erwachen (Bodhi genannt) erlangte. In diesem Zustand der Erleuchtung wurde er gewahr, dass er eins mit allem ist und dieses immer schon war.

Geht es um die Wichtigkeit der eigenen Erfahrung, so unterstreicht dies das bekannte Zitat des in Kirchenkreisen hoch angesehenen katholischen Theologen Karl Rahner: *„Der Fromme von morgen wird ein Mystiker sein, einer der etwas erfahren hat, oder er wird nicht mehr sein."*

Der frühere Erzbischof von Mailand, Carlo Maria Kardinal Martini SJ, erklärt mit einer koptischen Geschichte die Gedanken von Karl Rahner: *„Ein Mönch trifft einen anderen und fragt ihn: »Wie kommt es nur, dass so viele das Mönchsleben aufgeben? Wie kommt es nur?« Der zweite Mönch antwortet: »Es geht im Mönchsleben wie mit einem Hund, der einem Hasen nachsetzt: Er jagt ihm nach und bellt aus Leibeskräften. Viele andere schließen sich ihm an und jagen ihn zusammen. Doch dann kommt der Augenblick, in dem alle, die den Hasen nicht sehen, müde werden, und einer nach dem anderen läuft davon. Nur die, die ihn sehen, halten durch bis zum Ende«"* (Carlo M. Martini, Damit ihr Frieden habt, Freiburg 1982, S. 208, kirchensite.de).

Mystiker sind Menschen, die durch Formen tiefen inneren Gebets bzw. durch Formen der Versenkung zu ganz persönlichen Erfahrungen des Höchsten (der Allwirklichkeit) gelangen. Solche Menschen werden in der einen Religion mehr, in der anderen Religion weniger geachtet, manchmal werden sie vielleicht nur irgendwo am Rande geduldet.

Der Weg der Allwirklichkeitszeugen ist ein Weg der unmittelbaren, eigenen Erfahrung. Weder die Theorie einer Lehre, noch der bedingungslose Gehorsam oder die strenge Einhaltung bestimmter Riten stehen im Mittelpunkt, sondern an erster Stelle steht die persönliche Begegnung mit der Allwirklichkeit selbst.

Der griechische Philosoph Plotinos (205-270 n. Chr.) äußerte in Bezug auf solch eine höchste Erfahrung: *„Man muss sich von allem, was außen ist, zurückziehen und sich völlig in das Innere wenden; man darf keinem Äußeren mehr geneigt sein, sondern muss das Wissen von all dem auslöschend, in die Schau von Jenem eintreten ..."* (aus: Josef Sudbrack, Mystik, Stuttgart 1988, S. 91f)

Mahatma Gandhi (1869-1948), Wegbereiter der Unabhängigkeit Indiens: *„Der göttliche Geist ist unveränderlich, aber diese Göttlichkeit ist in jedem und in allem – sei es belebt oder unbelebt. Beten heißt, dass ich diese Göttlichkeit in mir erwecken möchte. Ich erbitte sie von mir selbst, von meinem höheren Selbst, jenem wahren Selbst, mit dem ich die vollständige Identifizierung noch nicht erlangt habe."* („Die Mystik der Welt", Rene Bütler, Bern-München-Wien 1992, S.263)

Allwirklichkeitszeugen aller Himmelsrichtungen betonen immer wieder – und hierin sind sie sich fraglos alle einig –, dass Allwirklichkeitserfahrungen in der Tat unfassbar sind und dass sie sich mit unseren gewohnten Denkkategorien nicht verstehen lassen. Ebenfalls sei eine umfassende Beschreibung, geschweige denn eine stichhaltige Erklärung unmöglich. Trotzdem wird immer wieder versucht, anderen Menschen das Unbeschreibliche zu beschreiben, um von dessen Existenz zu berichten. Es versteht sich von selbst, dass dabei stets nur Teilaspekte des Ganzen, nicht aber die Erfahrung der Einheit selber zum Ausdruck kommen kann.

Je mehr deshalb berichtet wird, desto widersprüchlicher (paradoxer) müssen jedem Außenstehenden die Beschreibungen vorkommen, da man selber ja eben nicht über eine einheitliche Sicht verfügt und nach wie vor im Widerspruchsdenken verhaftet ist. Scheinbare Widersprüche (Paradoxien) sind so das Markenzeichen vieler Allwirklichkeitszeugnisse.

Im Folgenden einige Beispiele: Auf der einen Seite wird die komplette Auflösung des Ichs beschrieben, auf der anderen Seite die Erkenntnis des wahren Selbst; einerseits wird diese Erfahrung als Ergebnis der eigenen Bemühung dargestellt, andererseits aber als das Geschenk des Höchsten; einerseits spricht man von der Vereinigung mit dem Höchsten, andererseits davon, dass man schon immer mit diesem vereint war; einerseits wird der Mensch als begrenzt beschrieben, andererseits als in seinem tiefsten Inneren selber göttlich; einerseits begegnet man einer Person Gottes, andererseits spürt man das unendliche Sein usw.

Der Bewusstseinsforscher Stanislav Grof schrieb hierzu:

„Wenn wir die Wirklichkeit aus der Perspektive des Universalen Geistes betrachten, übersteigt das alle normalerweise wahrgenommenen Polaritäten. Dies gilt für Begriffspaare wie Geist-Materie, Stabilität-Bewegung, gut-böse, männlich-weiblich, schön-hässlich oder Schmerz-Lust. In letzter Analyse gibt es keinen absoluten Unterschied zwischen Subjekt und Ob-

jekt, Beobachter und Beobachtetem, Erfahrendem und Erfahrenem, Schöpfer und Schöpfung. Alle Rollen im kosmischen Drama haben letztlich nur einen Darsteller, das Absolute Bewusstsein:" (aus: Stanislav Grof, Kosmos und Psyche, Frankfurt 1997, S.147)

Man könnte diese Aufzählung noch lange fortsetzen. Tatsache ist, dass man im Sinne einer Entweder-oder-Logik auf eine Fülle vermeintlich unvereinbarer Paradoxien stößt, wenn versucht wird, Allwirklichkeitserfahrungen wiederzugeben.

Meister Eckhart (1260-1327), christlicher Mystiker: *„Wie ich schon öfter gesagt habe, dass etwas in der Seele ist, das Gott so verwandt ist, dass es eins ist und nicht vereint."* (aus: Rene Bütler, Die Mystik der Welt, Bern-München-Wien 1992, S.62)

Obwohl im Christentum auf der einen Seite ein großer Teil der Heiligen zu Lebzeiten über mystische Erfahrungen zu berichten wusste, wurde auch hier nur das anerkannt, was mit der Lehre übereinstimmte. Ein Abweichen galt lange Zeit als Ketzerei und bedeutete konkrete Gefahr für Leib und Leben. Sogar die höchsten Erfahrungen hatten sich also der menschgemachten Theologie unterzuordnen. Nicht wenige Allwirklichkeitszeugen sind aufgrund ihrer abweichenden Erfahrungen gefoltert oder sogar getötet worden. Selbst einige Lehrsätze des bekannten christlichen Lehrers Meister Eckhart (s.o.) wurden nach seinem (natürlichen) Tod 1329 von Papst Johannes XXII. verdammt – nach heutiger Einschätzung nicht weniger Theologen zu unrecht. Hierbei ging es vor allem um Aussagen, die den Seelengrund des Menschen und Gott selber (angeblich) auf eine Stufe stellen. Etwas, was in letzter Konsequenz nach der christlichen Lehre noch heute als unvereinbar gilt. Gott und Mensch sind für christliche Theologen immer zwei Personen und niemals vereint.

Im Zusammenhang mit einem interreligiösen Vergleich von Allwirklichkeitserfahrungen ist deshalb die Erkenntnis außerordentlich wichtig, dass in einigen Religionen (nicht nur im Christentum und im Islam) bisher nur das als Erfahrung anerkannt wurde, was in Übereinstimmung mit der jeweiligen Lehre stand, weil diese immer Vorrang hatte. Das bedeutet, dass angeblich nicht konforme Aspekte der mystischen Erfahrungen der Theologen-Theorie zum Opfer fielen, oft erfolgreich verdrängt wurden und vielleicht niemals mehr auftauchen. Das ist ein klarer Verlust, der dazu führt, dass derart beschnitten auch Allwirklichkeitserfahrungen einseitig daherkommen. Oft haben sie genau diejenigen Facetten eingebüßt, die sie mit Allwirklichkeitserfahrungen anderer Religionen gemein hatten. So verlieren sie ihren umfassenden Ansatz und Gläubige sitzen fortan den begrenzten Vorstellungen auf.

Es ist schon erschütternd, wie besessene Theoretiker mit ihrer gnadenlosen Einseitigkeit selbst die höchstmöglichen Erfahrungen spirituell erfahrener Menschen zurechtstutzen, in ihr enges Glaubens-Korsett hineinzwängen und dann als höchste Wahrheit verkünden.

Im Folgenden stellvertretend einige Zitate aus unterschiedlichen Religionen. Sie alle sind dem sehr guten und vor allem sehr umfassenden Werk von Rene Bütler entnommen:

♦ Sutralamkara (buddhistische Lehrschrift): *„Die Wahrheit ist von Buddha nie gepredigt worden, denn man muss sie selbst erfahren."* (Bütler, S. 276)

♦ Sri Ramakrischna (1836-1886), indischer Meister: *„Erkenne dich selbst, und du wirst Gott erkennen."* (Bütler, S. 277)

♦ Rabindranath Tagore (1861-1941), indischer Dichter, 1913 Nobelpreis für Literatur: *„Der eine, Namenlose, unmittelbar Gegenwärtige ist immer in unserem Sein."* (S. 60)

Exkurs: Islamischer Sufismus

Angesichts der aktuell weltweit verbreiteten, oft einseitigen Islamdebatte aufgrund der schrecklichen Auswüchse des islamistischen Terrors werden wohl die meisten Leser von islamischer Seite keine Erkenntnisse bezüglich mystischer Erfahrungen erwarten. Da dies so aber nicht zutrifft, soll an dieser Stelle konzentriert auf die bekanntermaßen äußerst friedvolle, Gewalt ablehnende und tolerante Richtung innerhalb des Islam eingegangen werden.

Der Sufismus ist ungefähr ab dem 8. Jh. die mystische Strömung im Islam. Heute gibt es weltweit etwa 15 Mio. Sufis. Als wichtiges Zentrum gilt die Umayyaden-Moschee in Damaskus (Syrien). Historisch gesehen ist Bagdad (Irak) die Wiege des Sufi-Islams.

Das Ziel eines praktizierenden Sufis ist es, im Leben alles das zu überwinden, was einen von Allah, dem Schöpfer und Gott aller Menschen auf der Welt – so die Lehre –, trennt, damit am Ende die Vereinigung mit diesem stehen kann. Askese, freiwilliges Leiden, Rhythmik, Gesang,

Tanz, Ekstase, Gebete, verschiedene Versenkungsmethoden und das Praktizieren von Barmherzigkeit und Liebe sollen einen dabei in der ganz persönlichen Erfahrung Gott näher bringen. Nicht der Verstand, sondern tiefes intuitives, spirituelles Wissen könne den Menschen zur Erleuchtung bringen. Der Mystiker soll sich von den herkömmlichen Glaubensinhalten lösen und tief in sich selbst die Erfahrung von Gott machen, der wesentlich umfassender sei als in allen Lehren und Schriften dargestellt. Der Sufismus wendet sich gegen den Absolutheitsanspruch und hat kein Problem damit, andere Religionen zu tolerieren. Bei den islamischen Mystikern findet sich einerseits Verachtung für eine strenge theoretische Koranauslegung, auf der anderen Seite aber stellt der Islam für sie dennoch die höchste Offenbarung göttlicher Weisheit dar – auch in Verbindung mit dem Propheten Mohammed.

Durch all das traf der Sufismus im Islam immer wieder auf erbitterten Widerstand durch die orthodoxen Denker, deren strikte Lehren von der Mehrheit der Muslime befolgt werden. In Pakistan werden beispielsweise wiederholt Anschläge gegen Sufi-Schreine verübt. Der iranische Revolutionsführer Khomeni hat seinerzeit angeblich Sufis wegen vermeintlicher Sittenlosigkeit hinrichten lassen.

Der pakistanische Wissenschaftler, Syed Qamar Afzal Rizvian, sieht im Sufismus den Gegenpol zum islamistischen Extremismus: *„Die Terroristen haben den Islam nicht verstanden. Mehr noch: Sie haben durch ihre rigide ultraorthodoxe Auslegung seine Bedeutung entfremdet. Der Kampf gegen den Fundamentalismus kann nur gewonnen werden, wenn man diese falsch verstandene Ideologie durch eine Annäherung an den wahren Islam ersetzt."* Und an anderer Stelle weiter: *„Die aufgeklärtesten Jahrhunderte der muslimischen Zivilisation waren vom Sufismus gekennzeichnet. Daher sollte man heute die Verbreitung seiner Lehren in Schulen und Moscheen global fördern. Denn der Sufismus verkörpert einige wichtige Grundwerte der islamischen Lehre: Humanismus, Mitmenschlichkeit und Philanthropie. Mit der stärkeren Förderung der Ideen des islamischen Sufismus könnten wir nicht nur ein Gegengewicht zum Extremismus schaffen, sondern auch zur zunehmenden Islamfeindlichkeit."* (*„Sufismus – Die stärkste Waffe des Islam ist die Liebe"*, Syed Qamar Afzal Rizwi, 20.2.2017, zeit.de)

Die meisten Menschen im Westen wissen nicht, dass nicht nur Griechenland, sondern auch das damalige muslimische Herrschaftsgebiet als Wiege der Zivilisation galt. Erst das Erbe „des Orients" (durch z. B. Persien und

Griechenland), aber auch der asiatische Einfluss (durch z. B. China und Indien) und die dortigen Errungenschaften führten zum geistigen Aufbruch und zur Entwicklung in Europa. Muslime haben häufig asiatisches Wissen weiterentwickelt. Sie verfügten bereits über eine unglaubliche Baukunst, hatten fließendes Wasser und entsprechende Toiletten. Sie waren es, die das Papier nach Europa brachten. Für muslimische Wissenschaftler waren schon sehr früh das Lernen aus Erfahrung (durch z. B. Experimente) und entsprechende Erkenntnisse sehr wichtig.

Im Unterschied dazu wurden die Christen als eher dumpfe Menschen wahrgenommen, deren Wissen durch eine sehr strikte Religionsauslegung in Ketten gelegt war.

Der Sufismus trug zu vielen positiven Seiten des Islams mit bei. Bestimmend waren z. B. seine Einflüsse auf Dichtung und Literatur. In Bezug auf die tiefen spirituellen Erfahrungen befindet sich der Islam durch den Sufismus in enger Verbundenheit mit den Mystikern dieser Welt.

Allwirklichkeitserfahrungen II

♦ Fariduddin Áttar (12./13. Jhd.), islamischer Sufi: *„Du wohnst in meiner Seele immer drinnen. Ich bin die Schale, du der Kern tief innen."* (Bütler, S. 63)

♦ Qadi Qadan (um 1500), islamischer Sufi: *„Er ist nicht in Süd noch Nord, jenseits nicht noch hier. Welchen du verwirrt gesucht - sieh ihn doch in dir!"* (Bütler, S. 63)

♦ bu Hamid ibn Muhammad al-Ghasali (1050-1111), islamischer Sufi: *„Wisse: Der Schlüssel zur Erkenntnis Gottes ist die Selbsterkenntnis."* (Bütler, S. 277)

♦ Dschelaleddin Rumi (1207-1273), islamischer Sufi: *„Wer sich selbst kennt, kennt seinen Herrn."* (Bütler, S. 277)

♦ Sefer ha Sohar, jüdische Lehrschrift: *„Das innere Antlitz empfängt sein Licht von der höchsten Leuchte, die ewig leuchtet, und deren Geheimnis niemals enthüllt werden kann. Es ist innerlich, weil es aus einer verborgenen Quelle kommt, und es ist von übersinnlicher Art, weil es direkt von oben kommt."* (S. 61)

♦ Hermes Trismegistos, ägyptischer Weiser: *„Der Geist ... ist aus Gottes Wesen selbst, erkennt sich selbst allein vollkommen. Darum ist der Geist* nicht unterschieden von dem Wesen Gottes, sondern mit demselben vereinigt, gleich als das Licht mit der Sonne. Und dieser Geist ist in dem Menschen ein Gott." *(Bütler, S. 59)*

♦ Dschuang Dsi (369-286 v.Chr.), taoistischer Weiser: *„Denn was Himmel und Erde durchdringt, ist das Leben; was in allen Einzelwesen wirksam ist, ist das Tao."* *(Bütler, S. 61)*

♦ Hildegard von Bingen, christliche Mystikerin, (1098-1179):

"Von meiner Kindheit an erfreue ich mich der Gabe dieser Schau in meiner Seele bis zur gegenwärtigen Stunde, wo ich doch schon mehr als siebzig Jahre alt bin. Und meine Seele steigt - wie Gott will - in dieser Schau empor bis in die Höhe des Firmaments. Ich sehe diese Dinge aber nicht mit meinen äußeren Augen und höre sie nicht mit äußeren Ohren, auch nehme ich sie nicht mit den Gedanken meines Herzens wahr noch durch irgendeine Vermittlung meiner fünf Sinne. Ich sehe sie vielmehr einzig in meiner Seele, mit offenen leiblichen Augen, so dass ich dabei niemals die Bewusstlosigkeit einer Ekstase erleide, sondern wachend schaue ich dies bei Tag und bei Nacht. Das Licht, das ich schaue, ist nicht an den Raum gebunden. Es ist viel lichter als eine Wolke, die die Sonne in sich trägt. Und wie die Sonne, Mond und Sterne in Wassern sich spiegeln, so leuchten mir Schriften Reden, Kräfte und gewisse Werke der Menschen in ihm auf. In diesem Licht sehe ich zuweilen, aber nicht oft, ein anderes Licht, das mir das Lebendige Licht genannt wird. Wann und wie ich es schaue kann ich nicht sagen. Aber solange ich es sehe, wird alle Traurigkeit und alle Angst von mir genommen, so dass ich mich wie ein einfaches junges Mädchen fühle und nicht wie eine alte Frau." *(aus: Josef Sudbrack, Mystik, Stuttgart 1988, S. 47f)*

♦ Nikolaus von Kues (1401-1464), christlicher Theologe : *„Innerlich ist das Wort Gottes. Man darf es nicht außer sich suchen."* *(Bütler, S. 62)*

(„Die Mystik der Welt", Rene Bütler, Bern-München-Wien 1992, S. 62)

Und jetzt?

Nach all dem Gesagten muss niemand auf der Stelle seine eigene Religion verlassen, weil diese ihm zu einseitig erscheint. Er sollte sich allerdings – sofern er sich ernsthaft für Spiritualität interessiert – zunächst seine eigene spirituelle Sehnsucht, sein eigenes spirituelles Ziel nachhaltig vor Augen führen. Warum glaubt man? Was konkret glaubt man? Warum gehört man einer Religion an? Mit welchem Ziel befolgt man deren Vorgaben?

Laut dem Zen-Gelehrten D. T. Suzuki sind alle Religionen auf die Grundlage mystischer Erfahrung gebaut, ohne die ihr ganzer metaphysischer oder theologischer Überbau zusammenstürzen würde. *(aus: Rene Bütler, Die Mystik der Welt, Bern-München-Wien 1992, S.63)*

Wenn das zutrifft, sollte man beginnen, in seiner eigenen Religion den wahren Kern zu suchen und sich auf diesen beziehen, jenseits aller menschgemachten Vereinseitigungen.

Es geht also überhaupt nicht darum, „das Kind mit dem Bade auszuschütten", sondern lediglich darum, das Wasser zu wechseln, um klare Sicht zu erhalten. Menschgemachtes zu entrümpeln, ist im Grunde genommen die Aufgabe eines jeden nach Wahrheit strebenden Menschen und darf niemals mit einem Tabu belegt sein. Diesbezügliche Angstmacherei sollte als das benannt werden, was sie tatsächlich ist: nämlich als menschgemachte Einseitigkeits-Besessenheit!

Soll man der Einfachheit halber bei der Religion bleiben, in die man ohne eigenes Mitwirken hineingeboren, hineingetauft und von klein(st) auf hineinerzogen wurde?

Auch diese Frage zu stellen, hat nichts mit einem Tabubruch zu tun. Kommt sie von Herzen, ist sie Ausdruck der eigenen Ernsthaftigkeit. Und genau mit dieser Ernsthaftigkeit kann diese Frage nur von jedem einzelnen selbst beantwortet werden. Jeder sollte den Weg suchen, finden und beschreiten, der ihn tatsächlich in Richtung der Allwirklichkeit weiterbringt. Welcher das ist, kann jeder nur für sich selber herausfinden.

Religionen aber sollten immer Wege zum Ganzen (zum Heil) sein und niemals zur „Haltestelle" in irgendeinem Stadion der Einseitigkeit verkommen. Wird man allerdings dazu aufgefordert, sich bereits dem Wegweiser unterzuordnen und diesen anzubeten, anstatt ganz persönlich Schritt für Schritt aus der Einseitigkeit weiter in Richtung Allwirklichkeit zu gehen, dann sollte man sehen, dass man so schnell wie möglich weiterkommt.

Lehre und Lehrer sind nur dann wirklich geeignet, wenn sie die Menschen zum Gehen in die Richtung des Höchsten inspirieren und selber dabei niemals im Weg stehen und die Sicht versperren.

Verständnis sollte jeder erhalten, der die unzähligen Geschichten rund um den Globus nicht mehr glauben kann. Manch einer legt seinen Glauben an eine höhere Wirklichkeit deshalb ab, was sein gutes Recht ist. Er sollte allerdings dabei aufpassen, dass er am Ende nicht ähnlich wie all die Geschichtenerzähler zur Einseitigkeit tendiert.

Das Höchste bedarf nicht wirklich einer Geschichte. Es braucht allerdings ein suchendes Herz und vielleicht eine schlichte, aber wirkungsvolle Versenkungsmethode, mit der man seine ganze Aufmerksamkeit tief nach innen zum Sitz der eigenen Lebensenergie geleiten kann. Ein erfahrener Lehrer, der einen auf diesem ganz persönlichen Weg aufrichtig mit Rat und Inspiration begleitet, der dabei aber niemals versucht, selber im Focus der Aufmerksamkeit zu stehen, kann dabei sehr hilfreich sein und ist in einigen Fällen vielleicht sogar unverzichtbar. Es kommt darauf an, sich zielsicher auf den Weg zu machen und weder stehenzubleiben noch zurückzugehen. Wem das mit einem „Coach" leichter fällt, der sollte sich einen erfahrenen spirituellen Lehrer suchen.

Im Us-amerikanischen Film „Eat Pray Love" (2010) stößt man auf ein bemerkenswertes Zitat: *„Letzten Endes kam ich zu der Überzeugung, dass es etwas gibt wie die Physik der Suche. Eine Kraft in der Natur, die von so realen Gesetzen regiert wird, wie das Gesetz der Schwerkraft. Das erste physikalische Gesetz der Suche lautet ungefähr so: Wer mutig genug ist, alles hinter sich zu lassen, egal was, vom Haus bis zu alten Verletzungen, und sich auf die Suche nach der Wahrheit macht, sei es nach innen gewandt oder außen, und wer wahrhaft gewillt ist, alles was ihm auf der Reise passiert, als Schlüssel zu betrachten, und jeden, der ihm begegnet, als Lehrer zu akzeptieren, und vor allem der dazu bereit ist, sich unangenehmen Realitäten, die einen selbst betreffen, zu stellen und diese zu verzeihen, dem wird sich die Wahrheit offenbaren."* (filmzitate.info, Film: „Eat Pray Love")

Und bei der Begegnung mit den verschiedenen Religionen auf der Welt sollte man die bereits erwähnte chinesische Weisheit nie vergessen: *„Der Kluge sieht das Gemeinsame in den verschiedenen Religionen, der Dummkopf die Unterschiede."*

Pax multivida

Es gibt spirituelle Lehrer,
die darauf hinweisen,
dass man Frieden nicht außen,
sondern innen suchen soll,
dass Frieden tief in einem selber liegt
und dort gefunden werden kann.
Nur dann erfahre der Einzelne
wirklich tiefen inneren Frieden.

Es gibt Romantiker,
die deshalb behaupten,
Frieden auf der Welt
könne nur dann entstehen,
wenn sich jeder selber darum bemüht,
Frieden zu erfahren und im Alltag umzusetzen.
Frieden auf der Welt entstehe also nur
vom Einzelnen ausgehend bis hin zum großen Ganzen.

Es gibt Idealisten,
die fest davon überzeugt sind,
dass eine intelligente Konzeption
und ein entsprechendes Gesellschafts-System
die Menschen dazu bewegen können
in Frieden miteinander zu leben.
Frieden auf der Welt entstehe also nur
vom Ganzen ausgehend bis hin zu jedem Einzelnen.

Es gibt Realisten,
für die es keine Frage ist,
dass nachhaltiger Frieden auf der Welt
gleichermaßen die persönliche Bemühung
und die intelligente Konzeption
mit dem entsprechenden Gesellschafts-System benötigt.
Frieden auf der Welt entstehe also nur durch Vielsichtigkeit,
durch das Miteinander vom Einzelnen und vom Ganzen.

Der Einzelne
Geht es um die eigene Bemühung, so wäre es sehr hilfreich, wenn bereits Kindergartenkinder damit begännen, die ersten Schritte in Richtung sozialer Intelligenz und emotionaler Intelligenz zu machen, begleitet von kooperativen Spielen, von kindgerechtem Empathie-Training und einfachen Konzentrations- und Entspannungsübungen. Im Schulalter erführe dies weitere Vertiefung. Ebenso folgten erste Schritte in Richtung spiritueller Intelligenz, begleitet von einfachen Achtsamkeits- und Meditationsübungen.

Soziale, emotionale und spirituelle Intelligenz sind heutzutage als Grundausstattung eines jeden Menschen unverzichtbar. Je früher Menschen in ihrem Leben erfahren, dass sie selber Quelle und Meister ihrer eigenen Ausgeglichenheit sein können, dass der Weg zum eigenen „Seelenheil" in einem selber liegt, dass es im Leben um Besonnenheit und Kooperation geht, dann ist der Weg zu einem fruchtbaren und friedlichem Miteinander bereitet. Jeder Mensch kann und sollte sich in seinem konkreten Umfeld um die Realisierung von Frieden bemühen und dabei das Ganze angemessenen im Auge behalten.

In seiner Video-Botschaft zum 100. Katholikentag, im Mai 2016 in Leipzig, sagte Papst Franziskus: *„Jeder Mensch sehnt sich nach Gemeinschaft und nach Frieden. Er braucht ein friedliches Zusammenleben. Aber das kann nur wachsen, wenn wir auch für den inneren Frieden in unserem Herzen sorgen."* („Den Armen und Zerschlagenen mehr Raum geben", *Papst Franziskus, domradio.de, 25.05.2016*)

Das Ganze

Ohne klare gesellschaftliche Konzeption ist ein fruchtbares und friedliches Miteinander von 7,5 Mrd. Menschen (und später mehr) weder vorstellbar noch realisierbar. Persönliche Erfahrung, Wissen und Intelligenz dürfen nicht auf den Einzelnen begrenzt bleiben, sondern müssen sich im gesamtgesellschaftlichen Handeln widerspiegeln. Es ist unverzichtbar, dass vor allem wichtige Entscheidungsträger nicht länger einseitige Egomanen sind – von denen es derzeit viel zu viele gibt –, sondern Vertreter des Homo multividus, des vielsichtigen Menschen, also Vertreter der nächsten geistigen Entwicklungsstufe des Menschen. Ohne Vielsichtigkeit hat die Menschheit keine Chance, ihre mannigfaltigen Probleme zu lösen. Einseitigkeit ist die Garantie zum Scheitern.

Im Folgenden einige der wichtigsten Problemfelder im Überblick:

• Laut dem Heidelberger Institut für Internationale Konfliktforschung (HIIK) gab es 2015 weltweit 409 Konflikte, davon 223 mit Waffen ausgetragen und 19 regelrechte Kriege. *(Konfliktbarometer 2015, HIIK.de)*

• Sogar in den Kinderzimmern wird aufgerüstet. Wurden früher noch zum Teil heftige Diskussionen darüber geführt, ob Kriegsspielzeug in Kinderhänden etwas zu suchen hat, so hat sich in der heutigen Eltern-Generation die diesbezügliche Einstellung offensichtlich stark geändert. Eine Studie kommt zu dem Ergebnis, dass inzwischen in 30 Prozent der Lego-Baukästen Waffen sind. Das einst harmlose, die kindliche Kreativität fördernde Spielzeug wurde sichtbar aufgerüstet. Lego ist bei diesem Trend unter den Spielwarenherstellern nicht alleine. *(nach: „Krieg der Steine: Lego wird immer brutaler", Jan Schmidbauer, süddeutsche.de, 23.5.2016)*

Natürlich ist es noch ein weiter Weg bis zu den Zuständen in den USA, wo Werbung für „kindergerechte" echte Waffen gemacht wird. Aber dennoch ist die Richtung eine völlig falsche.

• Laut dem „Global Terrorism Index 2015" lag die Zahl der weltweiten Terroranschläge im Jahr 2000 – vor dem Beginn des Krieges gegen den Terror – noch weit unter 2.000. Im Jahr 2014 war die Zahl etwa neunmal so hoch. Sie lag weit über 13.000. Im Jahr 2015 war diese Zahl mit 11.774 etwas geringer. Auch die Zahl der Todesopfer durch Terrorismus war 2014 neunmal so hoch wie im Jahr 2000. 2015 ging auch diese Zahl erstmals etwas zurück. Dennoch bliebe die Terrorgefahr nach Auskunft der US-Regierung immer noch sehr hoch. Hinzu käme, dass der Terror immer dezentraler und schwerer fassbar werde. Als hätte man auf einen höchst infektiösen Furunkel herumgeschlagen, hat sich das Übel der Gewalt durch die Gegengewalt ganz einfach nur vervielfacht. (nach: „Global Terrorism Index 2015", Start GTD, www.start.umd.edu/gtd/ und www.visionofhumanity.org; „Zahl der Terroranschläge weltweit gesunken", zeit.de, 3.6.2016)

Nach den Anschlägen in Paris (am 13.11.2015) hat Frankreichs Präsident François Hollande ungeachtet dieser Erkenntnisse erneut von einem kriegerischen Akt gesprochen und ähnlich Georg W. Bush seinerzeit einen entschiedenen Kampf gegen den Terror angekündigt. Der Deutsche Bundestag stimmte einen Monat später (im Dezember 2015) der Teilnahme an diesem Krieg zu. Kritiker solcher Anti-Terror-Kriege, wie zum Beispiel der frühere CDU-Politiker Jürgen Todenhöfer, nennen solche Aktionen ein „Terrorzuchtprogramm". *(„Krieg gegen den Terror: Was heißt das wirklich?", Peter Becker, nachdenkseiten.de)*

Es drängt sich immer nachdrücklicher auf, dass solche Kritiker ganz einfach Recht haben. Bereits vor Jahren hat Todenhöfer darauf hingewiesen, dass man die unzähligen Milliarden anstatt in den unseligen, kontraproduktiven Krieg gegen den Terror besser in den betroffenen Regionen in humanitäre Projekte hätte investieren sollen. Dann hätte der Terrorismus sicherlich nicht zu-, sondern garantiert deutlich abgenommen.

Was waren noch die Ziele dieses unsäglichen Krieges? Der US-Präsident George W. Bush formulierte sie am 20. September 2001 vor dem Kongress: *„Unser Krieg gegen den Terror beginnt mit Al-Qaida, aber er endet nicht dort. Er wird nicht enden, bis jede terroristische Gruppe von globaler Reichweite gefunden, gestoppt und geschlagen ist."* Was daraus geworden ist, kann jeder anhand der oben genannten Zahlen selber beurteilen. Es sollte dringend damit aufgehört werden, auch den letzten Schwachsinn schönzureden.

▪ Religionsgeschichte ist seltsamerweise immer auch Gewaltgeschichte. Im Zusammenhang mit Religionen stößt man auf Kriege, Terror, Kreuzzüge, Gewalt, Folter, Hexenverbrennungen, Ausgrenzung, Unterdrückung, Diskriminierung und vieles mehr. Obwohl die Religionen die Menschen eigentlich zum Frieden bewegen wollen, kommt es einem nicht selten so vor, als seien Religion und Gewalt nur schwer voneinander zu trennen. Verhängnisvollerweise finden sich in zahlreichen Religionen nicht nur Friedensbotschaften, sondern auch Hinweise auf Gewalt, auf die sich Gewaltbereite dann völlig einseitig konzentrieren. Oft liegt es in erster Linie an irgendwelchen Anführern, die die Religionen dazu missbrauchen, ihre Schreckenstaten mit Bezug auf die höchste Wahrheit zu legitimieren. So lassen sich Massen von Menschen viel einfacher in ihrem Sinne verführen und zur Gewalt bewegen. Die Hintergründe für Gewalt sind meist vielfältiger Natur. Neben der religiösen Gesinnung spielen auch ökonomische, soziale und/oder politische Faktoren eine wichtige Rolle. Überall auf der Welt stößt man in ganz verschiedenen Kulturen auf derartige Konflikte, bei denen ganz unterschiedliche Religionen involviert sind. Die derzeit wohl auffälligste Gewaltausübung im Dunstkreis einer Religion ist der Terror des vermeintlichen islamischen Staates. Dieser offenbart eine absolut entfesselte Blindwütigkeit gegenüber allen Menschen, die auch nur ein wenig anders sind und auch ein wenig anders denken, selbst wenn es Muslime sind. Vor nichts wird dabei mehr zurückgeschreckt. Man stößt auf vieles unvorstellbar Schreckliches: auf Versklavung, auf Folter, auf Vergewaltigungen, auf Kinderschändungen, auf Erschießungen, auf Enthauptungen, auf Kreuzigungen, auf Anschläge, auf Selbstmordattentate, auf die Tötung zahlloser Unschuldiger und auf sehr viel mehr. Und all das geschieht angeblich im Namen des Islam.

- Am 23. und 24. Mai 2016 fand in Istanbul der erste „Humanitäre Weltgipfel", der sogenannte „UN-Nothilfegipfel" statt. Mehr als 5.000 Teilnehmer aus etwa 170 Staaten nahmen daran teil. Das vorher formulierte Ziel war, gegen die größte humanitäre Krise seit dem Zweiten Weltkrieg anzugehen. Durch Konflikte, Kriege und Naturkatastrophen rund um den Globus seien laut UN 130 Mio. Menschen auf humanitäre Hilfe angewiesen und 60 Mio. Menschen auf der Flucht. Konkrete Pläne wurden bei diesem Gipfel nicht verabschiedet, wohl aber sei ein Paradigmenwechsel – weg von der Krisenreaktion hin zur Vorsorge – eingeleitet worden.

UNO-Generalsekretär Ban Ki Moon bedauerte, dass an dem Gipfel in Istanbul, der sich ja mit nichts weniger als der größten humanitären Krise seit dem Zweiten Weltkrieg beschäftigte, nur wenige Spitzen-Politiker der führenden Weltmächte teilgenommen haben. Angela Merkel war eine der wenigen, die zumindest am ersten Konferenztag zugegen war. An diesem Beispiel wird deutlich, wie wenig sich die Entscheidungsträger in dieser Welt der Dramatik der Situation und ihrer persönlichen Verantwortung bewusst sind. *(„Ban Ki Moon bedauert Fernbleiben von Spitzen-Politikern auf Gipfel-Treffen", www.deutschlandfunk.de, 24.5.2016; „Helfer kritisieren Nothilfe", Badische-Zeitung.de, 25.5.2016)*

Der frühere Staatspräsident von Venezuela Hugo Chávez (28.7.1954-5.3.2013) äußerte einmal als Vertreter der Entwicklungsländer am Schluss eines solchen Gipfels (am 4.9.2002 in Johannesburg) sehr treffend: *„Unsere politischen Führer gehen von Gipfel zu Gipfel, aber unsere Völker gehen von Abgrund zu Abgrund."* *(„Schlechte Note für die Weltgemeinschaft, Die Vereinten Nationen fordern Taten statt Worte", handelsblatt.com, 6.12.2002)*

• Ungleichheit und Ungerechtigkeit durch das kapitalistische System führen dazu, dass laut der australischen „Walk Free Foundation" (2016) auf der Welt fast 46 Mio. Menschen – das sind bald so viele Menschen, wie Spanien Einwohner hat – als moderne Sklaven leben. Zur modernen Sklaverei zählt man z. B. die Zwangsarbeit in den Minen, in den Fabriken und in der Landwirtschaft sowie die Schuldknechtschaft, die Leibeigenschaft, die Zwangsprostitution und den organisierten Menschenhandel. Menschen in den ärmeren Ländern und auch die Umwelt müssen am Ende für die Gewinnspanne herhalten und im wahrsten Sinne des Wortes bluten, denn irgendwo muss ja gespart werden, wenn die wohlhabenden Konsumenten immer mehr und immer Besseres für immer weniger Geld verlangen und die Produzenten deshalb immer mehr immer billiger anbieten, dabei aber immer noch immer mehr verdienen wollen. *(nach: „Zwangsarbeiter – Wo beginnt Sklaverei?", Alexandra Endres, zeit.de, 31.5.2016)*

• Laut dem World Food Programme (WFP.org, 2016) haben 795 Mio. Menschen nicht genug zu essen. Einer von neun Menschen weltweit müsse jeden Abend hungrig schlafen gehen. Dabei sei Hunger das größte lösbare Problem weltweit.

• Laut einem UNICEF-Bericht sterben jährlich 6 Mio. Kinder unter 5 Jahren an vermeidbaren Ursachen. Das sind in 10 Tagen etwa so viele, wie Leverkusen Einwohner hat. *(„Milleniums-Entwicklungsziele: UNICEF-Report zieht Bilanz", Köln / New York, 23.6.2015; „UNICEF zur Situation in armen Ländern - Kindersterblichkeit geht zurück, aber ...", tagesschau.de, 23.6.2015)*

• Laut dem UN-Entwicklungsbericht 2014 sind 2,2 Mrd. Menschen (ca. 30%) arm bzw. nahezu arm. *(Deutsche Gesellschaft für die Vereinten Nationen, dgvn.de, Pressemitteilung, 24.7.2014)*

• 2015 und die erste Hälfte 2016 lagen die weltweiten Temperaturerhöhungen bereits in der Nähe der 1,5°C-Marke. Von einem Teil der Klimawissenschaftler wird die 1,5°C-Grenze als eine Schwelle angesehen, die nicht überschritten werden sollte. Die Gefahr ist, dass sonst z. B. die Eisschilde in der Antarktis und auf Grönland bleibend geschädigt werden.

(„Klima: Wie sich die globale Temperatur nach oben schraubt", Wolfgang Pomrehn, Telepolis, heise.de, 23.05.2016)

Dies sind nur einige der wirklich wichtigen Zahlen, die bis auf den letzten Punkt vor allem den Zustand der Menschheit beschreiben. In Bezug auf den Zustand des Lebensraumes Erde – z. B. in Bezug auf Trinkwassermangel, auf Verschmutzung und Vermüllung, auf Artensterben, Abholzung, Raubbau, Rohstoffschwund und vieles mehr – gibt es viele sehr erschreckende Daten von enormer Wichtigkeit, die aber den Rahmen an dieser Stelle sprengen würden und deshalb erst in Band 2 Beachtung finden. Genau genommen steht die Pflege unseres Planeten an erster Stelle, da ohne diesen menschliches Leben nicht existieren würde. Verhängnisvollerweise sind aber für einen nachhaltigen Umgang der gesamten Menschheit mit der Natur globale Intelligenz und globale Kooperation unverzichtbare Voraussetzungen. Deshalb muss sich zuerst darum gekümmert werden.

„Point of no return"

Die Menschheit ist inzwischen in mehrfacher Hinsicht an dem „point of no return", „an dem Punkt ohne ein Zurück", angekommen. Das bedeutet, dass ein Zurückdrehen der Entwicklungen auf einen früheren Stand nicht mehr möglich ist. Nur mit weitreichenden, drastischen globalen Maßnahmen lassen sich Verschlechterungen abbremsen und möglicherweise andere (neue) akzeptable Zustände erreichen. Allerdings beginnen die Maßnahmen erst dann zu wirken, wenn sie ebenfalls unumkehrbar und für alle deutlich spürbar sind. Erst dann gibt es Hoffnung.

• Die Terroranschläge werden eher wachsen als abnehmen, solange Stärkere meinen, kraft ihrer militärischen Überlegenheit über Schwächere nach eigenem Ermessen bestimmen zu können, anstatt den Dialog zu suchen. Es gibt keinen Krieg gegen den Terror, der dem Schrecken jemals ein Ende bereiten könnte. Es gibt niemals genug Polizeikräfte, um vor Terror jemals wirksam schützen zu können. Was bleibt, ist die aufrichtige weltweite Bemühung um eine gerechtere Welt durch Kooperation – und zwar ab sofort unwiderruflich für alle.

• Das religiös-spirituelle Elend des Menschen, wie es derzeit der Weltgemeinschaft durch den islamistischen Terror am deutlichsten vor Augen geführt wird, behindert (bzw. verhindert möglicherweise) die geistige

Weiterentwicklung des Menschen zu einem vielsichtigen, intelligenten und friedvollen Menschen. Von alleine wird sich die religiöse Problematik nicht auflösen, da sich die religiösen Traditionen zu sehr in das Bewusstsein der religiösen Menschen und der Gesellschaften insgesamt eingebrannt hat. Gebraucht werden mutige und beherzte Schritte, damit sich bei möglichst vielen so etwas wie spirituelle Intelligenz entwickeln kann.

• Die Flüchtlingsströme werden eher wachsen als abnehmen, solange das weltweite Wohlstandsgefälle derart extreme Ausmaße hat, solange Konflikte und Kriege das Miteinander prägen, solange die Folgen des Klimawandels immer größer werden. In einer global vernetzten Welt lassen sich die Menschen immer weniger davon abhalten, auch in Massen ihrem Elend zu entfliehen. Man selber würde wohl genauso handeln. Es gibt keine Zäune und Mauern auf der Welt, die diese Menschen jemals aufhalten können. Die einzige Chance, die der Menschheit bleibt, ist weltweit das Elend abzubauen und endgültig abzuschaffen – und zwar ab sofort.

• Die Klima- und Umweltschäden werden sich potenzieren, solange Menschen mit dem einzigen Lebensraum Erde weiter derart rücksichtslos umgehen. In vielen Teilbereichen ist schon länger der point of no return überschritten.

Wie kann man es klar genug formulieren, wie kann man es laut genug in die Welt hinausrufen, damit Bürger und Politiker es verstehen? Ohne die Kombination aus kurz-, mittel- und langfristigen intelligenten Ansätzen gibt es keine Chance mehr auf nachhaltige Veränderungen. Kurzfristige, meist oberflächliche Strategien reichen definitiv nicht mehr aus, wenn es darum geht, das Schlimmste zu verhindern und wirksame Schritte hin auf eine bessere Welt zu machen. Solche Ansätze dienen lediglich der Augenwischerei und der kollektiven Verdrängung des wirklich Notwendigen. In Bezug auf alle beschriebenen Problemfelder ist eine breit gefächerte, vorausschauende Vorgehensweise unerlässlich. Mit Schwarzmalerei hat das nichts zu tun. Im Gegenteil! Eine tabulose Analyse ist eine gesunde Basis, um mit Optimismus die Zukunft zu gestalten. Nur darum kann es gehen.

Der bekannte Astrophysiker Stephen Hawking wiederholte in der US-amerikanischen Fernsehsendung „Larry King Now" im Juni 2016 seine bereits 2010 geäußerte Behauptung, dass zu den größten Gefahren für unsere Erde Gier und Dummheit zählen. Beides ist grundsätzlich abstellbar.

Exkurs: Der Kardinal und das Sandmännchen

Der Kölner Erzbischof, Rainer Maria Kardinal Woelki, hat im Vorfeld des Fronleichnamsfestes 2016 die damaligen Lösungsversuche der EU und der BRD in Bezug auf die Flüchtlingssituation scharf attackiert. Er bezeichnete das Abkommen mit der Türkei zur Rücknahme von Flüchtlingen als infam (laut Duden als bösartig, durchtrieben und schändlich). *„Unsere führenden Politiker wollen uns in den Dornröschen-Schlaf zurückversetzen oder sind als Sandmännchen unterwegs"*, so Woelki gegenüber dem Kölner Stadt-Anzeiger. *„Sie möchten uns einschläfern und uns weismachen, es sei jetzt wieder alles wie vorher und wir seien wieder im ‚Closed Shop' des ‚guten alten Europa' angekommen."*

Es ist beachtenswert mit welch drastischer Unmissverständlichkeit Woelki darauf hingewiesen hat, dass nichts mehr so wie vorher ist. Den Begriff „Closed Shop", den er für das alte Europa benutzte, könnte man in diesem Kontext mit „geschlossener Gesellschaft" übersetzen, in die Fremde nicht eingelassen werden. Genau dieser frühere Zustand ist eben nicht mehr herstellbar. Das ist der „point of no return". Kardinal Woelki prangert die Abschottungspolitik der Europäer an, spricht vom Bruch mit den Werten Europas und fordert ein modernes Einwanderungsgesetzt, das legalen Zugang in die Länder Europas ermögliche, damit den Tragödien auf dem Mittelmeer – mit mehr als 26.000 Toten seit dem Jahr 2000 – ein Ende bereitet würde. Er verglich führende Politiker mit „Sandmännchen". Die Aufgabe eines Sandmännchens ist nach den Erzählungen, den Kindern Sand in die Augen zu streuen, damit diese schneller einschlafen. „Jemanden Sand in die Augen streuen" bedeutet im allgemeinen Sprachgebrauch auch, „jemanden etwas vortäuschen". Mit Dornröschenschlaf ist ein untätiges, verträumtes Dasein gemeint. Der Kölner Erzbischof versucht die Märchen der Politiker durch Aktionen – wie z. B. durch die Nutzung eines Original-Flüchtlings-Bootes am Kölner Dom als Fronleichnamsaltar – und durch entsprechende Äußerungen zu entlarven: *„Ich bin überzeugt, heute säße Jesus in dem Flüchtlingsboot."* Bei seiner Fronleichnamspredigt 2016 sagte er: *„Wer Menschen im Mittelmeer ertrinken lässt, lässt Gott ertrinken - jeden Tag, tausendfach."* An anderer Stelle: *„Nix da mit ver-*

schlossenen Augen! Nix mit tauben Ohren und geschlossenen Mündern!"
Not sehen und handeln, das sei der Auftrag des Herrn, so Kardinal Woelki. *(nach: „Kölner Kardinal Woelki »Heute säße Jesus im Flüchtlingsboot«", Joachim Frank, Kölner Stadt-Anzeiger, ksta.de, 25.5.2016; „Woelki kritisiert Flüchtlingspolitik »Politiker als Sandmännchen unterwegs«", domradio.de, 25.5.2016; „Woelki fordert an Fronleichnam mehr Einsatz für Flüchtlinge, Not sehen und handeln", domradio.de, 26.5.2016)*

Wie unglaublich wichtig ist es dann also, den scheinbar so einfachen Lösungen vieler einseitiger Politiker nicht länger auf den Leim zu gehen.

Ebenfalls wird in diesem Zusammenhang deutlich, dass die rechten Gruppierungen nicht nur nicht das Volk repräsentieren, sondern zusätzlich auch weit davon entfernt sind, das christliche Abendland zu verteidigen. Genau genommen sind sie es doch selber, die das wahrhaft Christliche mit ihren Füßen treten und die in den Zeiten dringend gebotener Solidarität mit den wirklich Schwachen den Gedanken der Nächstenliebe als für die eigene Heimat reserviert darstellen und damit völlig in Verruf bringen. Jeder Brandsatz gegen ein Flüchtlingsheim ist auch ein Terrorakt gegen die eigene Seele. Derartiger Einfalts-Terror muss dringend ein Ende haben!

Menschgemachtes Chaos beenden

Als einer der Redner auf der Konferenz „Worte des Friedens" am 29.6.2010 im Haus des Parlaments der Europäischen Union in Brüssel brachte es Prem Rawat, seit 2012 Botschafter der Brüssler Erklärung „Pledge to Peace", auf den Punkt: *„Wenn wir die Macht haben, ein derartiges Chaos auf dieser Erde anzurichten, dann steht es sicherlich auch in unserer Macht, der Welt Frieden zu bringen. Bleibt die Frage, ob wir das wirklich wollen, denn Frieden beginnt bei jedem von uns. ... Entschlossenheit, Verständnis und Klarheit sind die Fundamente, auf denen dieser Frieden aufgebaut werden wird. ... Der Tag, an dem unser Handeln auf unseren Gemeinsamkeiten gründen wird und nicht auf unseren Unterschieden, wird der Tag sein, an dem wir das Fundament legen für den Frieden in dieser Welt."* *(s. u. a. www.pledgetopeace.eu)*

Gebraucht werden Maßnahmen, durch die es am Ende nicht länger um ein Konstrukt von Helfern und Hilfsbedürftigen, von Spendern und Empfängern geht, sondern um nachhaltiges Teilen und Kooperieren auf gleicher Augenhöhe – und das weltweit.

"Menschliche Würde verlangt, nicht von Almosen, sondern von den Früchten der eigenen Arbeit zu leben.", so der frühere Erzbischof von Buenos Aires und heutige Papst Franziskus.

Gebraucht werden folgende weitreichenden Veränderungen, die möglicherweise nur im Verbund ihre ganze Wirkung erzielen können:

♦ Vielsichtigkeit als Basis aller Aktivitäten
♦ Spirituelle Intelligenz
♦ ein globales System kooperativen Miteinanders
♦ eine globale Kooperationsethik
♦ eine globale Kooperationswirtschaft
♦ Intelligenter Pluralismus
♦ Intelligente Demokratie
♦ intelligenter Umgang mit dem Lebensraum Erde

Inhaltlich werden die einzelnen Punkte in den Bänden 2 und 3 der Schriftenreihe Globale Intelligenz behandelt.

Frieden realisieren

Gebraucht werden Menschen, die sich mit ihrem Wissen und mit ihren Fähigkeiten dort einbringen, wo sie es können.

Jeder Mensch, der aus welchen Gründen auch immer behauptet, dass globale Veränderungen nicht möglich sind und sich deshalb erst gar nicht darum bemüht, selber konstruktiv mitzumachen, ist in höchsteigener Person genau der Sand im Getriebe, der alles schwieriger werden lässt. Jeder Einzelne kann und muss eine derartige destruktive Haltung sofort abstellen. Sich sprachlos in der Masse zu verstecken ist übrigens genauso destruktiv. Künftig sollten diesbezüglich keinerlei Ausreden mehr salonfähig sein und auf Akzeptanz stoßen. Gebraucht wird jeder. Und jeder, der die Notwendigkeit für intelligente Veränderungen anerkennt, sollte mitmachen, ohne auf irgendetwas oder auf irgendwen zu warten. Veränderungen beginnen dadurch, dass man sich höchstpersönlich – also selber – in Bewegung setzt. Das ist das Geheimnis von Veränderungen.

Es gibt keine Religion auf der Welt, die gesellschaftlich überleben kann, wenn die Menschen ihr keinen Glauben mehr schenken.

Es gibt keinen Diktator, keinen Präsidenten und keine Partei auf der Welt, von denen auch nur einer bzw. eine politisch überleben kann, wenn die Menschen ihn bzw. sie nicht mehr unterstützen.

Es gibt keinen Konzern auf der Welt, der finanziell überleben kann, wenn die Kunden nichts mehr von ihm wissen wollen.

Es gibt kein System und keine Traditionen auf der Welt, die überleben können, wenn die Menschen sie nicht mehr wollen.

Es gibt keine sinnvolle, grundsätzlich machbare Veränderung, die nicht geschehen kann, wenn die Menschen diese mit Überzeugungskraft wollen und mit der Umsetzung ganz einfach beginnen.

Die Macht des Einzelnen wird zur Macht der Gemeinschaft.

Die Macht der Gemeinschaft, wird zur Macht des Einzelnen.

Dieses Prinzip ist immer gleich und muss ganz einfach nur beherzigt werden. Kein einziger sollte auf seine persönliche Macht verzichten!

Die Einflussreichen dieser Welt fürchten die Bündelung dieser Macht wie der Teufel das Weihwasser, weil sie durch Vorfälle in der Vergangenheit – wie z. B. durch die von Shell geplante Versenkung der Ölplattform Brent Spar im offenen Meer und den daraufhin folgenden Tankboykott, wie durch Boykott-Androhungen gegenüber Textilfirmen aufgrund von Kinderarbeit etc. – sehr genau wissen, dass sie gegen die Macht der vielen Einzelnen, in diesem Fall der Verbraucher, völlig machtlos sind, selbst wenn sie noch so groß sind. Deshalb ist ihre Strategie weltweit immer gleich: Sie versuchen die Menschen mit allen Mitteln, mit Versprechungen aller Art, mit unvorstellbaren Lügen und mit haltlosen Argumenten so gut wie möglich einzulullen, damit Aufbegehren erst gar nicht entsteht.

Deshalb gehört die Macht jedes Einzelnen aufmerksam bewahrt. Niemals darf sich diese einlullen lassen. Niemals darf sie infolge vorgeschobener Gründe – wie Angst, Faulheit oder Egoismus – aufgegeben werden. Die Macht des Einzelnen ist ein sehr kostbares Gut, dass dem Gerede über die Machtlosigkeit des Einzelnen niemals auf den Leim gehen darf!

Wer Befriedung möchte, darf seine einzige „Waffe" nicht dem Gegner schenken.

Frieden ist möglich

„Es wird erst äußeren Frieden geben, wenn es mehr inneren Frieden gibt. Das gilt für alle aktuellen Konflikte: in der Ukraine, im Nahen Osten, in Afghanistan, in Nigeria", so der Dalai Lama. (*„Der Appell des Dalai Lamas an die Welt, Ethik ist wichtiger als Religion", mit Franz Alt, Benevento Publishing, 2015; Buchbesprechung auf sonnenseite.com/de/franz-alt/*)

Noch einmal Prem Rawat: *„Frieden wartet darauf gefunden zu werden, wartet darauf, dass man sich endlich wieder Eins fühlt, nicht getrennt durch all die Probleme, die unser Leben spalten. Frieden ist, wenn sich das Herz nicht mehr in Dualität befindet, wenn der innere Kampf erledigt wurde. ... Friede muss gefühlt werden ..."* (*„Gebt dem Frieden eine Chance", Prem Rawat, India Times, 25.2.2003*)

Frieden ist Frieden.
Er ist ein Zustand, der alles umfasst,
innen wie außen.

Frieden entsteht durch Frieden.
Er ist eine Erscheinung natürlichen Gleichgewichts,
heute wie morgen.

Frieden wurzelt in Frieden.
Er ist Ausdruck von Harmonie,
von Mensch zu Mensch.

Frieden wächst durch Frieden.
Er ist Frucht aller, die sich ihm zuwenden,
für Starke und Schwache.

Frieden braucht Frieden.
Er erblüht im Positiven,
hier und dort.

Frieden kommt von Frieden.
Er ist eine lebendige Inspiration,
im Großen wie im Kleinen.

Frieden ist Geben und Empfangen.
Er ist das harmonische Zusammenspiel aller Pole,
die Gabe und Erfüllung eines Jeden.

Ausblick

In der Trilogie „Terror sapiens" im Rahmen der Schriftenreihe „Globale Intelligenz" wurde das Prinzip der Vielfalt, die verheerenden Folgen geschlossener einseitiger Denksysteme und die Rolle der Religionen thematisiert. Im kommenden Band „Der vielsichtige Mensch – V… d… Homo sapiens!" wird das Prinzip der Globalen Intelligenz als logische Grundlage des künftigen Menschen, des Homo multividus, vertieft. Der Blick auf die Situation der Menschheit und der Welt verdeutlicht, wohin Einseitigkeit den Homo sapiens gebracht hat und das die Veränderung zur Vielsichtigkeit alternativlos und damit unverzichtbar ist.

Wunsch

▶ Religionen sollen den wahren Kern
vom Menschgemachten unterscheiden!

♦ Erklärung

Die Religionen sollen aufgerufen werden, den wahren mystischen Kern ihres Weges mit Respekt, aber tabulos und mit Nachdruck, von allem Menschgemachten zu unterscheiden und zu trennen, damit man sich als suchender Mensch auf das Wesentliche konzentrieren kann.

Auf der Welt gibt es viele verschiedene Religionen mit mannigfaltigen Erscheinungsformen, Glaubensinhalten und Ritualen. Sie alle vereint ihre zentrale Aufgabe, den Menschen eine bewusste Verbindung zum Heiligen, zum Transzendenten, zu Gott bzw. zur höchsten, allumfassenden Wirklichkeit zu ermöglichen. Aber nicht selten werden die Menschen von ihrem persönlichen Weg zur Allwirklichkeit durch menschgemachte Erzählungen, Beschränkungen, Weisungen, Denk- und Verhaltensvorgaben, Traditionen, Riten, Tabus usw. abgelenkt. Gebraucht werden Religionen, die sowohl ihrer spirituellen Verpflichtung nachkommen und die Menschen zur Begegnung mit dem Höchsten geleiten als auch ihrer sozialen Verpflichtung nachkommen und einen heilsamen Beitrag zur Befriedung der Menschheit leisten.

Im Sinne der heute notwendigen globalen Intelligenz sollten Entscheidungsträger und kompetente Vertreter der Religionen dafür Sorge zu tragen, dass in einem offenen kritischen Prozess – ohne Vorbehalte und Einschränkungen – alles vom mystischen Kern der Religion entfernt wird, was auf die Fabulierkunst, Begrenztheit, Einseitigkeit, Machtgier, religiöse Besessenheit usw. der Menschen zurückzuführen ist. Da nicht zu erwarten ist, dass die jeweiligen Entscheidungsträger einer Religion von alleine zu Veränderungen bereit sind, muss der notwendige Druck zur Veränderung von außen erzeugt werden. Am Ende soll der authentische, „ungeschminkte Weg" zur Allwirklichkeit erkennbar sein. Dann erst können die Menschen durch ihre Religionen zielgerichtet inspiriert und angeleitet werden, diesen Weg tatsächlich auch zu beschreiten.

In Bezug auf das Christentum und dessen Abgelenktsein von Gott hat der Chefredakteur der unabhängigen überregionalen katholischen Wochenzeitschrift „Christ in der Gegenwart", Johannes Röser, in einem Fernsehgespräch im Mai 2016 das Dilemma sinngemäß auf den Punkt gebracht: *„Wir haben zu viel Kirche und zu wenig Gott. ... Wer redet eigentlich noch von Gott?"* Rösers Meinung nach werde in der Kirche inzwischen zu viel über sozial-ethische Fragen gesprochen. Obwohl es bei vielen Menschen eine Grundsehnsucht nach Transzendenz gebe, glaube die Kirche, meist selber im Mittelpunkt stehen zu müssen. Gebraucht werde eine umfangreiche Bekehrung hin zur religiösen Erfahrung. Kirche müsste ein Ort der Mystik sein. Christen seien die, die auf dem Weg sind, und nicht die, die das Ziel schon erreicht hätten. *(„Von allen guten Geistern verlassen? Wer glaubt noch an den Himmel und den Heiligen Geist?", hr-Fernsehen, Sendung Horizonte, 14.5.2016, Gesprächspartner: der Religionssoziologe Michael N. Ebertz und Johannes Röser, Chefredakteur von „Christ in der Gegenwart")*

In einer Religion sollte es ums Ganze gehen, sonst ist sie keine wahrhaftige Religion. Wenn der Mensch in seiner geistigen Entwicklung endlich weiterkommen will, dann muss er jetzt seinen unreifen „Kindergeschichten-Glauben" ablegen und ernsthaft der Frage nach der höchsten Wirklichkeit und der möglichen Begegnung mit dieser als denkender und fühlender, als reifer und intelligenter Mensch nachgehen. Alles andere ist religiöse und spirituelle Zeit- und Energieverschwendung.

♦ Ein alternativer Kult

Die „Pastafari-Anhänger" gehen von vorneherein davon aus, dass es überhaupt kein Ganzes gibt. Durch ihre Aktionen wollen sie Religionen und deren nur scheinbar wahre Aussagen und Traditionen bloßstellen. Der „Pastafarianismus", der in den USA als Gegenbewegung entstand zu den beiden weit verbreiteten Strömungen „Kreationismus" – nach dem es keine Evolution im naturwissenschaftlichen Sinne gab, sondern Gott die Welt vor etwa 6.000 Jahren erschuf – und der neueren Vorstellung vom „Intelligent Design" – nach der Gott der unmittelbare Urheber aller Entwicklung ist und diese punktgenau steuert – wird in Deutschland durch „die Kirche des Fliegenden Spaghettimonsters Deutschland e. V." vertreten. Das Evangelium des fliegenden Spaghettimonsters stellt eine zugleich humorvolle wie auch bissige Parodie auf alle Religionen dar und hat sich binnen kurzer Zeit rund um den Globus verbreitet. Man versteht sich quasi als einzige Religion, die auf wissenschaftlichen Beweisen beruht, weil sie kein Höchstes und Transzendentes akzeptiert. Deshalb bezeichnet man sich selber in letzter Konsequenz auch als Weltanschauungs-Gemeinschaft. Jede Art dogmatischen Glaubens wird als Hemmnis für die gesellschaftliche Entwicklung angesehen und komplett abgelehnt. Für Pastafaris geht auf der Welt alles ganz natürlich zu: *„... da sind keine Feen, Elfen, Götter, Wichtelmänner, Trolle oder ähnliche Märchenfiguren. Die Welt wurde nicht erschaffen, sondern entstand, und lässt sich wissenschaftlich erklären. Dabei haben wir keine Angst, nie zur vollen Erkenntnis zu gelangen. ..."* Stattdessen soll eine offene und tolerante Ethik gefördert werden. Man steht für alles, „was gut ist", und lehnt alles ab, „was nicht gut ist". *(www.pastafari.eu, dort: Nudeliges / Einführung, 29.5.2016)*

Würden sich die Religionen tatsächlich erfolgreich um den konkreten Weg zum Ganzen kümmern, dann gäbe es vermutlich keinen satirischen Pastafarianismus. Denn spätestens dann könnten auch dessen Anhänger einsehen, dass sogar ihre gut gemeinte Sicht eine völlig einseitige ist, die zwar zurecht die Religionen kritisiert, die aber in Bezug auf eine möglicherweise ernst gemeinte Sinnsuche nun gar nicht hilfreich ist.

Geht es um die essenzielle Frage nach der möglichen Existenz der Allwirklichkeit und die bewusstseinsmäßige Annäherung eines Menschen an diese, dann muss künftig jedweder Schwachsinn in diesem Kontext ein Ende haben und zwar auf allen Seiten. Sollte der Pastafarianismus am Ende diese Erkenntnis ans Licht befördern, dann hat er sein Ziel als Kunstform berechtigter Religionskritik erreicht und ist überflüssig.

Allwirklichkeit bedarf persönlicher Ernsthaftigkeit und Wahrhaftigkeit.

Leben verstehen

Wer Leben verstehen will,
versteht es nicht zu leben.
Es gibt Phänomene im Leben,
die unser Verstand nicht fassen kann.
Der Weisheit letzter Schluss ist es,
dass wir die Wahrheit nie begreifen können.
Nur wer sich ganz von ihr ergreifen lässt,
hat es ein Stück weit verstanden,
Teil eines Ganzen zu sein
und zwar als Ganzes.